André Groenewoud
Das wollte ich Ihnen noch sagen – Ein Jahrhundert im
Gespräch

*Topicus*

## Das Buch

Bedeutende Zeitzeugen, deren persönliche Geschichten eng mit dem Weltgeschehen verknüpft sind, erzählen ihre Erlebnisse. Der Journalist André Groenewoud hat sie befragt: Wie fühlte sich der Navigator der Enola Gay, als die Atombombe auf Hiroshima geworfen wurde – und wie Nobuo Miyake, ein Überlebender? Wie lebte Françoise Gilot mit Picasso, und wie Rockefeller, aus der einst reichsten Familie der Welt? Was sagt Helmut Schmidt über moralische Vorbilder, Genscher über seine berühmtesten Worte und Imelda Marcos über Macht und Diktatur? Auf seine Fragen hat er ehrliche, aber auch vielschichtige Antworten bekommen. Das Ergebnis: menschliche, politische und zutiefst bewegende Einblicke in ein vergangenes und zugleich aktuelles Jahrhundert – von dem Untergang der Titanic über die Mondlandung bis zur Deutschen Einheit.

## Der Autor

André Groenewoud, Jahrgang 1972, hat nach dem Abitur BWL studiert, wusste aber schon immer, dass er Journalist werden wollte. Der gebürtige Niedersachse arbeitete als Chefreporter und Autor für die Bunte in München und Paris, schrieb für den Stern und war Korrespondent der Reportage-Agentur Zeitenspiegel in New York. Nach Europa und Amerika ist er nun für das ZDF im Südostasien-Studio in Singapur im Einsatz. André Groenewoud berichtete in seiner Laufbahn weltweit über Schulmassaker, Naturkatastrophen und Terroranschläge, besuchte die Deutsche Kerstin Cameron in der Todeszelle eines Gefängnisses in Tansania und trug mit seinem Artikel dazu bei, dass sie später freigelassen wurde. Als Interviewer sprach André Groenewoud mit Ministern, Ministerpräsidenten, Bundeskanzlern, Bundespräsidenten, Premierministern, Staatschefs, Königen und Kaisern.

# ANDRÉ GROENEWOUD

# DAS WOLLTE ICH

## *Ihnen*

# NOCH SAGEN

## EIN JAHRHUNDERT
## IM GESPRÄCH

*Topicus*

Deutsche Erstveröffentlichung bei
Topicus, Amazon Media EU S.à r.l.
38, avenue John F. Kennedy, L-1855 Luxembourg
Oktober 2019
Copyright © der deutschsprachigen Ausgabe 2019
By André Groenewoud

Umschlaggestaltung: bürosüd⁰ München, www.buerosued.de
Umschlagmotiv: © VolodymyrSanych / Shutterstock;
© Steffen Schmidt/EPA-EFE / Shutterstock

Bilder der Interviewpartner: © Melanie Bauer; © GERRY PENNY / Getty;
© DEUTSCH Jean-Claude; © AF archive / Alamy Stock Photo;
© dpa picture alliance / Alamy Stock Photo; Everett
© Collection Historical / Alamy Stock Photo; © Pictorial Press Ltd / Alamy Stock Photo;
© Shawshots / Alamy Stock Photo; © André Groenewoud;
© RBM Vintage Images / Alamy Stock Photo; © Gjon Mili / Getty;
© PA Images / Alamy Stock Photo; © AF archive / Alamy Stock Photo;
© mauritius images GmbH / Alamy Stock Photo; © JOHN MACDOUGALL / Getty;
© PJF Military Collection / Alamy Stock Photo;
© Steffen Schmidt/EPA-EFE / Shutterstock; © Gillian Laub / Getty;
© Eric Dessons/Jdd/Sipa / Shutterstock;
© Agencja Fotograficzna Caro / Alamy Stock Photo; © Patrick Fraser / Getty
1. Lektorat: Kanut Kirches
2. Lektorat und Korrektorat: Verlag Lutz Garnies, Haar bei München, www.vlg.de
Gedruckt durch:
Amazon Distribution GmbH, Amazonstraße 1, 04347 Leipzig /
Canon Deutschland Business Services GmbH, Ferdinand-Jühlke-Str. 7, 99095 Erfurt /
CPI books GmbH, Birkstraße 10, 25917 Leck

ISBN 978-2-49670-318-4

www.topicus-verlag.de

Für Kroy Wen

# INHALT

Vorwort 11

1910er-Jahre 13

**Franz Künstler**, letzter überlebender
Veteran des Ersten Weltkriegs 15

**Millvina Dean**, letzte *Titanic*-Überlebende 24

1920er-Jahre 33

**David Rockefeller**, Milliardär und
Familienoberhaupt des Rockefeller-Clans 35

1930er-Jahre 45

**Leni Riefenstahl**, Regisseurin 47

1940er-Jahre 59

**Brunhilde Pomsel**, Goebbels-Sekretärin 61

**Siegfried Lessey**, Stalingrad-Überlebender 72

**Tsvi Nussbaum**, Junge aus Warschau,
und **Adolf Czech**, Hitlerjunge 82

**Anatoly Shapiro**, Auschwitz-Befreier 97

**Ted van Kirk**, Navigator der *Enola Gay*, die die
Atombombe auf Hiroshima geworfen hat 107

1950er-Jahre 117

**Françoise Gilot**, Malerin und Picasso-Lebensgefährtin 119

1960er-Jahre 127

**Bruce Reynolds**, Boss der Posträuberbande in England 129

**Buzz Aldrin**, Astronaut und zweiter Mensch auf dem Mond 138

1970er-Jahre 147

**Farah Diba-Pahlavi**, Kaiserin des Iran 149

**Helmut Schmidt,** Bundeskanzler 164

**Frederick Kroesen,** US-General, und **Jürgen Vietor,**
Co-Pilot der *Landshut* 184

1980er-Jahre 197

**Imelda Marcos**, First Lady der Philippinen 199

**Lech Walesa,** Präsident Polens und Friedensnobelpreisträger 209

**Hans-Dietrich Genscher,** Innenminister 218

1990er-Jahre      231

**Christo & Jeanne-Claude**, Verpackungskünstler      233

Epilog      246

Danksagung      255

# Vorwort

## Prof. Dr. Guido Knopp über die Bedeutung von Zeitzeugen

* * *

Es gibt ein bewegendes Gedicht des Schriftstellers Hans Sahl, 1902 in Dresden geboren. Sahl war Jude und konnte gerade noch rechtzeitig nach der Machtergreifung der Nationalsozialisten ins Ausland fliehen. Zwei Jahre vor seinem Tod (1993) schrieb er ein Gedicht, das die Aufforderung enthält, Menschen wie ihn auszufragen. Sein Schicksal, so Sahl, stehe schließlich unter Denkmalschutz. »Wir sind die Letzten«, so beginnt das Gedicht, und es endet mit den Sätzen: »Fragt uns aus. / Wir sind zuständig.«

Zeitzeugen sind zuständig. Zuständig für das, was heute unter dem Begriff »Oral History« – erzählte Geschichte – auch unter Historikern längst als wissenschaftliches Werkzeug anerkannt ist. Denn Zahlen, Fakten und Daten sind das eine. Doch nur für sich genommen sind sie dröge. Erst durch die Schilderung von Erlebtem wird Geschichte wirklich lebendig. Denn Geschichte geschieht nicht, sie wird gemacht und gelebt. Gerade das 20. Jahrhundert war eine Epoche schicksalhafter Wendepunkte, die tiefe Spuren im Bewusstsein von Generationen hinterlassen haben.

Diese Spuren kann Wissen aus zweiter Hand niemals vollständig wiedergeben oder nachvollziehbar machen. Darum hat die ZDF-Redaktion Zeitgeschichte unter meiner Leitung vor 20 Jahren damit begonnen, Zeitzeugen zu ihren Erinnerungen an wichtige Ereignisse zu befragen.

In einem mobilen Aufnahmestudio, dem sogenannten Jahrhundertbus, der durch Deutschland tourte, wurden Interviews mit Zeitzeugen gesammelt. Das Zeitzeugenportal ist seit Anfang 2017 in der Stiftung Haus der Geschichte der Bundesrepublik Deutschland angesiedelt und umfasst inzwischen rund 1 000 Interviews zur deutschen Geschichte. Denn nichts kann Geschichte so anschaulich vermitteln wie Menschen, die sie erlebt oder erlitten haben.

Der größte Feind des Historikers ist der Zeitzeuge, so frotzeln die Wissenschaftler manchmal untereinander. Denn Erinnerung ist subjektiv, manches vielleicht beschönigt, manches durch häufige Wiederholung abgeschliffen und undeutlich geworden. Aber auch wenn Zeitzeugen – natürlich – immer nur einen Teil der großen Geschichte erzählen: Sie waren dabei. Nicht mehr, aber auch nicht weniger.

Der Journalist André Groenewoud hat Menschen getroffen, die das Schicksal oder ihre Stellung zu Akteuren oder zufälligen Augenzeugen herausragender geschichtlicher Momente oder Phasen gemacht hat. Seine einfühlsamen Gespräche ergeben in der Summe ein sehr dichtes, zwar subjektives, aber zutiefst menschliches Bild des Erlebens im 20. Jahrhundert. Sie zeigen, was die Geschichte mit dem Menschen gemacht und wie der Mensch die Geschichte auch zum Teil beeinflusst hat. Die Bandbreite der Gesprächspartner ist dabei groß: vom britischen Posträuber Reynolds bis zum Auschwitz-Befreier Shapiro, von Tsvi Nussbaum, dem Jungen aus Warschau, bis zu Farah Diba-Pahlavi, der Ex-Kaiserin des Iran.

Ich sage immer: »History is cold and memory is warm.« Die Geschichte, die man darstellt, ist kalt, analytisch und sie seziert den wirklichen Ablauf; die Erinnerung der Zeitzeugen ist subjektiv, ist warm sowohl in den traurigen als auch in den schönen Momenten der Erinnerung. Und sie gibt das subjektive Element dazu. Beides zusammen ergibt das ganze und das wahre Bild.

# 1910ER-JAHRE

# FRANZ KÜNSTLER, LETZTER ÜBERLEBENDER VETERAN DES ERSTEN WELTKRIEGS

Franz Künstler (1900–2008) war der letzte überlebende Veteran der österreichisch-ungarischen k. u. k. Armee und der letzte noch lebende Veteran der Mittelmächte, der als Soldat im Ersten Weltkrieg von 1914–1918 gekämpft hat. Dabei standen sich die Mittelmächte (Deutsches Reich, Österreich-Ungarn, Osmanisches Reich, Bulgarien) und die Triple Entente (Frankreich, Großbritannien, Russland) gegenüber. Insgesamt zogen 65 Millionen Soldaten in den Krieg, 17 Millionen von ihnen ließen ihr Leben. Franz Künstler war einer von neun Millionen Soldaten der k. u. k.-Monarchie. Kurz vor seinem Tod im Mai 2008 führe ich ein Interview mit dem 107-jährigen Franz Künstler in dessen Wohnung in Niederstetten in Baden-Württemberg.

\* \* \*

Es gibt nicht viele einfache Soldaten, die einen Eintrag bei Wikipedia haben. Die als ehemalige Gefreite im Online-Lexikon genannt werden, ohne hohen militärischen Rang, ohne heroische Tat, ohne Verdienstorden. Franz Künstler war ein Soldat wider Willen und er hat auch nicht besonders lange im Krieg gekämpft, insgesamt nur ein paar Monate. Über ihn heißt es bei Wikipedia:»Franz Künstler war bei einem erreichten Alter von fast 108 Jahren der letzte überlebende Veteran der k. u. k. Armee, der im Ersten Weltkrieg gedient hatte, und der letzte Veteran der Mittelmächte.« Dass er bei seinem Tod auch noch der älteste lebende Deutsche war – geschenkt.

Wie nähert man sich einem Mann, der mehr als ein Jahrhundert auf dem Buckel hat? Der Monarchie, Kommunismus, Diktatur und die Republik erlebt hat? Der im Ersten Weltkrieg als Soldat kämpfte? Franz Künstler ist ein Phänomen. Er bekommt Autogrammpost. Er ist der letzte Soldat des Kaisers – 90 Jahre nach Ende des Ersten Weltkriegs.

Die Klingel läutet. Doch niemand öffnet die Tür im ersten Stock. Es dauert eine Weile. Seine Ohren sind nicht mehr die besten. Erneutes Klingeln, dann, plötzlich, bittet ein freundlicher alter Herr ins Wohnzimmer. Brille, Hut, weißer Schnauzer, Gehstock, lange weiße Augenbrauen. Er trägt ein blau-weiß kariertes Hemd, einen grünen Pullunder, darüber einen anthrazitfarbenen Anzug. Franz Künstler lebt in Niederstetten in Baden-Württemberg, in einem Haus, das an das Schloss Haltenbergstetten der Familie des Prinzen Johannes zu Hohenlohe-Jagstberg angrenzt. Künstler wohnt allein, lässt sich nicht im Haushalt helfen. Seine Frau Elisabeth, mit der er seit 1921 verheiratet war, stirbt 1979.»Von ihr habe ich Putzen, Bügeln, Waschen und Kochen gelernt«, sagt er.

Der alte Herr hängt den Stock an eine Stuhllehne, setzt sich an den Esstisch und legt seinen Hut neben sich. Neugierig mustert er mich. »Also, was wollen Sie wissen?« Um es gleich vorwegzunehmen: Er hat kein Lebensrezept und kann es sich selbst nicht so genau erklären, wie er so alt werden konnte.»Wahrscheinlich sind's die Gene«, meint er und zieht dabei fragend die Schultern hoch. Mit 97 muss er eine Magenspiegelung über sich ergehen lassen, dabei wird seine Speiseröhre verletzt. Mit 100 ist er nach einer Darm-OP der Star im Krankenhaus. Ein Jahr später kommt der Pfarrer bereits zur Letzten Ölung, als er an einer Grippe leidet. Wahrscheinlich hat der Besuch des Pastors bei ihm alle Reserven mobilisiert, sodass er am nächsten Tag wieder aufrecht am Bettrand sitzt. »Pfarrern und Ärzten glaube ich kein Wort«, sagt er. Dabei haut er mit der Faust auf den Tisch.

Man muss sehr lange zurückschauen, um die Ursachen für diese Äußerung zu finden. Im März 1918 wird Franz Künstler als Soldat an die Front zum Piave nach Italien geschickt. »Auf einer Feldmesse hat ein katholischer Pfarrer die Waffen gesegnet und uns dabei aufgefordert, den Feind zu vernichten«, sagt Franz Künstler. »Wie kann ein Pfarrer so etwas sagen?« Seitdem ist er nicht mehr in die Kirche gegangen. Seit 90 Jahren hält er das durch. Geboren wird Franz Künstler am 24. Juli 1900 in Sósd in Südungarn (jetzt Rumänien). Im heutigen Dreiländereck Serbien/Ungarn/Rumänien wächst er als eines von fünf Geschwistern auf. Seine Familie gehört zur deutschen Minderheit in der k. u. k.-Monarchie, den sogenannten Donauschwaben. Die Jugend hat den katholisch getauften Jungen geprägt. Er will Jura studieren, muss aber, als der Krieg 1914 ausbricht und seine älteren Brüder eingezogen werden, seinem Vater auf dem elterlichen Hof helfen. »Damals hab ich geheult wie ein Schlosshund«, sagt Künstler. »Für mich zählten doch Bücher über alles.«

An den Tag der Ermordung des ungarischen Thronfolgers Franz Ferdinand in Sarajevo am 28. Juni 1914 kann er sich besonders gut erinnern. »Es war der Beginn der Ferien, ich fuhr vom Lenau-Gymnasium in Temeschburg (Timişoara) mit dem Zug nach Hause nach Großkikinda. Am Bahnhof holte mich mein Vater ab und sagte: ›Ferdi, wir gehen schweren Zeiten entgegen.‹ Damals wusste ich aber nicht so genau, was er meinte.«

Vier Wochen später beginnt der Erste Weltkrieg. Die ersten Kriegsjahre ziehen an ihm vorüber, vormittags absolviert er eine Kaufmannslehre für Eisenwaren, am Abend hilft er in der Landwirtschaft. »Vor allem an die Jahre 1916 und 1917 erinnere ich mich gern. Da bin ich sonntags immer zum Tanzen gegangen und habe die ersten Mädchen geküsst.« Aus einer Illustrierten sind ihm noch die Bilder vom Tod des Kaisers Franz Joseph und der Krönung Karls I. in Erinnerung. Den jungen König von Ungarn sollte er später noch leibhaftig sehen – »an der Front in Italien, aus vier Meter Entfernung«.

17

Doch spätestens am 6. Januar 1918 ist für Künstler die unbeschwerte Jugend vorbei – er wird vom Militär gemustert, schließlich vier Wochen später eingezogen. Der Jugendliche ist noch 17, doch als Stichtag gilt der 1. Januar. Während der sechswöchigen Grundausbildung in Segedin (Szeged) wird er an der Kaliber-10-Kanone ausgebildet. »Mir wurden die Teile der Kanone und deren Funktion erklärt«, erinnert er sich, »Tür auf, Geschoss rein, mit Holzkegel reingedrückt.« Sechs Wochen später kommt der Jugendliche mit dem V. Ungarischen Artillerieregiment an die italienische Front am Piave. Als Kanonier, erzählt er, habe er mit drei Kameraden hinter der Front an der Kanone gestanden. Wenn die Infanterie Feuer verlangt habe, »mussten wir uns immer erst fünf Minuten einschießen. Wir hatten keinen Computer oder so.« Hinter ihm in einer Mulde habe der Richtkanonier mit einem Feldtelefon gelegen und Anweisungen von der vordersten Linie bekommen. »Dann rief er herüber: ›Ein bisschen nach links, ein bisschen mehr nach vorne.‹ Je weiter wir schießen sollten, desto mehr Pulversäcke mussten wir in die Kanone schieben.« Jeweils vier Mann stehen an der Kanone. Künstler zählt auf: »Einer hat das Geschoss geholt, ich als Gefreiter hab es eingestellt, einer hat es in die Kanone geschoben, und der Unteroffizier hat die Schnur gezogen. Aber nur auf Kommando des Kommandeurs, der auf Ungarisch ›Tüz‹ rief. Feuer!«

Franz Künstler kämpft am Piave. Ein eher unbekannter Fluss in Norditalien von 220 Kilometer Länge, der nördlich vom viel berühmteren Po in die Adria fließt. Doch im Ersten Weltkrieg spielt der Fluss eine strategische Rolle. Ab November 1917 bildet der südliche Teil die Frontlinie zwischen den Streitkräften der k. u. k. Armee und den italienischen Verbänden. Es stehen sich jeweils 50 Divisionen auf beiden Seiten gegenüber. Der Versuch der österreich-ungarischen Armee, die italienische Front zu durchbrechen, misslingt im November 1917 und Juni 1918 in den sogenannten Piave-Schlachten. Insgesamt sterben bei den Kämpfen knapp 20 000 Soldaten, mehr als 100 000 werden verwundet.

Franz Künstler und seine Kameraden schlafen in einer Kaserne auf Holzpritschen. Acht Monate bleibt er mit seiner Einheit am Piave, im Rücken der Infanterie, die an vorderster Front im Schützengraben liegt, dann führt Anfang November 1918 die Schlacht von Vittorio Veneto, die als dritte Piave-Schlacht bezeichnet wird, zur Niederlage der österreichisch-ungarischen Armee im Kampf gegen Italien. Chaos bricht aus. »Wir entsicherten die Kanonen und rollten sie den Berghang hinunter«, erinnert sich Franz Künstler. »Ich bekam noch zwei Brote, ein paar Konserven und 30 Stück Karabiner-Geschoss zugeteilt, dann rannten alle ins Hinterland. Unser Feldwebel Stumpf forderte uns zum geordneten Rückzug auf. Doch alle wollten nur noch heim.« Väter, Ehemänner. Und Franz Künstler. Er schafft es zu Fuß nach Udine und wartet dort acht Tage auf einen Zug. Nervös ist er, hat Angst vor der Gefangenschaft. Dann steht endlich ein Zug bereit, in einem Viehwaggon gelangt Künstler über Villach nach Wien. »Wir hatten nichts zu essen und zu trinken, konnten uns nicht waschen. Mein Haar war voller Läuse«, erzählt er. Seine erste Gulaschsuppe löffelt der Ex-Gefreite aus seiner Mütze – Geschirr gibt es keins. Noch vor Weihnachten ist er wieder zu Hause. Und arbeitslos.

Franz Künstler macht eine kurze Pause, mustert mich und guckt durch eines der kleinen Fenster nach draußen. Täglich verlässt er seine kleine Wohnung im ersten Stock, geht zum Friedhof, in den Ort. Als Führer im Jagdmuseum im Schloss Niederstetten war und ist er immer noch ein Unikat, und im Dorf grüßt man ihn respektvoll. Viele wundern sich, dass er zu seinen Geburtstagen immer 20 Personen einlädt, jedes Jahr andere. Für seine Verdienste erhält er die Staufermedaille des Landes Baden-Württemberg. Die Urkunde, unterschrieben vom damaligen Ministerpräsidenten Erwin Teufel, hängt eingerahmt über der Kommode im Wohnzimmer. Künstler schläft lange, dafür ist er nachts aktiv. Noch frühmorgens brennt bei ihm das Licht. Er liest viel, mehrere Ausgaben des *Stern* liegen auf einem Beistelltisch. Nach fünf Minuten, bemerkt Franz Künstler trocken, fallen ihm immer die Augen zu. Künstler sieht 20 Jahre jünger aus. Mindestens. Doch das Alter macht ihm keine Freude. »Ich sitze hier wie im Gefängnis«, klagt er. »Meine Beine tun weh, ich habe Gleichgewichtsstörungen.«

Bis vor ein paar Wochen hat außerhalb von Niederstetten kaum jemand Notiz von ihm genommen. Anfang Januar ist es plötzlich mit der Beschaulichkeit vorbei. Auf einmal bekommt Franz Künstler Fanpost aus Deutschland, England und den USA. Reliquienjäger fragen nach Kriegsandenken, Jugendliche nach Autogrammen und Journalisten nach Interviews. Der plötzliche Ruhm hat einen Grund: Mit Erich Kästner (ein Namensvetter des bekannten Autors) stirbt der letzte überlebende deutsche Soldat des Ersten Weltkriegs. Nun bleibt nur noch Franz Künstler als letzter Zeitzeuge auf der Seite der ehemaligen Mittelmächte und Verlierer, der vom großen Sterben zwischen 1914 und 1918 berichten kann. »Ich bräuchte eine Sekretärin«, sagt Künstler grinsend und zeigt auf eine Schachtel mit Briefen, die auf einem Stuhl in der Ecke des Zimmers liegt. »Keiner hat Rückporto beigelegt. Da können die lange auf eine Antwort warten.« Zwar erzähle er gern von seinen Erlebnissen, aber das sei ihm dann doch alles ein bisschen zu viel geworden in letzter Zeit.

Für die k. u. k.-Monarchie war Franz Künstler einst einer von neun Millionen, die in den Krieg zogen. 1,2 Millionen von ihnen ließen ihr Leben. Der Starrummel ist ihm suspekt. »Ich bin alles andere als stolz darauf, der letzte Soldat des Kaisers zu sein«, sagt er und liefert die Begründung gleich mit. »Ich war kein Hurra-Soldat und habe nur das getan, was ich tun musste.« Leise fügt er hinzu: »Die Jugend musste sich gegenseitig umbringen. Ist das etwa gerecht?« Sein »Nein« ist kaum zu vernehmen.

Nach dem Ersten Weltkrieg heiratet Künstler seine Freundin Elisabeth, ein Jahr später kommt Sohn Franz zur Welt. Um die Familie zu ernähren, gibt Künstler in Budapest in einer Zeitung eine Annonce auf: »Frontsoldat sucht Anstellung.« »Welche Praxiserfahrung haben Sie?«, fragt der Chef der Heinrich und Co. Eisenstahl- und Haushaltswaren. »Hab an der Front die Kanone bedient«, antwortet Künstler. Er bekommt den Job nach acht Tagen Probezeit. 1931 macht er sich selbstständig mit einem eigenen Laden in der Budapester Vorstadt. Doch dann unterbricht wieder ein Krieg seinen Alltag. Im Zweiten Weltkrieg, 1942 in der Ukraine, ist er sechs Monate lang Motorradkurier zwischen Stab und Front. »Das waren immer sehr gefährliche Fahrten, weil Partisanen uns das Leben schwer machten«, sagt Franz Künstler. Zurück in der Heimat, widersetzt er sich den Pfeilkreuzlern, einer nationalsozialistischen Partei Ungarns, und wird vor ein Standgericht gestellt. Mit Bestechungsgeld sei es ihm gelungen, zu entkommen. »Ich hatte großes Glück«, sagt Franz Künstler. »Das war der schlimmste Moment in meinem Leben.«

Sein Geschäft läuft gut, Künstler handelt viel mit Juden. Auch seine Konkurrenten sind zum Teil jüdischen Glaubens. Dass ein Großteil von ihnen plötzlich verschwindet, berührt Künstler damals nicht. Er erzählt: »Ein anderer Kaufmann sagte zu mir: ›Jetzt sind die Juden weg, nun haben wir keine Konkurrenz mehr.‹« Künstler sucht nach Worten, ist verlegen; man spürt, dass das Thema ihm unangenehm ist. »Mir als Kaufmann ging's nur um Pinke«, versucht er zu erklären, »ich habe nicht gefragt, wohin die Juden gebracht werden. Auf einmal waren sie weg. Ich war Kaufmann, hatte keine Zeit, darüber groß nachzudenken.« Erst nach dem Krieg habe er vom Holocaust gehört und zu seiner Frau gesagt, dass die Vernichtung der Juden eine Schande für die Deutschen sei. Künstler macht an seinem Wohnzimmertisch kein Geheimnis daraus, dass er Hitler gemocht habe – »von Anfang an«. Doch spätestens mit Beginn des Russlandfeldzuges »war mir klar, dass der Krieg verloren ist«.

Als Angehöriger der deutschen Minderheit muss Franz Künstler nach dem Zweiten Weltkrieg zusammen mit seiner Frau Ungarn verlassen. Wegen angeblicher Parteischädigung wird er im Oktober 1945 verhaftet und in einer Kaserne interniert. Seine Aufgaben: Karteikarten sortieren, Garagen betonieren, Fässer schleppen, Fäkalien aufwischen. Am 10. Januar 1946 gelingt ihm die Flucht durchs Kasernenfenster. Er rennt nach Hause, duscht sich und flüchtet in die Provinz zu einem seiner Kunden, einem Adeligen. Dort hält er sich vier Monate versteckt – bis zum Mai 1946. Plötzlich taucht seine Frau bei ihm auf mit dem Ausweisungsbescheid in der Hand. Schnell packen sie eine Kiste mit Kleidern, Schuhen und einem Perserteppich. Seinen Sohn sieht er erst 1952 wieder.

Über Passau und Stuttgart gelangt das Ehepaar nach Niederstetten. Doch als Donauschwaben sind die Künstlers alles andere als willkommen. Das Schloss in Niederstetten ist überfüllt mit adeligen Flüchtlingen aus Ostpreußen. Der Fürst weist dem Ehepaar Künstler ein kleines Zimmer im ersten Stock zu. »Hören Sie zu«, sagt Franz Künstler und legt mit Nachdruck seine Hand auf meinen Arm. »In Ungarn war ich ein Herr. In Niederstetten dagegen waren wir der letzte Dreck. Sogar der Knecht hat mich behandelt, als ob ich sein Schuhlappen wäre.« In Ungarn als Deutsche beschimpft, in Deutschland als Zigeuner denunziert – die neue Heimat bleibt ihm auf Jahre fremd. »Kennen Sie das, wenn man gemobbt wird?«, fragt Künstler. »Wir haben die Welt verflucht. Die Deutschen wollten uns nicht, sie haben uns gehasst.«

21

Auf große Solidarität im Ort hofft das Ehepaar vergebens. Den Perserteppich tauscht Künstler in Blaufelden gegen Lebensmittel ein. Mit Gelegenheitsjobs als Hilfsarbeiter hält er sich zunächst über Wasser, dann findet er Arbeit in einem Versandhaus in Bad Mergentheim. Seit 1956 ist er nach einer schweren Grippe arbeitsunfähig und in Rente. »Ich bekam 62 Mark im Monat. Das war natürlich viel zu wenig«, erzählt er. Künstler kauft bei Bauern alte Möbel auf, restauriert sie und verkauft sie weiter. Ein guter Nebenverdienst.

Wenn man wirklich begreifen will, wie alt Franz Künstler ist, muss man über seinen Sohn sprechen. Der ist 86 – und mittlerweile zu alt für einen Besuch in Niederstetten. In ein paar Tagen wird Franz Künstler von einem seiner vier Enkel abgeholt werden, um gemeinsam in die alte Heimat zu fahren. Zu seinem Sohn und zu weiteren Enkeln und Urenkeln. Acht Tage will er bleiben. »Wenn's mir gefällt, auch für immer«, sagt Franz Künstler. »Mal sehen, wie die Lage ist.« Er kokettiert, weiß er doch ganz genau, dass am 1. April das Jagdmuseum im Schloss Haltenbergstetten wieder öffnet und er als Museumsführer unentbehrlich ist.

Abenteuer habe er genügend erlebt, sagt er zum Abschied, nach über drei Stunden Gespräch. Kriege, Vertreibung, Krankenhausaufenthalte. In dieser Reihenfolge. Weitere Pläne habe er nicht, nur diesen einen: »Wenn ich 110 bin, kann mich der Teufel holen«, sagt er. Und lächelt.

Der Teufel holt ihn bereits ein paar Wochen später. Zwar fährt er noch wie geplant nach Ungarn zu seinem Sohn, stürzt dort aber über einen Stuhl und zieht sich einen Oberschenkelhalsbruch zu. Er wird ins Krankenhaus gebracht, will aber dort nicht bleiben. »Er war ja schon ein bisschen verwöhnt«, sagt Prinzessin Andrea zu Hohenlohe-Jagstberg, seine Nachbarin im Schloss in Niederstetten. »Er rief an und beschwerte sich, dass am Wochenende noch nicht einmal ein Arzt zugegen sei.« Franz Künstler lässt einen Transporter mit Matratze organisieren, sein Sohn und dessen Freund hieven den 107-Jährigen hinein und bringen ihn den weiten Weg zurück nach Bad Mergentheim ins Krankenhaus. Er berappelt sich wieder und schafft es noch für ein paar Tage zurück in seine Wohnung. Am 27. Mai 2008 stirbt Franz Künstler im Krankenhaus in Bad Mergentheim an den Folgen seines Sturzes und eines Darmverschlusses. Eine Woche später wird er auf dem Friedhof in Niederstetten beerdigt. Es sind nicht viele Trauergäste anwesend, als der Sarg des letzten Kaiser-Soldaten ins Grab hinabgelassen wird. Prinz Johannes zu Hohenlohe-Jagstberg kommt mit seiner Ehefrau Andrea, ein paar junge Leute, ein paar Bekannte, auch der Bürgermeister. Aber das war's. Der schlichte weiße Grabstein mit den Namen von Elisabeth, geborene Agocs, und Franz Künstler steht direkt vor der Friedhofsmauer. Das Grab wird heute von Künstlers Neffen, seinem Erben, gepflegt.

Lazare Ponticelli, der letzte Veteran auf französischer Seite, stirbt in seinem Heimatdorf Ivry-sur-Seine am 12. März 2008, ein paar Wochen vor Franz Künstler. Der 110-Jährige, der sich gern mit all seinen Kriegsorden fotografieren lässt, muss sich um ein stattliches Begräbnis allerdings keine Sorgen machen. Die Franzosen ehren ihren letzten Veteranen der »Grande Guerre«, wie der Erste Weltkrieg in Frankreich heißt, mit Pomp und Pathos. Ponticelli bekommt in Paris ein Staatsbegräbnis in der Soldatenkirche des Invalidendoms und im Beisein von Präsident Sarkozy sowie dessen Amtsvorgängers Chirac eine militärische Ehrung im Innenhof der ruhmreichen Anlage. Chirac hat zudem angeordnet, dass der letzte Veteran entweder in der Ruhmeshalle Panthéon oder neben dem Unbekannten Soldaten unter dem Triumphbogen beigesetzt werden soll. Doch Ponticelli hatte sich noch zu Lebzeiten eine Beisetzung in seinem Heimatdorf gewünscht.

Und Franz Künstler? Zum 100. Jahrestag des Beginns des Ersten Weltkriegs erinnert 2014 die Landsmannschaft der Banater Schwaben auf ihrer Homepage an ihn. Ganz vergessen ist Franz Künstler auch in Frankreich nicht. In Avranches in der Normandie ist eine Gedenkplatte mit einer französischen und einer deutschen Flagge den beiden letzten Kämpfern auf der jeweiligen Seite gewidmet. Die Inschrift lautet auf Französisch: »Für Lazare Ponticelli und Franz Künstler, die letzten französischen und deutschen Soldaten des Ersten Weltkriegs, zum 90. Jahrestag des Krieges 1914–1918«.

# Millvina Dean, letzte Titanic-Überlebende

Millvina Dean (1912–2009) war die letzte Überlebende des Untergangs der *Titanic* am 15. April 1912. Im Alter von zehn Wochen war sie zudem die jüngste Passagierin an Bord des als unsinkbar geltenden Luxusschiffs. Beim Untergang war sie zu jung, um wirklich als Zeitzeugin gelten zu können. Dennoch ist sie ein Teil des Mythos geworden, der rund um das legendäre Schiff entstanden ist. Die Familie Dean hat Tickets in der dritten Klasse auf dem zur damaligen Zeit größten Schiff der Welt gebucht, um nach Kansas in den USA auszuwandern. Bei der Kollision mit einem Eisberg sinkt das Schiff auf seiner Jungfernfahrt. 1 514 der insgesamt über 2 200 Personen an Bord sterben, darunter auch Millvina Deans Vater. Ich spreche mit der *Titanic*-Überlebenden ein paar Wochen vor ihrem Tod im Frühjahr 2009. Sie ist 97.

\* \* \*

Als Barbara Dainton, geborene Joyce West, an einem Dienstag im Oktober 2007 in Camborne in Großbritannien verstirbt, nimmt kaum jemand Notiz von ihrem Ableben. Sie war steinalt, 96 bei ihrem Tod, und fiel zeitlebens nicht durch irgendetwas Außergewöhnliches auf. Kein Wunder, dass die Öffentlichkeit erst anlässlich der Trauerfeier in Truro knapp drei Wochen später von Mrs Daintons Tod erfährt. Zudem ist es sogar der Wunsch der alten Dame gewesen, dass ihr Tod erst nach ihrer Beerdigung bekannt gegeben werden sollte.

Aber warum bloß diese Geheimniskrämerei?

Barbara Dainton war gegen ihren Willen eine kleine Berühmtheit. Sie war bis zu ihrem Tod die vorletzte Überlebende des Untergangs der *Titanic.* Doch nie spricht sie mit Fremden über die Katastrophe, weder mit Medien noch Historikern, nur bei Freunden und Angehörigen macht sie eine Ausnahme. Sie schwört sich über all die Jahre, niemals öffentlich über die Tragödie zu reden.

Der Tod von Barbara Dainton rückt dafür eine andere betagte, nur unwesentlich jüngere Dame ins Rampenlicht. Plötzlich ist Millvina Dean nicht nur die jüngste Passagierin, die das Unglück miterlebt hat, sondern auch noch die letzte Überlebende der *Titanic,* damals das größte und heute noch immer das berühmteste Schiff der Welt. Natürlich hat sie ebenso wie Barbara Dainton keine persönlichen Erinnerungen an den Untergang; da hätte man die Drittletzte fragen müssen. Lilian Gertrud Asplund ist bei der Katastrophe fünf Jahre alt und verstirbt kurz vor ihrem 100. Geburtstag in Shrewsbury. Doch auch sie scheute die Öffentlichkeit.

Beim Untergang der *Titanic* sterben der Vater von Barbara Dainton, der Vater und drei Geschwister von Lilian Asplund sowie der Vater von Millvina Dean.

Millvina ist eine von 710 Überlebenden. 27 von 79 Kindern der dritten Klasse schaffen es gerade noch, in eines der Rettungsboote zu gelangen, darunter Millvina und ihr Bruder Bertram. Fast wäre ihr Leben bereits im Alter von zehn Wochen zu Ende gewesen. Und nun ist sie plötzlich im Alter von 97 Jahren ein Star. Die quirlige und lebenslustige Frau mit der großen, weißhaarigen Perücke auf dem Kopf beantwortet Briefe, schreibt

Autogramme und gibt bereitwillig Auskunft, solange es ihre Kräfte zulassen. Noch immer sind viele Menschen weltweit fasziniert von der *Titanic,* deren Schicksal und den damit verbundenen Emotionen. Allein der Name des Schiffes verheißt Gigantomanie – und dann sinkt der als unsinkbar geltende Luxusdampfer schon auf der Jungfernfahrt. Stoff für Legenden, Filme, Bücher. Und je weiter der Untergang zurückliegt, desto größer ist das Interesse an Zeitzeugen wie Millvina Dean.

Sie ist sich zwar bewusst, dass sie ihren Ruhm einem Zufall, einem historischen Unglück verdankt, und sieht sich zunächst nicht als Attraktion, doch mit zunehmendem Alter akzeptiert sie ihre Rolle – und nimmt sie gern an. Dabei ist es lange Zeit still um sie. Erst als Robert Ballard und Jean-Louis Michel 1985 das Wrack im Nordatlantik, 600 Kilometer südlich von Neufundland, in 3 800 Meter Tiefe entdecken, interessiert sich die Öffentlichkeit mit einem Mal zunehmend für sie.»Erst fanden sie das Wrack, dann fanden sie mich«, sagte sie einmal.

Millvina Dean wird am 2. Februar 1912 in Branscombe als Tochter der Wirtsleute Bertram Frank und Georgette Eva Light Dean geboren. Acht Monate zuvor läuft die *Titanic* vom Stapel und zwei Monate nach ihrer Geburt wird das Schiff der Reederei White Star Line in Dienst gestellt. Die Familie Dean geht am 11. April 1912 in Southampton an Bord des Luxusdampfers. Die Deans reisen in der dritten Klasse, im Bauch des Schiffes. Mit der Prominenz an Bord – darunter die Millionäre John Jacob Astor IV und Benjamin Guggenheim sowie Kaufhausbesitzer Isidor Straus (»Macy's«) – haben sie nichts gemeinsam, sitzen aber zumindest im selben Boot.

Ähnlich wie Barbara Daintons Leben verläuft Millvina Deans Werdegang unspektakulär. Nach dem Unglück kehren ihre Mutter, ihr Bruder und sie auf der *Adriatic* nach England zurück. Die Geschwister erhalten Geld aus einem Unterstützungsfonds für *Titanic*-Opfer. Millvina arbeitet jahrelang als Angestellte und geht in den Siebzigerjahren in Rente. Ihr Bruder stirbt 1992.

Seit einem Hüftbruch im Jahr 2006 lebt sie in einem Pflegeheim. Doch Millvina Dean ist guter Dinge. Die 97-jährige Engländerin trinkt eine Tasse Tee und hat Besuch. Ein Pfleger hat sie aus ihrem Rollstuhl in einen Ohrensessel gehoben. Seit drei Jahren wohnt die letzte Überlebende des *Titanic*-Untergangs in dem Altenpflegeheim am Stadtrand von Southampton in Südengland. Herzlich verabschiedet sie ihre Gäste, führt schnell noch ein paar Telefonate – dann ist sie bereit zum Gespräch. »Sie sind aus Deutschland?«, fragt Millvina Dean freundlich. »Gut, dann fangen Sie mal an!«

**Frau Dean, ist bei Ihnen immer so viel Trubel?**

Irgendwie klingeln immer Leute, die mich sehen wollen. Eigentlich habe ich jeden Tag Besuch. Erst gestern war ein Fernsehteam aus England hier, es blieb zweieinhalb Stunden. Und dann schreibe ich Briefe, beantworte Fanpost und signiere irgendwelche Dinge, die man mir zuschickt. Ich habe gar keine Zeit, einsam zu sein.

**Ist Ihnen dieser Stress egal? Ich meine, Sie sind ja nicht mehr die Jüngste.**

Es geht mir gerade wieder besser. Ich war erkältet und hatte Husten. Im Rollstuhl sitze ich seit drei Jahren. Ich hatte mir die Hüfte gebrochen. Im Krankenhaus kam dann eine Infektion hinzu. Seitdem lebe ich hier im Altenpflegeheim.

**Wissen Ihre Nachbarn, wer Sie sind?**

Natürlich! Ich stehe ja oft in der Zeitung. Manche sind sauer, dass ich so oft Besuch bekomme. Wahrscheinlich sind sie auch nur neidisch.

**Dreht sich Ihr Leben denn nur um die Titanic?**

Na ja, ein paar Freunde kommen auch noch vorbei. Und dann reden wir nicht über das Schiff. Mir ist nicht langweilig, wenn Sie das hören möchten. Aber in den vergangenen 20 Jahren bin ich oft als sogenannter Stargast auf irgendwelchen *Titanic*-Veranstaltungen aufgetreten. Und nun bin ich halt die Einzige, die man noch fragen kann.

**Die Titanic ist Ihr Schicksal?**

O ja!

**Sind Sie denn stolz darauf, die letzte Überlebende zu sein?**

Ach, das ist mir eigentlich egal, darüber denke ich gar nicht nach. Ich war beim Untergang zehn Wochen alt. Damals die jüngste Überlebende, jetzt die letzte Überlebende – das ist reiner Zufall.

**Warum waren Sie mit Ihrer Familie überhaupt an Bord des Luxusliners?**

Meine Familie wollte nach Amerika auswandern. Die Cousine meiner Mutter lebte in Kansas und mein Vater wollte dort ein Tabakgeschäft eröffnen. Es war purer Zufall, dass meine Eltern, mein Bruder Bertram und ich auf der *Titanic* waren. Ursprünglich wollten wir mit einem anderen Schiff reisen, aber aufgrund eines Kohlestreiks buchte man uns auf die *Titanic* um. Wir waren Passagiere der dritten Klasse.

**Von denen die wenigsten überlebt haben.**

Das stimmt. Aber mein Vater hat in der Nacht vom 14. auf den 15. April 1912 eine Kollision gespürt. Er schaffte es, an Deck zu gelangen, und guckte nach, was los war. Er kam dann wieder runter in unsere Kabine und sagte zu meiner Mutter, dass sie mich und meinen Bruder fertig machen sollte. Wir lagen ja schon im Bett. An Deck wurde ich dann in einem Sack in eines der ersten Rettungsboote gehievt. Manche sagen, es war Boot Nummer 10, 12 oder 13. Ich weiß es nicht. Meine Mutter hat noch»Goodbye« zu meinem Vater gesagt. Wir haben ihn nie wiedergesehen.

**Ihre Mutter, Ihr Bruder und Sie wurden Stunden später von der Carpathia gerettet und nach New York gebracht. Was geschah dann?**

Zunächst wollte meine Mutter den Traum unseres Vaters wahr machen und trotz allem nach Kansas auswandern. Aber das ging einfach nicht. Unser ganzes Geld lag ja auf dem Meeresboden, mein Vater war tot und meine Mutter musste nun zwei kleine Kinder allein großziehen. Und sie konnte natürlich auch keinen Tabakladen aufmachen. So kehrten wir einen Monat nach dem Desaster nach England zurück.

**Die britische Tageszeitung »Daily Mail« schrieb über Sie am 12. Mai 1912: »Sie war das Küken auf dem Schiff, und die Rivalität zwischen den Passagieren war groß, das liebenswerte kleine Ding der Menschlichkeit zu streicheln.«**

Und weiter hieß es in der *Daily Mail*, dass ein Offizier entscheiden musste, dass mich die Passagiere der ersten und zweiten Klasse jeweils zehn Minuten lang halten durften, damit jeder an die Reihe kam.

**Wann haben Sie zum ersten Mal von Ihrem Schicksal erfahren?**

Das war 1920. Ich war acht Jahre alt und meine Mutter erzählte mir, was passiert war. Wir haben dann aber nie wieder über die *Titanic* gesprochen. Meine Mutter heiratete ein zweites Mal und sie fand es unpassend, nun einerseits einen neuen Ehemann zu haben, aber andererseits ständig vom alten zu erzählen.

**Und Ihr Bruder?**

Wir haben verschiedene Leben gelebt, hatten nicht viel gemeinsam. Hinzu kam, dass seine Frau einfach nur entsetzlich war. Und das dachten alle.

**Wie ging Ihr Leben weiter?**

Wir bekamen Gelder von einem Hilfsfonds und gingen in Southampton zur Schule. Viel später, während des Zweiten Weltkriegs, habe ich für die britische Regierung gearbeitet und musste Landkarten für Soldaten zeichnen. Nach dem Krieg habe ich als Assistentin in einem Tabakladen und als Sekretärin in einem Ingenieurbüro in Southampton gearbeitet. 1973, zwei Jahre vor dem Tod meiner Mutter, bin ich in Rente gegangen.

**Waren Sie jemals wieder in den USA?**

O ja, 13- oder 14-mal. Ich glaube, es ist zwölf Jahre her, da bin ich nach Kansas gefahren und habe mir das Haus angeschaut, das 1912 unser Ziel gewesen ist. Es war ein wunderschönes Haus. Einige Reporter fragten mich, ob ich dort hätte leben wollen. Ich wollte freundlich zu ihnen sein und habe natürlich »Ja« gesagt. Aber vor 97 Jahren hatten wir keine andere Wahl.

**Was ging in Ihnen vor, als man 1985 das Wrack der Titanic gefunden hat?**

Ich habe immer gehofft, dass man keine Gegenstände direkt aus dem Schiff bergen wird. Das ist doch ein Grab, mein Vater liegt dort unten! Anders ist es mit Gegenständen, die verstreut auf dem Meeresgrund liegen. Ich habe kein Problem damit, wenn sie geborgen und dann in Ausstellungen gezeigt werden. Gegenstände von der *Titanic* sind schließlich Teil der Geschichte. Ich besitze auch ein Stück Kohle von der *Titanic,* weiß aber gar nicht, wo es gerade liegt. Egal, es ist halt auch nur ein Stück Kohle.

**Zuletzt waren Sie im vergangenen Dezember groß in den Medien. Sie haben persönliche Gegenstände auf einer Auktion versteigert.**

Das ist richtig. Darunter war ein 100 Jahre alter Koffer, den meine Mutter und ich nach dem Desaster in New York bekamen, und ein Brief des Titanic Relief Fund, einem damaligen Hilfsfonds, an meine Mutter.

**Wie viel haben Sie denn erzielt?**

32 000 Pfund. Nach Abzug der Kosten blieben mir ungefähr 26 000 Pfund.

**Wahrscheinlich wirft man Ihnen nun vor, mit dem Unglück Geld zu verdienen.**

Ich brauche das Geld für die Pflegekosten. Jeden Monat muss ich 3 000 Pfund für meinen Platz im Heim bezahlen. Im April lasse ich weitere 17 persönliche Dinge versteigern, darunter ein Modellschiff der *Titanic* mit meinem Namen drauf. Dabei fällt mir auf, dass die *Titanic* ja wirklich ein sehr schöner Dampfer gewesen ist.

**Haben Sie noch Pläne für die Zukunft?**

Natürlich will ich noch lange leben. Viele Menschen sagen mir, ich sei eine historische Figur. Ich bin aber nicht historisch, ich bin einfach nur alt. Obwohl – alt fühle ich mich nicht.

## Warum haben Sie eigentlich nie geheiratet?

Es gab immer viel zu viele Menschen, die ich gemocht habe. Wenn ich zurückschaue, dann hatte ich nicht nur einen Liebhaber, sondern immer vier. Wie hätte ich mich da entscheiden sollen?

Nicht nur Millvina Dean verdient, wenn auch notgedrungen, Geld mit der *Titanic*. Nach der Entdeckung des Wracks 1985 kommen in den Jahren danach mehr als 5 500 Objekte ans Tageslicht, darunter Geschirr, Möbel, Koffer, Schiffsteile, Kunst und die Habseligkeiten der Passagiere. Die Anzahl von möglicherweise noch zu bergenden Gegenständen scheint unendlich, führte die *Titanic* doch allein 29 700 Teller, 18 500 Gläser und 40 000 Besteckstücke mit sich. Immer wieder werden Fundstücke versteigert. Im April 2008 bringt bei einer Auktion in England die Fahrkarte für die Jungfernfahrt der *Titanic* 40 000 Euro ein. Das Ticket stammt aus dem Nachlass eines Überlebenden. 2004 verkauft ein New Yorker Auktionshaus die Menükarte vom 14. April 1912 – das letzte Menü, das an Bord serviert wurde – für 80 000 Euro. Ein Stück Holz von einem Deckliegestuhl oder ein Stück Kork von einer *Titanic*-Schwimmweste sind billiger zu haben – für schlappe 700 Euro. Auch auf dem Schwarzmarkt werden *Titanic*-Stücke gehandelt, so steht ein Bullauge für 25 000 Euro zum Verkauf.

Die 5 500 Artefakte, die von Tauchern des Bergungsunternehmens RMS Titanic seit 1987 geborgen wurden, sollen 2012 in den USA als Gesamtpaket für 146 Millionen Euro verkauft werden. Rasierpinsel, noch verkorkte Champagnerflaschen, Flakons mit Parfümöl-Proben, Juwelen, Kaffeetassen mit dem roten Flaggen-Logo der White Star Line, ein Kronleuchter aus dem Rauchersalon, eine Lampe aus der ersten Klasse, Suppenteller, Schuhe, Fernglas, Milchkännchen, Türknauf, Pomadetopf, Baumwollhandschuhe und sogar ein 15 Meter langes, 17 Tonnen schweres Rumpfteil samt Bullaugen und Bolzen sind darunter. Doch die Auktion wird nach Protesten von Angehörigen der Opfer zunächst verschoben, dann vollends aufgegeben.

Es gibt Dauerausstellungen zur Geschichte des Schiffes; die größte ist »Titanic Belfast« in der Stadt, in der das Schiff einst von der Werft Harland & Wolff gebaut wurde. 1997 werden erstmals in Europa in der Hamburger Speicherstadt in einer *Titanic*-Ausstellung Kristallflaschen, Silberbesteck, verrostete Handspiegel, Bürsten, Porzellan und Kronleuchter gezeigt.

2009 bewirbt die »Discovery Times Square Exposition«, eine relativ neue Ausstellungsfläche in Midtown Manhattan, ihre Show mit dem Superlativ »größte Ausstellung mit Artefakten der *Titanic*«. Zu sehen sind Schmuck, Porzellan, Kleidung, Bowlerhüte, Parfüm, Teile der großen Freitreppe, Eisenteile des Schiffes, Champagnerflaschen, Briefe. Manche Ausstellungsstücke werden zum ersten Mal gezeigt, andere gehen schon seit 15 Jahren um die Welt. An die letzte Überlebende Millvina Dean wird am Ende der Ausstellung mit einer Plakette erinnert. Als Besucher bekomme ich zum Eintritt eine Bordkarte der White Star Line mit Informationen zu einem der 2 220 Passagiere in die Hand gedrückt. Am Ende der Ausstellung wird mir verraten, ob mein Schiffsgast es in eins der Rettungsboote geschafft hat. Nein, Henry Sutehall schaffte es nicht ...

Millvina Deans private Auktion im April bringt lediglich 7 000 Euro ein. Zu wenig, um dauerhaft die Kosten ihres Altenheims tragen zu können. Autor und Fotograf Don Mullan initiiert im Mai eine Spendenkampagne (»Millvina Fund«) für sie an einem historischen Ort, nämlich in den ehemaligen Zeichnungsbüros von Harland & Wolff in Belfast, und wendet sich an die Hauptdarsteller und den Regisseur des Hollywood-Blockbusters »Titanic«. Leonardo di Caprio, Kate Winslet und Dave Cameron lassen sich nicht lumpen und spenden 30 000 Euro für die Bezahlung der Heimkosten. Ebenso bietet der Fonds eine limitierte Fotoedition an, deren Erlöse direkt Millvina zufließen: »Als letzte Überlebende des berühmtesten Schiffes der Welt hat Millvina Dean einen sehr speziellen Platz in der Geschichte von Nordirland und auch der ganzen Welt«, trägt ein Mitglied der »Belfast Titanic Society« dick auf. Auch die Stars veröffentlichen ein gemeinsames Statement: »Wir fühlen uns geehrt, den ›Millvina Fund‹ zu unterstützen. Wir hoffen, dass auch andere von Millvinas bemerkenswerter Überlebensgeschichte inspiriert werden und Millvina nun leichter leben kann im Wissen, dass ihre Zukunft finanziell durch den Fonds abgesichert ist.«

Drei Wochen später, am 31. Mai 2009, stirbt Millvina Dean in Ashurst – auf den Tag genau 98 Jahre nach dem Stapellauf der *Titanic*. Ich lese noch einmal ihre Zeilen, die sie mir vor Jahren geschickt hat. Die *Titanic* sei so ein schönes Schiff gewesen, schreibt sie mit schnörkelloser Hand und schwarzem Filzstift, aber es wäre der blanke Horror für sie, wenn man Gegenstände aus dem Wrack bergen würde. Das Grab ihres Vaters soll unberührt bleiben, das ist ihr immer wichtig gewesen.

# 1920ER-JAHRE

# DAVID ROCKEFELLER, MILLIARDÄR UND FAMILIENOBERHAUPT DES ROCKEFELLER-CLANS

David Rockefeller (1915–2017) war ein US-amerikanischer Milliardär und Oberhaupt der Rockefeller-Familie. Seine Mutter gründete in den Zwanzigerjahren das MoMA, das Museum für moderne Kunst in New York City, sein Vater erbaute dort das Rockefeller Center. Sein Großvater gilt als reichster Mensch der Neuzeit. Rockefeller war Vorsitzender der Chase Manhattan Bank, der größten Bank der Welt, und galt als leidenschaftlicher Kunstsammler. Ich treffe den Banker und Philanthropen 2008 in München zum Gespräch. Er ist damals 93 Jahre alt.

\* \* \*

Der Mann ist sichtlich nervös. Unruhig irren Tobias Meyers Augen durch die Menge. Der Chefauktionator von Sotheby's in New York ist ein eloquenter Mittvierziger, der es wie kaum ein anderer versteht, die reiche

Kunstklientel zu Höchstpreisen zu animieren. Meyer ist ein alter Hase im Geschäft, und so schnell bringen ihn ein Picasso oder Jackson Pollock nicht aus der Ruhe. Er gilt als Jahrhundertverkäufer und Superstar der Szene. »Sotheby's 007« nannte ihn die *New York Times* einmal. Doch an diesem 15. Mai 2007 ist auch Meyer, der gebürtige Wuppertaler, im Auktionssaal des Versteigerungsriesen in Midtown Manhattan sichtlich unentspannt.

Der Saal ist rappelvoll. Alles, was Rang und Namen hat in der New Yorker Kunstszene, ist vertreten bei *der* Versteigerung zeitgenössischer Kunst des Jahres. An den Seiten telefonieren Sotheby's-Mitarbeiter mit Interessenten aus aller Welt. Und am Pult steht Tobias Meyer im weißen Hemd, dunkler Krawatte und dunklem Anzug, neben ihm zwei Kunstwerke, die die Blicke aller auf sich ziehen: zu seiner linken Seite »Study from Innocent X« von Francis Bacon und zu seiner rechten »White Center« von Mark Rothko.

Meyer hangelt sich gekonnt durch die Auktion, versteigert einen Jeff Koons für über zwei Millionen Dollar, einen Willem de Kooning für über vier, einen Damien Hirst für eineinhalb, einen Basquiat für knapp 15 und »Four Jackies« von Andy Warhol für 2,8 Millionen Dollar. Die Spannung steigt. Bei Roy Lichtensteins »Mädchen im Spiegel« fällt der Hammer bei vier Millionen Dollar. Dann kommt Los 22 an die Reihe. Es ist das Papstporträt von Francis Bacon, das links hinter Meyer an der Wand hängt. Es geht hin und her, Meyer guckt immer wieder zu seinen Mitarbeitern, die durch ein stummes Nicken den Preis auf Wunsch ihrer anonymen Käufer akzeptieren und nach oben treiben. Bei über 52 Millionen Dollar fällt der Hammer, und ein Raunen geht durch den Saal.

Doch Meyer bleibt cool. Er weiß, dass da noch mehr geht, dass gleich Los 31, das Bild »White Center« an der Reihe ist. Der Starauktionator guckt einmal kurz verstohlen zur Seite auf die erste Etage. Dort oben in der Galerie sitzt ein älterer Herr. Er ist hinter Glaswand und Gardine nicht zu erkennen. Dann ist endlich der Rothko an der Reihe, der Höhepunkt des Abends. Das Gemälde mit Untertitel »Gelb, Pink und Lavendel auf Rosa« ist mit seinen drei verschiedenfarbigen, untereinander angeordneten Farbblöcken typisch für den amerikanischen Maler und stammt aus dessen wichtigster Schaffensperiode.

Es ist mucksmäuschenstill im Saal, Meyer pustet kurz durch, dann geht das Wettbieten los. Er fuchtelt mit den Armen wie ein Dirigent, er guckt zu seinen Mitarbeitern, die sprechen mit ihren Klienten, nicken und Meyer sagt auf Englisch:»Fifty million.« Er guckt in die andere Richtung, sein Kollege nickt und Meyer sagt:»Fifty-two.« So geht es in Millionenschritten weiter, Meyers Kopf wiegt hin und her. 60, 62, 64. Der Hammer fällt bei knapp 73 Millionen Dollar, der Saal klatscht. Meyer guckt wieder nach oben in die erste Etage, nickt und grinst. Es ist bis dato der teuerste Rothko und das teuerste Nachkriegsgemälde überhaupt. Der Käufer des 1950 gemalten Bildes, das 2 × 1,40 Meter misst, bleibt anonym. Er ist per Telefon zugeschaltet.

Doch der Verkäufer des Rothkos ist nicht anonym. Er ist Patriarch eines Milliardärs-Clans und einer sagenumwobenen Dynastie, sein Name weltberühmt – und er schaut bei der Versteigerung seines Rothkos zu. Es ist der ältere Herr, zu dem Meyer verstohlen auf die Galerie blickt: David Rockefeller. Der Milliardär ist damals knapp 92 und eher als Sammler denn als Verkäufer von Kunstwerken bekannt.

Das Rothko-Gemälde hat eine lupenreine Provenienz – und macht dadurch und durch seinen berühmten Besitzer das Bild derart begehrt. David Rockefeller hat das Bild 1960 für 8 500 Dollar erworben. Zwar wird es 1960 in der Albright Art Gallery in Buffalo kurz öffentlich gezeigt sowie 1985 in Northampton/Massachusetts und von Mai 1998 bis April 1999 in Washington D.C., New York und Paris, doch ansonsten bleibt das Gemälde vor der Öffentlichkeit verborgen. Der Rothko hängt jahrzehntelang in David Rockefellers Büro in der Chase Manhattan Bank. Doch nun hat sich der Milliardär an dem Bild sattgesehen und beschließt den Verkauf. Die beiden großen Auktionshäuser Sotheby's und Christie's buhlen im Vorfeld um die Gunst Rockefellers und versuchen, ihm jeweils eine Zusammenarbeit schmackhaft zu machen. Sie kämpfen mit harten Bandagen, bieten garantierte Millionensummen. Das Rennen macht schließlich Sotheby's, das dem Milliardär vorab eine Verkaufssumme von über 46 Millionen Dollar zusichert.

David Rockefeller sitzt während der Auktion mit einer kleinen Entourage hinter der Glasscheibe und verfolgt gebannt die Versteigerung seines Rothkos. Als gegen Ende der Veranstaltung bekannt wird, dass der

Rothko-Verkäufer höchstpersönlich mitgefiebert hat, geht ein Raunen durchs Publikum. Doch da hat der scheue Milliardär die Veranstaltung bereits verlassen.

Die Familie Rockefeller gilt als diskret. Verschwiegenheit ist oberstes Familiengebot. Man hat die Milliarden, man spricht aber nicht darüber. David Rockefeller bricht mit dieser Tradition, als er 2002 in den Vereinigten Staaten seine Autobiografie veröffentlicht. »Mir fiel auf, dass ich ein ziemlich spannendes Leben hatte«, sagt Rockefeller der *New York Times* nach dem Erscheinen des Buches. »Und ich dachte, dass meine Kinder und meine Familie vielleicht daran interessiert sind.« Er untertreibt maßlos. Spannend ist sein Leben allemal, und sein Buch interessiert nicht nur seine Familie, sondern avanciert zum Bestseller.

David Rockefeller wird 1915 quasi als Milliardär geboren. Sein Vater John D. Rockefeller junior ist es bereits, sein Großvater John D. Rockefeller senior sowieso. David Rockefellers Mutter Abby Aldrich Rockefeller gründet in den Zwanzigerjahren als Kunstmäzenin das MoMA, das weltberühmte Museum für Moderne Kunst in New York City. Ein paar Straßen weiter steht das gigantische Rockefeller Center. Der Erbauer: Davids Vater. Der Name Rockefeller steht für Macht, Ruhm und Reichtum. David Rockefeller ist der letzte lebende Enkel des Ölmilliardärs John D. Rockefeller senior, der 1863 seine erste Raffinerie gründete und die Firma »Standard Oil« nannte. Sie macht ihn zu Amerikas erstem Milliardär und zum weltweit reichsten Mann. Aus der Firma Standard Oil gehen später die Ölriesen Chevron und Exxon hervor.

David Rockefeller kommt auf der privaten Krankenstation im Elternhaus zur Welt und wächst in der größten New Yorker Privatresidenz auf. Auf dem Schloss Kykuit in Pocantino Hills lernt er George Marshall, Charles Lindbergh und John McCloy kennen, der sein Mentor werden soll. Er studiert in Harvard und an der London School of Economics, wo er das erste Mal John F. Kennedy trifft. Nach dem Studium arbeitet er eineinhalb Jahre als Assistent des legendären New Yorker Bürgermeisters Fiorello LaGuardia. 1960 wird er Präsident der Chase Manhattan Bank, quasi die Hausbank der Rockefellers. Von 1969 bis 1980 ist Rockefeller Generaldirektor der Bank, die heute als JPMorgan Chase & Co firmiert.

Politisch agiert David Rockefeller im Nachkriegsamerika mit wie kaum ein Zweiter. Er hat seit Dwight D. Eisenhower mit jedem amerikanischen Präsidenten zu tun. 1979 sorgt Rockefeller für eine weltweite Affäre. Gemeinsam mit Henry Kissinger und John McCloy überredet er den damaligen Präsidenten Jimmy Carter, den krebskranken Schah von Persien, der kurz zuvor den Iran verlassen hat, zur Behandlung in einem US-Krankenhaus ins Land einreisen zu lassen. Als die Nachricht von der Einlieferung des Ex-Diktators in ein New Yorker Hospital bekannt wird, besetzen am 4. November 1979 iranische Studenten die US-Botschaft in Teheran und nehmen die US-Botschaftsangehörigen als Geiseln. 444 Tage dauert die Geiselnahme von Teheran. Rockefeller steht massiv in der Kritik und ungewollt im Rampenlicht der Weltöffentlichkeit.

Rockefeller mischt überall mit, sei es als Vorsitzender der renommierten Denkfabrik Council of Foreign Relations oder noch 2013 als Jury-Ehrenmitglied der Gedenkstätte des World Trade Center. 1958 hatte Rockefeller den Bau des World Trade Center in Downtown Manhattan mit initiiert. Schon zu Lebzeiten spendet er Hunderte Millionen Dollar. Und plant, wohin die Milliarden nach seinem Tod fließen sollen: 140 Millionen Dollar nach Harvard, 200 Millionen für die Rockefeller-Universität, 250 Millionen ans MoMA, 225 Millionen für die Dritte Welt über die Stiftung der Rockefeller-Brüder und eine Milliarde Dollar an die Spendengemeinschaft The Giving Pledge von Microsoft-Gründer Bill Gates.

Knapp über ein Jahr nach der Sotheby's-Versteigerung, im Juni 2008, reist der nun 93-Jährige nach München. Rockefellers Memoiren sind gerade als »Erinnerungen eines Weltbankiers« auf Deutsch erschienen. Eine gute Gelegenheit, mit dem zurückgezogen lebenden Milliardär persönlich über dessen Kunstleidenschaft und »White Center« zu sprechen sowie über seine Treffen mit den Mächtigen der Welt. Rockefeller residiert in einer Suite des Münchener Luxushotels Mandarin Oriental und reist von dort zu Orten, die ihm noch aus seiner Jugend in den Dreißigerjahren in Bayern in Erinnerung geblieben sind.

Es ist Sommer, beileibe keine Oktoberfestzeit, doch die Mitarbeiterin des Verlages, bei dem Rockefellers Memoiren erschienen sind, begrüßt mich in der Lobby des Hotels in Tracht. Ich kenne die Verlagsfrau nicht, aber ob sie freiwillig ein schweres Dirndl im Hochsommer trägt? Ob sie sich darin wohlfühlt? Zumindest sieht sie nicht besonders glücklich aus, meint aber professionell, dass Herr Rockefeller diesen Wunsch geäußert habe. Diesen Gefallen habe sie ihm gern getan, zumal sie später auch noch gemeinsam ins Hofbräuhaus gingen.

Doch bevor er mit dem Madl im Dirndl mit einer Maß im Wirtshaus anstößt, ist David Rockefeller bereit zum Gespräch. Es ist eine Begegnung mit einem Jahrhundertmann. Rockefeller sitzt in einem Konferenzzimmer des Hotels, ihm gegenüber ein Mitarbeiter, der ihn auf seiner Reise nach Deutschland begleitet. Rockefeller trägt einen dunkelblauen Anzug mit lilafarbener Krawatte und weißem Einstecktuch. Er guckt freundlich und ist bestens aufgelegt. Er begrüßt meinen Kollegen Paul Sahner und mich auf Deutsch. »Guten Tag, wie geht's?«

**Wo haben Sie denn Deutsch gelernt?**

Ich war im Sommer 1933 für ein paar Monate in München, um Deutsch zu lernen. Für mein Harvard-Studium brauchte ich eine zweite Fremdsprache, Französisch konnte ich schon. Ich wohnte bei Familie Defregger in der Kaulbachstraße 20a. Meine talentierte Deutschlehrerin hieß Frau Bergmann. Ende des Sommers konnte ich Goethe übersetzen, so bestand ich meine mündliche Prüfung in Harvard. 1935 und 1937 war ich erneut in Deutschland. Direkt nach dem Krieg kam ich als Soldat nach München, klingelte am Defregger-Haus, das als einziges in der Straße nicht zerstört war. Und die Haushälterin sagte: »Grüß Gott, Herr Rockefeller. Schön, Sie wiederzusehen.« Es war Resi, die schon damals bei den Defreggers in Diensten stand. Auch die Familie hatte zu meiner Freude den Krieg überlebt.

**Was fasziniert Sie an Deutschland?**

Vermutlich meine deutschen Wurzeln. 1723 kam Johann Peter Rockefeller als Auswanderer aus Neuwied im Rheinland nach Amerika.

**Keine Lust auf Spurensuche?**

Ich bin leider nur eine Woche in Deutschland, und zwar in München und Berlin. Gestern habe ich mir Schloss Neuschwanstein und die berühmte Wieskirche angeschaut. Von deren Schönheit war ich schon vor 70 Jahren fasziniert.

**Mr Rockefeller, Sie sind gläubiger Christ. Gibt es im Himmel Millionäre oder ist dort jeder Mensch gleich?**

(Er lacht.) Gott sei Dank hatte ich bislang noch keine Möglichkeit, das herauszufinden. Richtig ist, dass ich mehrmals im Jahr die Kirche besuche und überzeugt davon bin, dass Jesus Christus einen großen Einfluss auf die Welt hat.

**Wie sehen Sie heute Ihre Treffen mit mehreren Diktatoren, wie zum Beispiel Nikita Chruschtschow, Fidel Castro oder Saddam Hussein?**

Ich bin ja kein Sammler von Diktatoren. Der charismatischste Mensch, den ich je getroffen habe, ist Nelson Mandela. Kommt er nach New York, wohnt er selbstverständlich bei uns. Erst neulich habe ich ihn in Südafrika besucht. Allerdings wollte ich immer wissen, was in den Ländern der Diktatoren vorgeht. Und Castro hat mich auch deswegen interessiert, weil er ein Freund meiner Tochter Peggy ist. Er ist jetzt alt und krank.

**Würden Sie ihm helfen?**

Natürlich könnte ich ihm helfen, in einem guten Hospital behandelt zu werden. Das ist doch menschlich, obwohl ich seine Politik nicht gut finde.

**Die Rockefellers gelten als eingeschworene Republikaner. Haben Sie jemals Demokraten gewählt?**

Nein, niemals. Nicht einmal Franklin D. Roosevelt, was vielleicht ein Fehler war.

Ende des Jahres wird in den USA gewählt. Nach dem Ende der Amtszeit von George W. Bush geht für die Republikaner John McCain und für die Demokraten entweder Barack Obama oder Hillary Clinton ins Rennen. Völlig klar, wen Rockefeller unterstützt:»Natürlich werde ich nun auch

John McCain wählen. Allerdings mag ich Barack Obama. Ein interessanter Mann. Hillary Clinton ist eine gute Senatorin. Ich bin mir aber nicht sicher, ob sie auch eine gute Präsidentin sein könnte.«

David Rockefeller macht eine kurze Pause, um ein Glas Wasser zu trinken. Er lacht, scheint das Gespräch zu genießen. Mit rund drei Milliarden Dollar Vermögen gilt der Ex-Chef der Chase Manhattan Bank als einer der reichsten Menschen der Welt.

**Mr Rockefeller, wann haben Sie sich zum letzten Mal nach einem Cent gebückt?**

Erst gestern.

**Donnerwetter, ganz schön sportlich für einen Mann mit 93 Jahren.**

Ich finde es gar nicht so außergewöhnlich, schließlich gehe ich fast täglich eine Stunde ins Fitnessstudio im Rockefeller Center. Dort arbeite ich auch jeden Tag in meinem Büro.

Sein Vermögen bringt uns auf die Idee, ihm eine naheliegende Frage zu stellen: »Haben Sie eigentlich ein Portemonnaie?« Er erhebt sich aus seinem Sessel und zieht aus seiner rechten Gesäßtasche eine schwarze Geldbörse aus Schlangenleder, prall gefüllt mit Dollar-Scheinen.

**Können Sie uns jeweils einen Dollar schenken?**

Natürlich.

**Signieren Sie uns die Scheine?**

Okay. Aber was habe ich denn davon?

**Wir geben Ihnen zwei Euro.**

Das nenne ich einen Deal. So schnell habe ich selten ein gutes Geschäft gemacht.

**Sie irren. Erinnern Sie sich noch an Mark Rothkos »White Center«?**

O ja! Ich habe das Gemälde dieses großartigen Künstlers 1960 für 8 500 Dollar gekauft. 2007 wurde es bei Sotheby's für 73 Millionen Dollar versteigert. Schade ist nur, dass ich immer noch nicht weiß, wer mein Lieblingsgemälde gekauft hat.

**Sie sind als Sammler weltberühmt. Wer entfachte Ihre Leidenschaft?**

Ein Freund von mir war der deutsche Stahlbaron Heini Thyssen, dessen Witwe und Nachlassverwalterin Tita ich gern kennenlernen würde. Heini hat mich gelehrt, dass Kunstsammeln die beste Wertanlage ist, davon überzeugte mich auch Gianni Agnelli (langjähriger Fiat-Boss). Heinrich und ich riefen uns gegenseitig an, wenn wir hörten, dass wir irgendwo zuschlagen sollten. Manchmal flogen wir mit Agnellis Privatjet zu Auktionen. In Stuttgart ersteigerte ich einmal eine Skulptur von Käthe Kollwitz, die noch heute in meinem Büro in New York steht. Meine Sammlung macht einen beträchtlichen Teil meines Vermögens aus. Kunstwerke kann man nicht mit ins Jenseits nehmen. Einen Großteil meiner Sammlung vermache ich dem MoMA. Kunst gehört allen Menschen.

**Was halten Sie eigentlich von Britney Spears und Paris Hilton?**

Wer soll das sein? Ich habe die Namen zwar schon mal gehört, aber solche Menschen lassen mich kalt.

**Auch Hollywood?**

Gregory Peck und Liz Taylor sind mir natürlich näher als Brad Pitt und Angelina Jolie. Allerdings schätze ich Richard Gere. Ich mochte besonders seinen Film »Ein Offizier und Gentleman«. Als er mich in meinem New Yorker Büro besuchte, waren alle Frauen seltsamerweise sehr aufgeregt.

Kurz nach dem Gespräch mit David Rockefeller kommt heraus, wer Rothkos »White Center« gekauft hat: Scheich Hamad bin Khalifa Al-Thani und seine Frau Sheikha Musa bint Nasser al-Missned, das damalige Herrscherpaar von Katar. Ob er gewollt hätte, dass sein Lieblingsgemälde nach Katar geht? Zu gern hätte man auch gewusst, ob Rockefeller bei der Präsidentschaftswahl 2016 in den USA den Republikaner-Kandidaten Donald Trump gewählt hat – oder doch Hillary Clinton, von der er ja, wie er sagte, nicht überzeugt war.

Dieses Geheimnis nimmt David Rockefeller mit ins Grab. Er stirbt 2017 im Alter von 101 Jahren an Herzversagen in seinem Haus in Pocantico Hills. Ein Jahr später wird die private Kunstsammlung von David und Peggy Rockefeller bei Christie's in New York versteigert – darunter bedeutende Werke von Monet und Matisse, Picasso und Gauguin. Rockefeller hat noch zu Lebzeiten verfügt, dass der Erlös ausschließlich gemeinnützigen Stiftungen zugutekommt.

David Rockefeller – ein Jahrhundertmann. Und ein Jahrhundert-Philanthrop.

# 1930ER-JAHRE

# LENI RIEFENSTAHL, REGISSEURIN

Leni Riefenstahl (1902–2003) gilt als eine der umstrittensten Persönlichkeiten der Filmgeschichte. 1932 wird Adolf Hitler auf Riefenstahl aufmerksam, als der NS-Diktator sie als Hauptdarstellerin im Film »Das blaue Licht« sieht, bei dem Riefenstahl auch als Regisseurin fungiert. Als Bewunderin Hitlers dreht Riefenstahl für die Nazis unter anderem die NSDAP-Parteitagsfilme »Sieg des Glaubens« und »Triumph des Willens«, die in Ästhetik und Propaganda neue Filmmaßstäbe setzen. Ihre zweiteilige Dokumentation »Olympia« über die Olympischen Sommerspiele in Berlin 1936 gilt zwar ebenso als ästhetisches Meisterwerk, wird aber auch für ihre Werbung für das NS-Regime kritisiert. Nach dem Zweiten Weltkrieg arbeitet Riefenstahl weiterhin als Filmemacherin und Fotografin. Sie veröffentlicht hochgelobte Bildbände über den sudanesischen Stamm der Nuba, wird aber jahrzehntelang für ihre Zusammenarbeit mit Hitler und den Nationalsozialisten angefeindet. Hinzu kommt, dass Riefenstahl sich einer kritischen Auseinandersetzung mit ihrer Arbeit zeitlebens entzieht. Ich treffe Leni Riefenstahl 2001 kurz vor ihrem 99. Geburtstag in ihrer Villa in Pöcking am Starnberger See.

\* \* \*

Der Anruf meiner Kollegin kommt unerwartet und zur falschen Zeit. »Die Riefenstahl will uns sehen. Und zwar sofort«, sagt sie aufgeregt. Ich bin gerade auf dem Weg in die Mittagspause, es ist ein heißer Sommertag im Jahr 2001 und ich trage weiße Shorts und ein schwarzes T-Shirt. »Ich muss aber vorher noch nach Hause und mich umziehen«, protestiere ich. Mein Outfit ist schlicht zu leger für ein offizielles Interview. Doch meine Kollegin kennt kein Pardon, fürs Umziehen sei keine Zeit mehr, wir müssten sofort los. 30 Minuten später sitzen wir in einem Mietwagen, holen noch schnell den zuvor hastig bestellten Kuchen bei Feinkost Käfer in der Münchener Prinzregentenstraße ab und fahren nach Pöcking am Starnberger See, wo Leni Riefenstahl, die umstrittene Filmemacherin, seit Jahren lebt.

Ich weiß seit Wochen, dass Leni Riefenstahl uns zum 99. Geburtstag ein Interview geben will. Doch die kapriziöse alte Dame hält uns hin. Ich habe in der Zwischenzeit ein paar Artikel über sie aus internationalen Magazinen aufbewahrt, in der Hoffnung, ihr damit eine kleine Freude zu machen. Dann plötzlich der Anruf von Riefenstahls Mitarbeiterin Gisela Jahn, Frau Riefenstahl habe jetzt – ein paar Tage vor ihrem Geburtstag am 22. August – Zeit, ihr gehe es gut und sie erwarte uns schnellstmöglich bei sich zu Hause.

Auf dem Weg nach Pöcking ermahnt mich meine Kollegin, von dem Kuchen nur ein ganz kleines Stück zu essen, sollte die Regisseurin mit uns nach dem Interview gemeinsam Kaffee trinken wollen. Die Riefenstahl sei geizig, höre ich, sie wolle auch nach unserem Besuch noch ein paar Tage von der Käfer-Torte zehren. Ich nehme mir vor, ein guter Gast zu sein. Von der großen Straße, die Starnberg mit Weilheim verbindet, biegen wir nach links ab, durchfahren den Ort, zwei Mal zweigt ein kleiner Weg ab, es geht in Kurven hinunter Richtung Ufer des Starnberger Sees. Am Ende einer kleinen, versteckt gelegenen und unscheinbaren Privatstraße steht ein aus massivem Holz errichteter Fertigbau mit großen Glasfronten, den die Hausherrin selbst entworfen hat. Leni Riefenstahl wohnt seit 1979 auf diesem 1 700 m² großen, parkähnlichen Grundstück. Zwischen einer knorrigen Eiche zur Rechten und dem Garten zur Linken führen ein Dutzend Steinstufen hinunter zur Eingangstür der Villa. Gisela Jahn begrüßt uns und nimmt freudig den Kuchen in Empfang, Horst Kettner, Riefenstahls 40 Jahre jüngerer Arbeits- und Lebensgefährte, übernimmt in der Diele und leitet uns ins Interviewzimmer, einen knapp sechs Meter hohen Raum mit Panoramafenstern vom Fußboden bis zur Decke mit herrlichem Blick ins Grüne. Massive, schwarz angestrichene Holzbalken tragen die Empore.

Wir warten im Stehen auf Leni Riefenstahl. An den Wänden hängen von ihr fotografierte Farbbilder. Motive aus der Lebenswelt des Volks der Nuba, das sie mehrfach in den Sechziger- und Siebzigerjahren im Sudan besucht und bei dem sie eine Zeit lang gelebt hat. Die Bilder zeigen zwei mit roter Farbe bemalte nackte Frauen, die sich in Kampfpose im Sonnenlicht gegenüberstehen, sowie drei nackte Frauen, ebenfalls in Kampfhaltung und mit Peitschen bewaffnet. Auf einem weiteren, in weißem Passepartout gerahmten Bild ist eine unbekleidete tanzende Nuba vor Strohhütten zu sehen. Ihre Fotoreportagen und Bildbände über den Nuba-Stamm gehören zu ihren bekanntesten Werken nach dem Krieg.

Dann tritt Leni Riefenstahl ein. Sie trägt eine grünblaue Bluse mit Meeresmotiven, darunter Seesterne und Seepferdchen, eine Goldkette, ist stark geschminkt und ihre Haare glänzen golden. Nach ein wenig Plänkelei verabschiedet sich Horst Kettner und geht zurück ins Souterrain, das zu einem technisch modernen Schnittstudio und Riefenstahl-Archiv ausgebaut ist. Kettner ist Kameramann und arbeitet gemeinsam mit Leni Riefenstahl an der Fertigstellung ihres letzten geplanten Films über ihre zahlreichen Tauchexpeditionen in den Weltmeeren. Es wäre Riefenstahls erster Film seit »Tiefland« 1954.

Leni Riefenstahl ist freundlich und verbindlich. Sie sieht würdevoll und elegant aus, ist lebendig und charmant. Eine raumgreifende Erscheinung, die allein schon aufgrund ihres Methusalem-Alters unweigerlich Respekt einflößt. Wir setzen uns auf die gelbe Ledercouch und ich breite die mitgebrachten Magazine auf dem flachen Marmortisch aus. Sie guckt interessiert und freudig gespannt. Eine Ausgabe von *Paris Match* schlage ich auf. Das größte französische Magazin hat eine mehrseitige Riefenstahl-Story veröffentlicht. Sie ist mehr Lob als Kritik und würdigt ihr künstlerisches Schaffen. Ein großes Foto zeigt Leni Riefenstahl 1937 gemeinsam mit Adolf Hitler und Joseph Goebbels im Garten ihrer Berliner Villa.

Das Treffen hatte eine Vorgeschichte. Leni Riefenstahl arbeitete an ihrem Film über die Olympischen Spiele 1936 in Berlin, als es zu Differenzen mit Joseph Goebbels kam, dem für Film zuständigen Reichspropagandaminister. Goebbels schrieb am 6. November 1936 in sein Tagebuch:»Frl. Riefenstahl macht mir ihre Hysterien vor. Mit diesen wilden Frauen ist nicht zu arbeiten. Nun will sie für ihren Film eine halbe Million mehr und zwei daraus machen. Sie weint. Das ist die letzte Waffe der Frauen. Aber bei mir wirkt das nicht mehr.« Hitler persönlich ordnet im Jahr darauf ein Versöhnungstreffen zwischen Goebbels und Riefenstahl an. Mit einem kleinen Tross Pressefotografen reisen Hitler und Goebbels 1937 zur Villa Riefenstahl in der Berliner Heydenstraße, die die berühmte Filmregisseurin gerade erst bezogen hat. Auch Riefenstahls Bruder Heinz und dessen Frau Ilse sind mit dabei. Man plaudert und scherzt, Hitler überreicht ihr vor den Fotografen Blumen, die Stimmung ist gelöst. Hitler, Goebbels und Riefenstahl spazieren gemeinsam durch den Garten. Die Filmemacherin trägt ein helles langes Kleid, Hitler und Goebbels Anzug und Krawatte. Sie lächelt, Hitler lächelt, nur der Reichspropagandaminister guckt angespannt.

64 Jahre später liegt nun also ein Foto dieses Treffens auf einer Doppelseite aufgeschlagen auf dem Wohnzimmertisch der Riefenstahl in Pöcking am Starnberger See. Sie guckt hin, sieht sich mit Hitler und Goebbels, lehnt sich angewidert zurück – und sagt:»Zum Kotzen!« Habe ich richtig gehört? Hat sie»zum Kotzen« gesagt? Sie hat. Ihre Mitarbeiterin, meine Kollegin und ich schweigen. Es ist ein langer, unangenehmer Moment der Stille. Er dauert ein paar Sekunden, mir kommen sie aber unendlich vor. Dann sagt Leni Riefenstahl in die Stille hinein:»Müssen die immer wieder diesen alten Scheiß bringen?«

In der Tat: Den»Scheiß« wird sie nie los, er klebt an ihr wie Pattex. Leni Riefenstahl steht zeitlebens für ihre Arbeit für Hitler und die NS-Diktatur in der Kritik. Bereits vor der Machtergreifung Hitlers sieht sie ihn 1932 bei einer Rede im Berliner Sportpalast, ist fasziniert von seiner Aura, schreibt Hitler einen Brief und bittet um ein Treffen. Zur gleichen Zeit wird sie als Schauspielerin und Regisseurin mit »Das Blaue Licht« zum Star. Hitler und Riefenstahl treffen sich im Mai 1932 in Horumersiel bei Wilhelmshaven zum ersten Mal. Riefenstahl schreibt in ihren Memoiren, dass Hitler von ihrem Film beeindruckt gewesen sei und damals zu ihr gesagt habe: »Wenn wir einmal an die Macht kommen, dann müssen Sie meine Filme machen.« Nach der Machtergreifung beauftragen die Nazis Riefenstahl mit der »Reichsparteitagstrilogie«. Unter der Leitung von Leni Riefenstahl entstehen zwischen 1933 und 1935 mit »Sieg des Glaubens«, »Triumph des Willens« und »Tag der Freiheit – unsere Wehrmacht« drei NS-Propagandafilme über die Parteitage der NSDAP. Berühmt wird Leni Riefenstahl durch »Olympia«, ihre zweiteilige, international gefeierte Dokumentation über die Olympischen Spiele 1936 in Berlin. Der Film wird an Hitlers 49. Geburtstag und in dessen Anwesenheit im Zoo-Palast in Berlin uraufgeführt. Es gibt Bilder von diesem Abend, die einen freudigen Hitler mit einer noch glücklicheren Riefenstahl zeigen. Und auch Goebbels lobt die Filmemacherin nun in seinem Tagebuch.

Einerseits gilt Leni Riefenstahl als lebende Legende, andererseits ist sie eine der umstrittensten Persönlichkeiten der Filmgeschichte. Sie wird von vielen Cineasten ob ihrer innovativen Filme verehrt, ihre Olympia-Filme gelten noch immer als ästhetische Meisterwerke, doch gleichzeitig wird Leni Riefenstahl wegen ihrer Propaganda für die Nazis moralisch verurteilt und verachtet.

Wahrscheinlich gewährt Leni Riefenstahl uns diesen Interviewbesuch, weil sie glaubt, nach all den Jahren der Kritik und Missachtung von uns eben nicht in die Rechtfertigungsecke gedrängt zu werden. Doch nun ist sie sichtlich erbost und ihre anfangs gute Laune ist schlagartig im Keller. Leni Riefenstahl guckt erst ihre Mitarbeiterin an, dann meine Kollegin. Mich versucht sie zu ignorieren, aber unsere Blicke streifen sich. Sie tupft sich mit einem Taschentuch, das sie während unserer gesamten Begegnung in ihren Händen hält, den Mund ab. Ich weiß ad hoc nicht, was ich tun oder sagen könnte, also schweige ich, schlage das Heft wieder zu, bin jedoch unschlüssig, ob ich es auf dem Tisch liegen oder dezent in meiner Aktentasche verschwinden lassen soll. Meine Kollegin versucht, die Stimmung zu retten, und spricht die Riefenstahl auf positive

Nachrichten an. Da hellt sich ihre Miene plötzlich auf. »Wo ist noch mal die Goldmedaille, die ich kürzlich vom IOC-Präsidenten Juan Antonio Samaranch nachträglich für meine Olympia-Filme bekommen habe?« Sie steht auf, guckt zu den Bücherregalen, findet sie aber nicht. Egal, die Geste des IOC-Präsidenten hat sie gerührt. Im Ausland, so sagt sie, sei man ja schon immer ganz anders mit ihr umgegangen. Da klingt sie bereits wieder versöhnlich und ihre Laune ist schnell wieder gut. Auch ich bekomme später wieder meine Portion Aufmerksamkeit von ihr, nehme mir aber vor, sie möglichst nicht mehr zu reizen. Die mitgebrachten Magazine liegen noch immer auf ihrem Wohnzimmertisch, sie ignoriert sie aber. Ich hätte zu gern gewusst, ob sie die Artikel, eitel wie sie ist, nach unserem Besuch liest und aufhebt oder doch in die Mülltonne wirft.

Leni Riefenstahl führt uns in ihr Allerheiligstes – ihr 50 m² großes Archiv. Die 16 Stufen ins Souterrain steigt sie flott hinab. Sie zeigt uns Filmrollen von »Tiefland« und ihr akribisch geführtes Pressearchiv. Der Riefenstahl-Keller ist Zeitgeschichte pur. Und er ist ein Rückblick auf ihre fünf Leben: ihr Beginn als Tänzerin, ihre Karriere als Schauspielerin und Regisseurin und dann nach dem Krieg ihr Comeback als Fotografin und Taucherin. In Regalen liegen akribisch nummerierte rot-silberne Filmrollen zu den Nuba. Wir setzen uns und sie zieht einige Dias aus dem Schrank, die sie 1974 von Mick und Bianca Jagger für die *Sunday Times* gemacht hat. Auf dem witzigsten Bild steht die Fotografin selbst neben dem Popstar. Mick legt vor Büschen und Blumen lässig seinen linken Arm um ihre Schulter, die Beine in weiter Schlaghose verschränkt, sein helles Hemd ist weit aufgeknöpft und in die Hose gestopft, er trägt keinen Gürtel. Leni hält die Kamera in beiden Händen, trägt einen karierten weiß-blauen Mantel und guckt fröhlich zu ihm hoch. Ist es Zufall, dass sie Dias von Mick Jagger raussucht? Dass sie mir Dias über Korallengärten unter Wasser präsentiert? Dass sie mir keine Nazisujets zeigt? Ich frage lieber nicht. Mit Leni Riefenstahl in deren Keller zu sitzen und Dias anzugucken ist spannend genug.

In den letzten Jahren gab es mehrere Riefenstahl-Ausstellungen weltweit, zu einer nach Japan fliegt sie hin. Jodie Foster plant, ihr Leben zu verfilmen. Und erst im vergangenen Jahr hat sie auf der Frankfurter Buchmesse unter großem Medienauflauf das Buch »Fünf Leben« vorgestellt. Die Riefenstahl-Renaissance gefällt ihr natürlich.

**Herzlichen Glückwunsch, Frau Riefenstahl! Hätten Sie sich jemals träumen lassen, 99 Jahre alt zu werden?**

O Gott, nein! Ich habe mir das niemals vorstellen können. Ich kann nur jedem sagen, dass es schrecklich ist. Es ist wahrlich keine Freude.

**Warum?**

Es ist sehr schwer für einen Menschen, der einmal zu 100 Prozent aktiv war, nun langsam erleben zu müssen, dass die Kräfte nachlassen. Krankheiten nehmen zu und man ist geistig nicht mehr so fit. Darunter leide ich sehr. Zum Beispiel konnte ich bis vor Kurzem die kleinste Schrift ohne Brille lesen. Nun benötige ich eine Lupe.

**Wie wird man so alt?**

Niemals eine einzige Zigarette, keinen Alkohol, den ich sowieso nicht vertrage, und viel Arbeit.

**Macht Ihnen die Hitze nicht zu schaffen?**

Überhaupt nicht. Wenn andere sagen, es ist zu heiß, dann ist mir das gerade angenehm.

**Ist das auch ein Grund dafür, dass Sie sich auf den Malediven so wohlfühlen?**

Ja, ich komme gerade von einer vierwöchigen Schnorcheltour zurück. Weil ich in diesem Jahr schon sechs Lungenentzündungen hatte, durfte ich leider nicht tauchen. Aber auch das Schnorcheln hat mir große Freude bereitet. Da kann ich meine Schmerzen vergessen. Denn mein Hauptkampf, den ich täglich führe, ist der gegen meine unerträglichen Rückenschmerzen.

**Was können Sie medizinisch dagegen tun?**

Ich kann noch so starke Medikamente nehmen, die Schmerzen lassen nicht nach. Deshalb bekomme ich alle acht Stunden eine Morphiuminfusion. Ich liege viel und kann nur leichte Arbeiten machen.

**Wie sehen die denn aus?**

Ich sitze an meinem Schneidetisch und bearbeite mein unzähliges Filmmaterial. Dazu kommen noch täglich bis zu 70 Briefe. Galerien aus der ganzen Welt wollen meine Bilder ausstellen, Journalisten Interviews haben und Fans Autogramme.

**Wie müssen wir uns den Tagesablauf einer 99-Jährigen vorstellen?**

Ich leiste mir den Luxus, so lange zu schlafen, wie ich Lust habe. Ich dusche kalt, mache im Badezimmer Kniebeugen und benötige mehr als eine Stunde für die Körperpflege. Nach dem Frühstück geht es ab in meine Büroräume. Ich versuche, jeden Tag eine Stunde spazieren zu gehen. Abends lese ich gern und schaue mir Tierfilme und Krimis im Fernsehen an.

**Was macht Sie glücklich?**

Wenn ich etwas Produktives schaffen kann. Das ist im Augenblick die Fertigstellung meines Films »Korallengärten«. Zudem liegt in meinem Archiv noch kilometerlanges ungeschnittenes Material über meine Nuba. Es ist ein Herzenswunsch von mir, den Film noch fertig zu bekommen.

**Ist das Ihr einziger Wunsch?**

O nein. Mit dem genialen Regisseur Billy Wilder würde ich mich gern einmal treffen. Aber der ist ja auch schon 95! Er hat mir oft Grüße über meine Verlegerin bestellt. Und ich träume von einem Leni-Riefenstahl-Museum mit all meinen Bildern und Filmen gleich neben meinem Grundstück. Es muss nicht groß sein, aber dann könnten endlich meine gesamten Werke, die noch in aller Welt verstreut sind, vereint werden.

**Wie kann man mit 99 noch so ein Workaholic sein?**

Gott sei Dank! Das war mein ganzes Leben so. Allerdings ist das auch der Grund, warum ich keine Kinder bekommen habe. Ich denke oft daran, wie schade das ist. Das bereue ich sehr.

Ich habe das Gefühl, dass wir bald zum Ende des Interviews kommen. Noch haben wir das für sie leidige Thema Nazis nicht angesprochen. Doch die Zeit läuft davon. Ein Interview mit Leni Riefenstahl ohne – zumindest kurz – über Hitler und ihre Begeisterung für die Nazis geredet zu haben, kann einfach nicht sein. Nur wie bloß ihr elegant eine Brücke bauen, damit sie von allein das Thema anschneidet, ohne gleich wieder das Kotzen zu kriegen? Ich versuche es mit einer scheinheiligen Frage.

**Was hat Sie im Leben am meisten berührt?**

Jetzt muss ich politisch werden, ich kann nicht anders. Die Gräueltaten der Nazis, von denen ich erst nach dem Zweiten Weltkrieg erfahren habe, haben mich zutiefst erschüttert. Ich konnte die unvorstellbare Wahrheit nicht verkraften und wurde davon jahrelang schwer krank.

Das klappt besser, als ich mir erträumt hätte. Gut, dass Leni Riefenstahl von allein auf die Nazis zu sprechen kommt. Also schiebe ich noch schnell eine Frage zu ihrem ehemaligen Idol hinterher.

**Bereuen Sie es, Adolf Hitler gekannt zu haben?**

Ich habe mit vielen Millionen Menschen Hitler verehrt. Deshalb kann ich es gar nicht bereuen, Hitler gekannt zu haben. Ich könnte nur bereuen, überhaupt gelebt zu haben.

**Wovor haben Sie Angst?**

Immer noch vor Diffamierungen. Wenn man mir einfach Dinge unterstellt, die nichts anderes sind als Lügen. Und vor Krankenhäusern, die hasse ich, weil ich die Hälfte der letzten Jahre dort verbracht habe. Keine Angst hätte ich vor einem Flug ins Weltall.

**Was fasziniert Sie an der modernen Zeit?**

Dass ich heute in dem schönsten Tauchparadies der Welt auf Papua-Neuguinea sitze und ein Fax nach Hause schicken kann. Also die ganze Telekommunikation, diese Art der schnellen Verbindung. Und dass man die ganze Bibel auf einem Chip in Fingernagelgröße speichern kann.

**Frau Riefenstahl, eine letzte Frage: Wie möchten Sie sterben und wo soll Ihr Grab liegen?**

Ich möchte sanft einschlafen. Allerdings hatte ich bisher noch keine Zeit, mir einen Friedhof auszusuchen. Und außerdem will ich ja auch im nächsten Jahr meinen hundertsten Geburtstag groß feiern.

Gisela Jahn, ihre Mitarbeiterin, platzt herein, Kaffee und Kuchen seien angerichtet. Horst Kettner kommt aus dem Tonstudio, zu dem auch ein Schneideraum gehört, und gesellt sich zu uns. Wir setzen uns in die Küche. Ich traue mich kaum, in mein kleines Stück Torte zu beißen. Sie serviert Kaffee, den ich anstandslos trinke. Eigentlich nehme ich nie Kaffee. Ich mag den Geruch sehr, trinke ihn aber nie. Normalerweise frage ich freundlich nach Tee. Jetzt habe ich Hemmungen, will lieber nicht die gute Stimmung ein zweites Mal gefährden. Nur drei Mal habe ich in meinem Leben eine Tasse Kaffee getrunken, eine davon in der Siebzigerjahre-Küche der Riefenstahl. Ich mache gute Miene zum schlechten Geschmack.

Leni Riefenstahl schlägt vor, in den Garten zu gehen. Es sind 33 Grad im Schatten, die Hitze macht ihr überhaupt nichts aus. Verstohlen werfe ich einen Blick von draußen durch die raumhohen Panoramafenster ins Wohnzimmer. Auch dort steht eine gelbe Ledergarnitur vor schwarzen Bücherregalen. Ein offener Kamin, die Backsteine weiß angestrichen, fungiert als Raumteiler. Bei Riefenstahls sieht alles ordentlich, minimalistisch aus. Die Räume sind karg, aber – bis auf die gelbe Ledercouch – geschmackvoll eingerichtet.

Horst Kettner holt seine Kamera aus dem Haus und schießt ein paar Bilder von uns. Mir fällt auf, dass Leni Riefenstahl ständig meine leicht gebräunten Beine mit den durch die Sonne erblondeten Haaren mustert. Sie hatte auch schon im Keller ein Auge auf sie geworfen, als wir nebeneinander Dias anguckten. Gefallen sie ihr? Oder findet sie es schlicht unpassend, dass ich in kurzer Hose zum Interview mit der großen Regisseurin erscheine? Sie lässt sich nichts anmerken. Auf unserem Gruppenfoto, das in der Illustrierten *Bunte* veröffentlicht wird, sind meine nackten Beine abgeschnitten. Vielmehr sieht es so aus, als trüge ich eine helle, geschmacklich schöne lange Flanellhose.

Ein Jahr später feiert sie – wie angekündigt – groß ihren 100. Geburtstag. Siegfried & Roy fliegen aus Las Vegas ein. Ein Foto zeigt die Hundertjährige im eleganten Abendkleid mit hohem Schlitz untergehakt bei den beiden Magiern. Ihr letzter Film erscheint unter dem Titel »Impressionen unter Wasser«. Im März 2003 fahren Leni Riefenstahl und Horst Kettner ein letztes Mal auf die Malediven. Leni lässt sich in wehendem grün-blauem Sommerkleid am Traumstrand von Horst fotografieren, den sie kurz vor ihrem Tod heiratet. Am 8. September 2003 stirbt Leni Riefenstahl im Alter von 101 Jahren und wird auf dem Waldfriedhof in München beerdigt. Den Grabstein ziert ihr Name in Form ihrer Unterschrift.

Aus ihrem Wunsch, direkt neben ihrer Villa ein Riefenstahl-Museum zu errichten, wird nichts mehr. 13 Jahre später, im Dezember 2016, stirbt auch Horst Kettner. Der Witwer hat Gisela Jahn als Alleinerbin eingesetzt, die nun Riefenstahls Archiv der Stiftung Preußischer Kulturbesitz in Berlin übergibt und die Villa Anfang 2018 für knapp 1,9 Millionen Euro verkaufen lässt. Auf der Internet-Präsenz eines ortsansässigen Immobilienmaklers steht das Anwesen unter der Rubrik »Aktuelle Kaufobjekte« und der Überschrift »Elegantes Anwesen in versteckter Villenlage Pöcking«. In dem Inserat findet sich zwar kein Hinweis auf die berühmte Vorbesitzerin, doch beim Klick auf die nebenstehenden Bilder erkennt man Riefenstahls Nuba-Porträts an den Wänden des Interviewraums und den Tisch, auf dem ich das Hitler-Goebbels-Riefenstahl-Foto ausgebreitet hatte.

Und etwas anderes sticht sofort ins Auge. Und zwar Riefenstahls scheußliche gelbe Ledercouch samt gelbem Sitzhocker. Ob der Käufer der Villa dafür wohl Verwendung findet?

# 1940ER-JAHRE

# Brunhilde Pomsel, Goebbels-Sekretärin

Brunhilde Pomsel (1911–2017) hat von 1942 bis 1945 als Sekretärin für NS-Agitator Joseph Goebbels gearbeitet. Sie war eine von sechs Vorzimmerdamen im Reichsministerium für Volksaufklärung und Propaganda in Berlin und galt bis zu ihrem Tod als letzte Überlebende aus dem engsten Kreis der nationalsozialistischen Machtelite. Ich treffe Brunhilde Pomsel 2015 in ihrer Wohnung in einem Altersheim in München. Sie ist 104 Jahre alt.

* * *

Sie ist die letzte Überlebende, die noch aus dem innersten Zirkel der NS-Diktatur Auskunft geben kann. Sie ist in einem geradezu biblischen Alter. Doch Brunhilde Pomsel will jahrzehntelang nicht im Rampenlicht stehen. Weil sie ein schlechtes Gewissen hat? Vielleicht sogar Scham empfindet? Die alte Dame war Sekretärin bei Joseph Goebbels, Hitlers rechter Hand und NS-Propagandaminister. Oder anders herum gesagt: Der Agitator und engster Vertraute Adolf Hitlers war ihr Chef.

Andere aus dem Umkreis Hitlers oder weiterer NS-Größen sind redseliger. Hitlers Sekretärin Christa Schröder schreibt ein Buch mit dem Titel »Er war mein Chef«, eine weitere Sekretärin, Gerda Christian, verschickt auf Wunsch Autogrammkarten, darauf zu sehen sind sie und der Führer beim Handschlag. Die in der Öffentlichkeit bekanntesten Mitarbeiter der ranghöchsten Nazis sind Traudl Junge und Rochus Misch. Und das liegt daran, dass beide nach der Jahrtausendwende Bestseller über ihre Zeit im Dritten Reich schreiben. Zudem steht Traudl Junge dem ZDF-Historiker Guido Knopp als Zeitzeugin zur Verfügung.

Traudl Junge, die als jüngste von Hitlers vier Sekretärinnen bis zu dessen Selbstmord im Führerbunker aushält und Hitlers Testament abtippt, veröffentlicht kurz vor ihrem Tod im Jahr 2002 ein Buch mit ihren Aufzeichnungen, die sie bereits 1947 niedergeschrieben hat. Zudem erzählt sie in dem von André Heller produzierten Film »Im toten Winkel« von ihrer Zeit bei Hitler. Nachdenklich schreibt und spricht sie über ihre Vergangenheit, erschrocken und voller Scham über ihre damalige Naivität.

Rochus Misch dagegen verherrlicht über all die Jahre seine Rolle als Telefonist in der Reichskanzlei und Angehöriger der Leibstandarte SS Adolf Hitler. Er distanziert sich nie von seiner Tätigkeit in der Diktatur. Misch erinnert sich in seinem Buch »Der letzte Zeuge« lebhaft an die Zeit im Führerbegleitkommando, reflektiert aber nicht über Schuld und eigenen Anteil an den Verbrechen des NS-Regimes. Der ehemalige SS-Mann ist stolz, der letzte Überlebende aus dem Führerbunker zu sein. Ein paar Jahre vor seinem Tod besuche ich den ehemaligen SS-Oberscharführer und mittlerweile 93-Jährigen in seinem Haus in einem Vorort von Berlin. Eine Lampe, die er aus der Reichskanzlei geschenkt bekommen hat, hängt in seiner Küche an der Decke. Den Film »Der Untergang«, der die letzten Tage Hitlers im Führerbunker beschreibt und in dem Schauspieler Heinrich Schmieder ihn verkörpert, hat er gesehen, wertet ihn aber ab als eine »tragikomische Operette«. Dass er einen Massenmörder als Vorgesetzten hatte? »Na und? Er war halt mein Chef.« Rochus Misch sammelt Zeitungsartikel über sich, verteilt sie auf seinem Wohnzimmertisch und guckt sie sich stundenlang an.

Andere wiederum ziehen es vor, ganz zu schweigen. Hitlers Adjutant Otto Günsche sagt bis zu seinem Tod öffentlich nichts. Der SS-Sturmbannführer hätte sicherlich viel zu erzählen gehabt. Beim Hitler-Attentat von Claus Graf Schenk zu Stauffenberg am 20. Juli 1944 in der Wolfsschanze in Rastenburg/Ostpreußen »flog Günsche aufgrund der Druckwelle der Bombe durchs Fenster«, erzählt mir Rochus Misch. Er sagt es nicht lakonisch als Faktum, sondern vielmehr mit einem Grinsen. Günsche ist Traudl Junges Trauzeuge und neben ihr einer der engsten Mitarbeiter Hitlers. Beide begleiten ihn von der Reichskanzlei in Berlin zu den Führerhauptquartieren »Wolfsschanze« und zum »Berghof« bei Berchtesgaden. Sie reisen mit Hitler im Zug, fliegen mit ihm im Flugzeug. Sie sehen Hitler täglich. Günsche weilt ebenso wie Traudl Junge die letzten Tage bis zu den Selbstmorden Hitlers und Eva Brauns im Führerbunker. Günsche ist es, der Hitlers Leiche am 30. April 1945 im Garten der Neuen Reichskanzlei verbrennt und die sterblichen Überreste vergräbt.

Zehn Jahre lang sitzt Otto Günsche in sowjetischen Gefängnissen in Haft, kehrt erst 1956 in die Bundesrepublik zurück und lässt sich in Lohmar bei Köln nieder. Ich schreibe dem zeitlebens überzeugten Nationalsozialisten einen Brief mit Fragen, er möchte aber nicht ins Detail gehen und antwortet allgemein mit dem Hinweis auf drei Bücher, die er empfehlen könne; Bücher, die ausschließlich rechte Propaganda beinhalten. Ich fahre zu ihm ins Siegerland und läute an seiner Tür. Er öffnet. Günsche, damals 84 und noch immer ein stattlicher, hochgewachsener Mann, lädt mich in sein Wohnzimmer ein. Links an der Wand hängt ein Bild, das ihn mit Hitler zeigt. Und unter der Glasplatte seines Sekretärs hält er Eichenlaub aus der Wolfsschanze in Ehren.

»Also, Herr Günsche, haben Sie das Buch ›Bis zur letzten Stunde‹ von Traudl Junge gelesen?« Er bejaht, fügt aber gleich hinzu, dass zwar die räumlichen und zeitlichen Abläufe in der Schilderung von Traudl Junge stimmten, ihre historische Einschätzung aber komplett falsch sei. Adolf Hitler also kein Verbrecher? »Die Geschichte wird irgendwann einmal anders über ihn urteilen«, meint er, »Dschingis Khan galt auch als ein Massenmörder und ist heute ein Held.«

Über Hitlers Selbstmord sagt er: »Ich habe den letzten Befehl des Führers ausgeführt. Hitlers Leiche war komplett verbrannt.« Zum Abschied an der Tür spreche ich ihn auf Rochus Misch an. Günsche macht einen ironischen Stoßseufzer und lacht in sich hinein. »Ach, der Misch«, sagt er, »der war ja nur ein ganz kleines Licht.« Immerhin, das hätten wir geklärt. Er und Traudl Junge waren wichtig an der Seite des Führers, Rochus Misch dagegen völlig unbedeutend.

Brunhilde Pomsels Namen dagegen kennen nur Eingeweihte. Die ehemalige Sekretärin von Joseph Goebbels sucht fast nie das Licht der Öffentlichkeit. Das liegt aber nicht daran, dass sie kein überzeugter Nazi gewesen ist oder vielmehr eine opportunistische Mitläuferin. Der Grund ist ein anderer: Sie empfindet ihre Arbeit bei Goebbels nie als derart bedeutsam, dass sie groß darüber reden will. Hin und wieder macht sie kleine Ausnahmen. Zum 60. Jahrestag der Sportpalastrede von Goebbels (»Wollt ihr den totalen Krieg?«) spricht sie mit dem Magazin *Spiegel*. Und zu ihrem 100. Geburtstag empfängt sie die *Bild*-Zeitung zu Hause. Mehr macht sie nicht. Eigentlich schade, denn Brunhilde Pomsel hat ein phänomenales Gedächtnis.

Die alte Dame im Jahr 2015 zu finden, ist schwierig. In dem Appartementhochhaus in München-Schwabing, in dem sie viele Jahre lang offiziell gemeldet war, fehlt ihr Klingelschild an der Eingangstür. Ihren 100. Geburtstag hat Brunhilde Pomsel dort in ihrer Zweieinhalbzimmerwohnung gefeiert. Doch nun? Ist sie umgezogen? Verstorben? Postbote, Handwerker, Hausmeister wissen nichts. Eine ehemalige Nachbarin, die zufällig aus der Haustür kommt, gibt den entscheidenden Hinweis: Frau Pomsel wohnt ein paar Hundert Meter weiter in einer Seniorenresidenz, auch die Zimmernummer hat sie parat. Und fügt hinzu, dass es ihr gut gehe und sie sich sicherlich über den Besuch freuen werde.

Eine halbe Stunde später ein kurzes Klopfen im ersten Stock des Altenheims, ein leises »Moment, bitte«, und schon geht die Tür auf. Brunhilde Pomsel bittet mich hinein und nimmt Platz am Esstisch vor dem Fenster. Den Fernseher lässt sie laufen. Brunhilde Pomsel ist inzwischen 104 Jahre alt. Ihren Geburtstag könne man sich leicht merken, sagt sie belustigt, das sei der 11.1.11. »Aber in meinem Alter feiert man nicht mehr so doll.«

Doch das Interesse von Journalisten, mit Brunhilde Pomsel ins Gespräch zu kommen, liegt nicht an ihrem Methusalem-Alter. Der Grund liegt mehr als 70 Jahre zurück. Von 1942 bis zur Kapitulation 1945 arbeitete sie als eine von sechs Vorzimmerdamen im Reichsministerium für Volksaufklärung und Propaganda in Berlin. Brunhilde Pomsel ist die letzte noch lebende Zeitzeugin des Dritten Reichs, die die Macht der Nazis aus unmittelbarer Nähe miterlebt hat.

Ganz freiwillig kommt sie nicht in diesen elitären Zirkel. 1933 fängt Brunhilde Pomsel als Sekretärin und Stenografin beim Berliner Rundfunk an. Sie tritt in die NSDAP ein, verdient 250 Mark im Monat und ist zufrieden. Doch 1942 heißt es dann, man brauche sie im Propagandaministerium. »Beim Berliner Rundfunk war ich eine der schnellsten Stenotypistinnen. Ich hätte mich nicht weigern können, es war ein Befehl«, sagt sie. Zudem, das gibt sie unumwunden zu, habe sie der gute Verdienst gelockt und ihr Arbeitsplatz sei sehr schick gewesen. Als Minister residiert Goebbels im Ordenspalais am Wilhelmplatz, in direkter Nachbarschaft zu Hitlers Reichskanzlei an der Voßstraße. Das Büro von Goebbels liegt im Hochparterre, Pomsel und die anderen Sekretärinnen arbeiten ein Stockwerk darüber in der Bibliothek. Der Chef sei oft weg gewesen. Kam er am Sonntag ins Büro, hätten seine Kinder an ihrer Schreibmaschine herumgespielt. Die alltägliche Arbeit sei aber eher langweilig gewesen; Briefe schreiben, Diktate beim Chef, Post sortieren – das Übliche halt.

Brunhilde Pomsel winkt ab, als ob sie die Frage ahne, die auf der Hand liegt. »Nein, vom Holocaust habe ich erst nach dem Krieg erfahren«, sagt sie. »Ich war völlig unpolitisch. Dass es im Krieg nicht gut stand und alles furchtbar enden würde, habe ich aber schon aus den als ›geheim‹ deklarierten Presseberichten aus dem Ausland mitbekommen.« Brunhilde Pomsel überlegt, dann sagt sie: »Bei mir im Zimmer stand ein Panzerschrank und ich hatte einen Schlüssel dafür. Aber ich hätte es niemals gewagt, mir ohne Goebbels' Erlaubnis die Geheimdokumente anzugucken.«

Brunhilde Pomsel hat Goebbels als höflichen, aber auch unzugänglichen Chef in Erinnerung. »Er war überhaupt nicht nahbar. Ich glaube, er wusste bis zuletzt noch nicht einmal meinen Namen.« Bei einem Mittagessen in Goebbels' Villa in Schwanenwerder sitzt sie direkt neben dem Reichspropagandaminister.»Aber er hat mir nicht eine einzige Frage gestellt.«Aufmerksamer sei dagegen Goebbels' Ehefrau Magda gewesen, die ihr, als sie 1943 ausgebombt wird und am folgenden Tag in schmutziger Kleidung zur Arbeit erscheint, ein blaues Kostüm schenkt.»Das Kleid war aus blauem Cheviot. Kennen Sie diesen Stoff? Ein wunderbarer, sauteurer Wollstoff. Edelst. Dieses Kostüm hab ich damals jeden Tag getragen.«

Brunhilde Pomsel legt eine Wolldecke über ihre Schultern und guckt aus dem Fenster. Sie sei nun 104, doch immer wieder werde sie nur auf ihre dreijährige Tätigkeit bei Goebbels reduziert. Sie habe eigentlich keine Lust mehr, darüber zu sprechen. Bereut sie es denn, für den NS-Verbrecher gearbeitet zu haben?»Nö«, sagt sie.»Ich schäme mich nicht. Aber stolz bin ich auch nicht darauf.«

Aber da ist noch diese eine Rede, die sie nicht loslässt, auch nach über 70 Jahren nicht: Goebbels' Auftritt im Berliner Sportpalast am 18. Februar 1943.»Wollt ihr den totalen Krieg? Wollt ihr ihn, wenn nötig, totaler und radikaler, als wir ihn uns heute überhaupt erst vorstellen können?«, schreit Goebbels wenige Tage nach der Niederlage von Stalingrad Tausenden fanatischen Anhängern zu. Brunhilde Pomsel holt Luft, überlegt kurz, dann sagt sie:»Es war einfach furchtbar, dass diese Masse genau das wollte. Es war schrecklich und erschütternd zu sehen, was dort passierte, unerklärbar für normal denkende Menschen. Grauenvoll. Ich hatte einfach nur Angst. Nicht die Fragestellung ›Wollt ihr den totalen Krieg?‹ hat mir Angst gemacht, sondern die Reaktion des Publikums, als die Menge brüllte: ›Ja, wir wollen!‹«

Ein SS-Mann hatte Brunhilde Pomsel und eine Kollegin zum Sportpalast gefahren.»Wir hatten reservierte Plätze direkt vor Magda Goebbels«, sagt sie.»Als Goebbels rumbrüllte, standen wir wie versteinert und hielten uns verkrampft an den Händen. Bis der SS-Mann, der uns dort hingebracht hatte, uns von hinten auf die Schulter klopfte und raunte: ›Nun klatscht wenigstens.‹ Wir standen ja so eisern da. Wir haben dann völlig in Erstarrung angefangen zu klatschen.« Wenn sie nun nach über 70 Jahren an diesen Tag denkt, sucht sie immer noch nach Worten.»Ich kann nicht erklären, warum ich auch später nie wieder etwas Vergleichbares erlebt habe, das mich innerlich derart entsetzt hat. So etwas hatte ich vorher noch nie erlebt und danach auch nicht mehr. Die Erinnerung an den Sportpalast-Auftritt hat sich festgefressen in mir.« Sie hält kurz inne, dann sagt sie: »Es war wie eine Verzauberung.« Sie streift sich über den Arm, guckt mich an und sagt: »Die Gänsehaut muss ich immer wieder wegschütteln.«

Das Ende des Krieges hat sie in unwirklicher Erinnerung. »Hitlers letzter Geburtstag am 20. April 1945 war ein Freitag und herrlicher Sommertag«, erinnert sie sich. Während russische Soldaten vor den Toren Berlins stehen und das Artilleriegrollen überall zu hören ist, stellt Brunhilde Pomsel ihre Schreibmaschine auf die Terrasse von Goebbels' Privatwohnung in der Stresemannstraße gleich neben dem Brandenburger Tor. Es soll ihr letzter Arbeitstag für den Agitator sein. Am nächsten Morgen zieht sie in den Luftschutzkeller des Propagandaministeriums unter dem Wilhelmplatz. Zehn Tage harrt sie Tag und Nacht in den primitiven Kellerräumen aus. Anfangs, so erzählt sie, habe sie nichts zu essen gehabt, dann aber Konservenbüchsen gefunden und Wein, guten Wein. Eine Möglichkeit zum Kochen gibt es nicht, also isst sie den Spargel aus der Büchse. Verwundete Zivilisten und Soldaten werden hereingetragen. Von den Selbstmorden von Hitler und Goebbels erfährt sie durch Kuriere, die die Nachrichten aus dem Führerbunker in unmittelbarer Nachbarschaft zu ihr in den Keller bringen.

Knapp fünf Jahre russische Gefangenschaft folgen, in Pferdeställen und Lagern in Deutschland und Polen, darunter in Posen, Landsberg an der Warthe, Buchenwald, Sachsenhausen und Berlin-Hohenschönhausen. 1950 kehrt sie nach Hause in ihre Charlottenburger Wohnung zurück — und findet im Schrank das blaue Goebbels-Kleid, das sie dann noch jahrelang trägt. Geheiratet hat sie nach dem Krieg nicht, »darauf war ich nie wild«, sagt sie. Sie arbeitet beim Südwestfunk in Baden-Baden, später dann bei der ARD in München. Mit 60 geht sie in Rente, das ist 1971. Sie reist nach China und geht auf Safari nach Kenia. Mit 102 rutscht sie auf der Straße aus und bricht sich das Schienbein. Fit im Kopf sei sie. Aber ihre Augen ließen sie im Stich, mich könne sie nur schemenhaft erkennen. »Ich bin zwar geistig fit, aber damit kann ich nichts anfangen«, sagt sie. »Ich kann kein Fernsehen mehr gucken und keine Zeitung mehr lesen.«

»Ach«, da fällt ihr noch etwas ein, »das wollte ich Ihnen noch sagen!« Ja, Doktor Goebbels sei immer picobello angezogen gewesen und, ja, er habe tadellose Tischmanieren gehabt. Sie wisse, dass das alles banal und komisch angesichts seiner Verbrechen klinge. Deswegen, und das ist ihr ein Anliegen, will sie es noch loswerden: Goebbels habe sich durch seinen Selbstmord viel zu feige seiner Verantwortung entzogen. Seine Verbrechen seien unverzeihlich. Und dann äußert sie zum Abschied noch diesen Satz: »Ich hätte nie geglaubt, dass ich nach 1945 noch einmal ein glückliches Leben würde führen können.«

Ich sitze knapp drei Stunden in ihrem Einzimmerappartement in der Seniorenresidenz. Das Erste, was mir auffällt, sind die tiefen Furchen, die das Leben in ihr Gesicht gegraben hat. Sie verlaufen vertikal über die Wangen hoch zu ihren Augen und horizontal unterhalb ihres Mundes. Brunhilde Pomsel ist freundlich, geduldig, gibt sich Mühe, in ihren Erinnerungen zu kramen. Sie will es mir leicht machen, lässt sich bereitwillig fotografieren, und wenn ich etwas nicht verstehe, erklärt sie es ein zweites Mal. Doch während des ganzen Gesprächs beschleicht mich Unbehagen. Was kann ich Brunhilde Pomsel glauben? Bestenfalls naiv erzählt sie erstaunlich detailreich aus der Zeit an der Seite von Goebbels. Ich frage mich mehrfach: Hat sie wirklich nichts von den Verbrechen der Nazis mitbekommen? Hat sie wirklich von der Arbeit bei Goebbels geschwärmt? Ich höre noch einmal das Diktiergerät ab. Höre ihre weiche Stimme. Ruhig spricht sie, sie überlegt, sie redet fast druckreif. Brunhilde Pomsel erzählt mit einer Gelassenheit, als sei es das Normalste auf der Welt, für einen Massenmörder gearbeitet zu haben. Vielleicht hilft ja ein weiteres Gespräch, um herauszufinden: Wie ehrlich ist Brunhilde Pomsel? Was verdrängt sie, was beschönigt sie? Ich beschließe: Ich rufe sie noch einmal an.

Sie geht gleich ran und ist wieder freundlich. Es wäre ihr gutes Recht gewesen, mich abzubürsten am Telefon nach unserem langen persönlichen Gespräch. Doch sie ist alles andere als unwirsch, auch spürt man kein Ach-Sie-schon-wieder in der Leitung. Vielleicht ist sie auch nur froh, irgendjemanden zum Reden zu haben. Nach ein bisschen Small Talk über Alltagsprobleme und Wehwehchen kommen wir zum Punkt. »Also, Frau Pomsel, Hand aufs Herz: Wie war das nun in Goebbels' Büro?« – »Die Tätigkeit war schön, ein angenehmes Büro.« »Bereuen Sie es, für Goebbels gearbeitet zu haben?« – »Nö.« »Bereuen Sie denn Ihre Teilnahme an der Sportpalastrede von Goebbels?« – »Ich habe das gar nicht so wichtig genommen. Wir mussten ja hin. Gern bin ich nicht hingegangen.« »Was wussten Sie von den Verbrechen der Nazis?« – »Ich habe nichts mitbekommen von den schrecklichen Taten. Ich war völlig unpolitisch.« »Haben Sie auch nichts davon mitbekommen, als Goebbels dem Führer meldete, Berlin sei nun judenrein?« – »Nein, davon habe ich nichts mitbekommen. Ich kriegte nur das mit, was in den Zeitungen stand. Ich war komplett blöd.«

Noch Fragen?

2017 erscheint ein Dokumentarfilm der Filmemacher Christian Krönes, Olaf S. Müller, Roland Schrotthofer und Florian Weigensamer über Brunhilde Pomsel. Titel: »Ein deutsches Leben«. Die Dokumentarfilmer sprechen 2013 stundenlang mit Brunhilde Pomsel. Und wieder die gleiche Leier. Goebbels sei ein gut aussehender Mann gewesen, ungemein gepflegt, dolle Anzüge. Er habe immer die Contenance bewahrt. Von den Verbrechen der Nazis habe sie nichts mitbekommen.

Es gibt kaum noch Zeitzeugen, die persönlich über die NS-Elite Auskunft geben können, die Goebbels persönlich erlebt haben. Margot Hielscher kann sich noch gut an die Nazigröße erinnern. Ich besuche die Schauspielerin und Sängerin kurz nach ihrem 90. Geburtstag zu Hause in München. Ihre Erlebnisse mit Goebbels klingen anders als die von Brunhilde Pomsel.

Kaum hat man die Klingel an ihrer Haustür gedrückt, ertönt ein lautes Bellen hinter der Tür. Margot Hielscher öffnet die Tür und hält den Jack-Russell-Terrier zurück. »Kommen Sie herein, Bobby beißt nicht.« Vorbei an ihrem Schreibtisch bittet die Entertainerin ein paar Stufen tiefer in den Salon. Sie wohnt seit 1954 in diesem Haus in einem Nobelviertel in München. Moderne Kunst von ihren Freunden hängt an der Wand, ein großes Klavier (»An dem hat immer Leonard Bernstein gesessen, wenn er bei mir zu Besuch war«) füllt den Raum aus. Margot Hielscher trägt Jeans, weiße Bluse, einen beigen Pullunder und eine Weste. Wir nehmen neben dem großen Kamin Platz. »Mögen Sie Wein?« Schon schenkt sie einen Baden Spätburgunder Weißherbst ein. Das Alter sieht man der eleganten Dame nicht an. »Na ja«, meint sie, »mein Vater hat immer gesagt: ›Und wirft der Arsch auch Falten, wir bleiben doch die Alten.‹ Aber wir

müssen doch jetzt nicht übers Alter reden, oder? Das wäre grässlich.«
Einverstanden! Trifft der Begriff »Diva« auf sie zu? »Das klingt so überheblich«, sagt sie. »Also im Grunde genommen trifft der nur auf Zarah Leander zu mit ihren ganzen theatralischen Bewegungen. Mit ihr habe ich 1940 gedreht, ›Das Herz der Königin‹, mein erster Film, nachdem ich die Schauspielschule bei Gustav Gründgens bestanden hatte.«

Ihren Durchbruch schafft Margot Hielscher 1943 mit »Frauen sind keine Engel«. »Es war reines Glück, dass ich die Rolle bekam«, sagt sie. »Die eigentlich dafür vorgesehene Schauspielerin bekam eine Mittelohrentzündung und konnte nicht drehen. So nahm man mich. Und so wie Marlene Dietrich populär geworden ist mit dem Lied ›Ich bin von Kopf bis Fuß auf Liebe eingestellt‹, so wurde ich mit ›Frauen sind keine Engel‹ zum Star.« Margot Hielschers Foto hing damals im Spind von unzähligen Wehrmachtssoldaten. »Na und? Ich habe mich darüber gefreut. Aber das hätte ich vorher auch nicht für möglich gehalten, denn ich sah doch so verdammt unarisch aus mit meiner dunklen Lockenmähne, wie ein richtiger Vamp.«

Und jetzt kommt der Reichspropagandaminister ins Spiel. Denn Goebbels macht der Schauspielerin Avancen. »Der hat mich verfolgt«, erzählt Margot Hielscher. »Ich gefiel ihm anscheinend, war sein Typ. Der hat nachts bei uns zu Hause angerufen und sich als ›Müller‹ ausgegeben. Aber mein Vater erkannte seine Stimme am rheinischen Singsang.« Ob sie Goebbels denn mal persönlich getroffen habe? Sie sagt: »1940 hat er das ganze Filmteam von ›Das Herz der Königin‹ zu sich auf seinen Landsitz eingeladen. Das war schon sehr komisch, wie er immer um mich herumgeschwänzelt ist. Als wir uns in seinem Privatkino zusammen ›Vom Winde verweht‹ angeguckt haben, saß er neben mir und ist mir auf die Pelle gerückt. Aber Zarah Leander hat das bemerkt, sie saß eine Reihe hinter mir. Sie ist zu ihm gegangen und hat gesagt: ›Herr Minister, ich sehe so schlecht, darf ich mich auf Ihren Platz setzen?‹ Und schon war er weg. Beim Essen saß er mir dann schräg gegenüber, er glotzte mich ständig an. Ich werde das nie vergessen: Es gab Würstchen mit Kartoffelsalat, dazu eine grässlich braune Tütensoße. Goebbels drückte seine Kartoffeln immer so eklig in diese Soße hinein. Das war bei Gott nicht elegant, wie der aß. Ich habe mich damals gewundert, wie jemand in einer solch hohen Position so wenig Tischmanieren haben kann.«

Natürlich sind Tischmanieren und Macho-Allüren von Goebbels nur kleine Randnotizen, wenn man an den Jahrhundertverbrecher denkt. Aber eben doch kleine Beispiele dafür, dass Brunhilde Pomsels Erinnerungen sie vielleicht trügen oder sie schlicht einiges beschönigt, wenn sie an ihren ehemaligen Chef denkt. Während Brunhilde Pomsel sich an einen höflichen Mann mit guten Manieren erinnert, schildert ihn Margot Hielscher als aufdringlich und abstoßend.

Brunhilde Pomsel ist kein überzeugter Nazi wie Hitler-Diener Otto Günsche. Sie glorifiziert nicht selbstverliebt ihre Rolle im innersten Zirkel wie der Hitler-Telefonist Rochus Misch. Sie ist keine Täterin, eher eine stille Dienerin der Nazis, wie die Hitler-Sekretärin Traudl Junge. Sie halten als kleine Rädchen die NS-Maschinerie am Laufen. Doch Traudl Junge bemüht sich jahrelang um Selbstreflexion, hinterfragt kritisch ihr Tun und ist um Aufklärung ihrer eigenen Rolle bemüht. Dieses Bemühen fehlt bei Brunhilde Pomsel. Sie scheint mit sich im Reinen zu sein.

# SIEGFRIED LESSEY,
## STALINGRAD-ÜBERLEBENDER

Siegfried Lessey (1916–2012) hat als Soldat der Wehrmacht die Schlacht von Stalingrad, die Einkesselung der deutschen Truppen durch die Rote Armee der Sowjetunion, die Kapitulation und die Gefangennahme überlebt. Lessey ist auf einem berühmt gewordenen Foto zu sehen, als er mit Kameraden in Gefangenschaft geht. Von knapp 200 000 Soldaten aufseiten der Wehrmacht geraten 110 000 in Gefangenschaft, von denen nach jahrelanger Haft nur 6 000 in ihre Heimat zurückkehren. Lessey ist einer von ihnen; er darf 1949 zurück nach Hause und lebt bis zu seinem Tod in Berlin. Ich besuche den 91-Jährigen und seine Ehefrau Elsa 2007.

\* \* \*

Er lebt in einer Dreizimmerwohnung im zweiten Stock in Berlin-Reinickendorf. Einen Fahrstuhl gibt es nicht und die Treppenstufen werden für Lessey und seine 86-jährige Ehefrau zunehmend beschwerlicher.

Das Ehepaar ist seit 1942 verheiratet. An der Wand im Wohnzimmer hängen gestickte Bilder und Landschaftsaufnahmen. Auf seine Soldatenzeit im Zweiten Weltkrieg weist in seiner Wohnung nichts hin. Das hat Elsa ihm verboten. Dabei ist Siegfried Lessey einer der 6 000. Einer der berühmten 6 000 Soldaten, die die Schlacht von Stalingrad im Winter 1942/1943 und die Gefangenschaft überlebt haben.

Die Schlacht von Stalingrad gilt als psychologischer Wendepunkt des Krieges. Nach dem Einmarsch der Wehrmacht 1941 in die Sowjetunion gibt es größere und kriegswichtigere Schlachten, die die deutschen Truppen verlieren. Auch kommt nicht erst in Stalingrad der Vormarsch der Heeresgruppen ins Stocken; schon zuvor, im Winter 1941 bei der Schlacht um Moskau, wird die Wehrmacht zurückgedrängt. Doch die Schlacht von Stalingrad und die Vernichtung der 6. Armee bleiben im kollektiven Gedächtnis der Deutschen haften.

Über eine Viertelmillion deutscher Soldaten kämpfen erbittert um die Stadt an der Wolga, die den Namen des sowjetischen Diktators Josef Stalin trägt. Nach dem Angriff der Wehrmacht im August 1942 werden nach einer Gegenoffensive der Roten Armee im November 1942 die deutschen Verbände eingekesselt. Entlastungsangriffe und Ausbruchsversuche scheitern. Hitler ordnet in seinem Durchhaltebefehl den Weiterkampf an und verbietet Oberbefehlshaber Friedrich Paulus den Rückzug. Obwohl die Lage der deutschen Truppen nahezu aussichtslos ist, bestehen Hitler und seine Generale auf der Fortführung der verlustreichen Kämpfe. Die deutschen Soldaten werden aus der Luft versorgt, doch der Nachschub reicht bei Weitem nicht aus. Der Kessel zieht sich immer mehr zu. Am 2. Februar 1943 ergeben sich die letzten deutschen Soldaten.

Nach neuesten Erkenntnissen des Militärhistorikers Rolf-Dieter Müller werden 195 000 Wehrmachtssoldaten eingekesselt, von denen 60 000 sterben. 25 000 Verwundete können noch ausgeflogen werden. 110 000 Soldaten geraten – unterernährt, mit Erfrierungen und Verwundungen – in Gefangenschaft.

Siegfried Lessey ist seit dem Vormarsch der Wehrmacht auf Stalingrad im Herbst 1942 dabei. Der Unteroffizier ist Panzerspäher in Stalingrad. Er erlebt die Einkesselung im November sowie die Vernichtung der 6.

Armee bis zur Kapitulation. Als er Ende Januar 1943 in Gefangenschaft geht, wird er fotografiert. Das Bild wird zu einer Ikone, drückt es doch all das Leid aus, das den deutschen Soldaten im Kessel von Stalingrad widerfahren ist. Man sieht armselige Gestalten auf diesem Foto, ausgehungert, den Blick gesenkt, sich notdürftig gegen die Kälte schützend. Siegfried Lessey ist der dritte Soldat von rechts. Dass er fotografiert wurde, hat er nicht mehr in Erinnerung. Erst Jahrzehnte später sieht er zum ersten Mal das Bild. Ich spreche mit ihm Ende 2007 in seiner Wohnung – 65 Jahre nach der Einkesselung.

**Welche Erinnerung haben Sie an den Advent 1942 in Stalingrad?**

Wir waren von russischen Truppen eingekesselt. Um uns herum Chaos. Weihnachten und Silvester habe ich mit ein paar Kameraden in einem Bunker ausgeharrt. Der Schnee lag meterhoch. Wir hatten zwar keinen Weihnachtsbaum, aber noch zu futtern.

**Woher bekamen Sie Ihr Essen?**

Deutsche Flugzeuge hatten Lebensmittel über dem Kessel abgeworfen. Ich habe dann mit einer Zeltplane Brot und Leberwurstbüchsen eingesammelt. Und mit einem Kameraden ein Pferd geschlachtet.

**Dabei stand das Schlimmste noch bevor ...**

Am 15. Januar musste ich meinen Panzerspähwagen wegen Treibstoffmangels stehen lassen. Wir sind durch den hohen Schnee zum Flughafen Gumrak. Dort haben sich die Soldaten fast gegenseitig totgeschlagen, um ausgeflogen zu werden. Wir haben gleich gemerkt, dass es aussichtslos war.

**Wie ging es für Sie weiter?**

Wir flüchteten in das zerstörte Stadtzentrum von Stalingrad, sollten als Infanteristen kämpfen. Die Kameraden starben wie die Fliegen. Noch immer glaubten wir an ein gutes Ende – bis zum 30. Januar 1943, als wir die Rede von Göring im Radio hörten. Am nächsten Morgen gab der Südkessel auf, wir gingen in Gefangenschaft.

**Dort wurde das berühmte Foto nach der Kapitulation der 6. Armee aufgenommen.**

Wir sind morgens um neun Uhr losgejagt worden und marschierten bis 23 Uhr zum Sammellager Beketowka. Da hatte ich noch meine Uhr, daher weiß ich das so genau. Es war furchtbar. Wir wurden beschossen, viele von uns waren zu schwach, um zu gehen. Übrigens haben wir gesehen, wie General Paulus an uns vorbeigefahren wurde. Wir haben ihn ausgebuht.

**Wann haben Sie das Bild zum ersten Mal gesehen?**

Mein Sohn zeigte es mir vor vier Jahren. Er sagte: »Guck mal, das bist doch du!« Das war der Hammer! Meine Frau und ich mussten keine Sekunde überlegen: Der Dritte von rechts bin natürlich ich.

**Können Sie weitere Soldaten identifizieren?**

Rechts im Bild steht Alfred Körk aus Leipzig, mein Fahrer. Und zwischen uns geht Erich Keil aus Berlin, mein Funker. Sie sind wahrscheinlich in der Gefangenschaft gestorben. Die anderen kenne ich nicht.

**Wie haben Sie überlebt?**

Ich war ein guter Sportler, klein, drahtig und Marathonläufer. Ich musste in einer Zementfabrik und in einem Sägewerk arbeiten. Alle litten an Unterernährung. Ich wog noch 68, 69 Pfund. Sieben Jahre lang wurde ich morgens um fünf geweckt. Dann gab's Krautsuppe, einen Löffel Hirsebrei und eine Scheibe Brot. Sieben Jahre! Aber die Suppe war gut.

**Hatten Sie Kontakt zu Ihrer Familie?**

Erst 1947 oder 1948 bekam ich eine Karte von meiner Frau. Sie schrieb, dass unser Sohn Ulrich am 11. Juli 1943 zur Welt gekommen war, sie hatte ein Bild von ihm in die Karte genäht. Sie müssen wissen, kurz vor der Einkesselung hatte ich drei Wochen Urlaub, habe am 10. Oktober meine Freundin Elsa geheiratet.

**Wann sahen Sie sie wieder?**

1949 kam ich zurück nach Hause.

**Sprechen Sie viel über Stalingrad?**

Zuerst gab es nur ein Thema: Stalingrad. Es klingt makaber, aber ich denke gern an die guten Seiten: ans Kabarett in der Gefangenschaft, an das Singen der Weihnachtslieder im Bunker. Ich war eigentlich ein lustiger Vogel, habe im Kessel sogar »Davon geht die Welt nicht unter« geträllert. Aber ich hatte auch lange böse Träume.

**Wie verbringen Sie heute den Tag?**

Ich gucke Sport, bin großer Hertha-BSC-Fan. Ein Hobby? Mein Hobby ist die Langeweile. Ich bin faul – das darf ich doch wohl sein, oder? Ich bin 92!

Nach dem Erscheinen des Interviews bekommt Ulrich Lessey, der Sohn von Siegfried und Elsa Lessey, unzählige Anfragen von Angehörigen ehemaliger Wehrmachtssoldaten. Auch nach über 60 Jahren bewegt die Schlacht von Stalingrad die Bevölkerung. Fremde Menschen schreiben ihm und rufen ihn an. Ob sein Vater diesen oder jenen Soldaten kenne? Ob er über gewisse Schicksale Auskunft geben könne? Ob er jemanden gesehen habe? Ulrich Lessey fragt immer wieder gewissenhaft seinen Vater, der gern helfen würde, solange es Gesundheit und Erinnerungsvermögen zulassen, doch Siegfried Lessey muss passen.

Obwohl Stalingrad im Bewusstsein der Deutschen tief verankert ist, bleiben die Soldaten auf dem berühmten Bild jahrzehntelang unbekannt. Niemand kann sie identifizieren, niemand erkennt sich wieder. Irgendwann im Jahr 2003 – wahrscheinlich zum 60. Jahrestag der Kapitulation der 6. Armee – sitzt Ulrich Lessey zu Hause in Berlin am Frühstückstisch und liest die *Bild*-Zeitung. Er bleibt bei einem Bericht über Stalingrad hängen und sieht das Foto. Nanu, denkt er sich, ist das nicht mein Vater? »Ich bin aus allen Wolken gefallen«, erzählt Ulrich Lessey Jahre später. »Man hat es gar nicht wahrhaben wollen. Das war eine Sensation.«

Ulrich Lessey kennt viele Bilder von seinem Vater von früher und weiß, dass sein Vater kein Hüne ist. Er zweifelt aber an sich selbst, denkt, das kann doch gar nicht sein. Er zeigt das Foto seiner Ehefrau, die sagt sofort: »Das ist er!« Dann ruft Ulrich Lessey seine Eltern an, die sich unverzüglich die *Bild*-Zeitung besorgen. Beim nächsten Telefonat sagt er: »Vattern, das bist doch du!« »Ja!«, ruft Siegfried Lessey. »Ja!«, bestätigt auch Elsa Lessey. Der Stalingrad-Veteran schneidet das Foto aus der Zeitung und hebt es auf. Aufhängen darf er es aber nicht. »Meine Mutter wäre sonst im Karree gesprungen«, erklärt Ulrich Lessey. Und das hat viele Gründe.

Nach seiner Heimkehr aus der Gefangenschaft 1949 kennt Siegfried Lessey nur ein Thema: Stalingrad. Je älter er wird, desto schlimmer wird es. Sogar während gemeinsamer Familienurlaube mit Frau und Kind an der Ostsee und in Tirol sucht Siegfried Lessey Kontakt zu ehemaligen Soldaten, mit denen er Kriegserlebnisse teilen kann. »Mein Vater hatte einen gewissen Stolz, Krieg, Elend und Gefangenschaft überlebt zu haben«, sagt der 73-jährige Ulrich Lessey. »Diesen Stolz hat er zwar mit gewissem Recht gehabt, aber er hat jedem vom Krieg erzählt, ob derjenige es nun hören wollte oder nicht. Meine Mutter ist daran verzweifelt.«

Siegfried und Elsa Lessey gehen nicht mehr so oft aus wie früher, seine Ehefrau erträgt die Thematik der Gespräche nicht mehr. »Es gab quasi Krieg in der Familie«, berichtet der Sohn. Immer wieder habe die Mutter zu seinem Vater gesagt, dass er aufhören solle. Doch der Krieg lässt Siegfried Lessey nicht mehr los, bis zu seinem Tod nicht. »Er hat den Krieg als Rucksack lebenslang mit sich rumgeschleppt«, sagt sein Sohn, »der Krieg war tief in ihm drin.«

Siegfried Lessey arbeitet nach der Gefangenschaft als kaufmännischer Angestellter bei der AOK, geht 1978 mit 63 Jahren in Rente. Er schottet sich ab, läuft stundenlang durch den Wald, fährt Rad oder guckt Fußball. Er liest Konsalik und dessen Schilderungen von der Ostfront und geht zu Lesungen. »Mein Vater war traumatisiert, er wusste es nur nicht«, sagt Ulrich Lessey. Nie wäre er auf die Idee gekommen, sich professionelle Hilfe zu holen. Sein Vater wäre ausgeflippt, hätte man mit ihm darüber gesprochen. Er sei doch nicht bekloppt, hätte er gesagt. Siegfried Lessey behält seine Gefühle zeitlebens für sich.

Elsa Lessey kann die Besessenheit ihres Mannes vom Krieg nicht nachvollziehen. Dass er in größter Todesangst Weihnachtslieder im Kessel gesungen hat und sich daran gern erinnert, kann sie nicht begreifen. Dass er von der Suppe in der Gefangenschaft schwärmt, ist ihr unverständlich. Sie muss erst einmal mit ihrem eigenen Schicksal fertigwerden. Elsa Lessey hat die Bombenangriffe auf Dresden im Februar 1945 miterlebt, sie wohnt damals in Dresden-Weißig, nur ein paar Kilometer vom Inferno im Stadtzentrum entfernt. Das Thema Krieg ist für sie tabu. »Mit ihr konnte mein Vater über den Krieg nicht reden. Leider«, sagt Ulrich Lessey.

Mit Schicksalen wie dem von Siegfried Lessey beschäftigt sich Professor Günter Seidler seit vielen Jahren. Der Psychiater und Psychoanalytiker leitet bis 2015 die Sektion Psychotraumatologie der Medizinischen Fakultät der Universität Heidelberg. Seidlers Forschungsschwerpunkte sind Gewaltforschung, historische Trauma-Forschung, Folgestörungen und Therapie. Über Siegfried Lessey sagt er lapidar: »Das ist ein Schicksal von vielen.«

Millionen deutscher Soldaten kommen traumatisiert aus dem Krieg oder der Gefangenschaft zurück nach Deutschland. Doch mit ihren Kriegserlebnissen bleiben sie allein – zu schrecklich ist das Erlebte. »Man konnte es einfach nicht erzählen«, sagt Seidler. Auch dass es im Alter immer schlimmer wird, sei allgemein üblich. »Die Mitarbeiter von Altenheimen können davon ein Lied singen. Im Alter werden die Erlebnisse übermächtig.«

**Woran liegt das?**

Das ist eine sehr komplexe Frage, die man nicht schnell beantworten kann. Viele Traumatologen glauben, dass es eine organmedizinische Ursache hat. Dass es also damit zusammenhängt, dass höhere Kontrollinstanzen im Gehirn sozusagen weniger wirksam werden. Ich glaube, das reicht aber nicht aus als Begründung. Die Stalingrad-Erlebnisse haben das gesamte Leben von Herrn Lessey gefärbt und bestimmt. Im Lauf der Zeit werden dissoziative Vorgänge, also Möglichkeiten, mit denen man sich das vom Leib halten kann, abgeschwächt. Somit treten die Kriegserlebnisse immer stärker hervor. Das kennen wir von vielen traumatisierten Bombenopfern,

Kriegsteilnehmern oder Holocaust-Überlebenden. Im Alter bestimmen die Erinnerungen das ganze Leben.

**Wie hätte Siegfried Lessey aus der Spirale herausfinden können?**

Ein Selbstheilungsversuch von Herrn Lessey war ja, sich mit anderen Betroffenen auszutauschen, sogar im Urlaub. Wer sonst hätte ihn denn verstehen können? Wer das nicht selbst erlebt hat, kann das einfach nicht nachvollziehen. Ehefrauen, Freunde und Eltern können das nicht verstehen. Man kennt diese Problematik auch von Vietnam-Veteranen. Die sind aus dem Krieg zurück nach Hause in die USA gekommen, die ganze Familie saß gespannt am Küchentisch und wollte Berichte hören. Und je mehr und je länger die Veteranen erzählten, desto mehr leerte sich der Raum, und zum Schluss saßen sie allein da. Erstens will das keiner hören und zweitens kann das keiner hören, wenn die Kriegsteilnehmer einigermaßen nah an der Wirklichkeit berichten. Die Erzählungen sind ja derart furchtbar, das hört sich niemand freiwillig an. Also bleiben sie allein mit dem Erlebten.

**Und wenn sie andere Betroffene finden?**

Selbst dann nicht. Sie können ihr individuelles Erleben von Todesangst nicht weitergeben. Das entzieht sich auch einer sprachlichen Darstellung. Man weiß von Holocaust-Überlebenden, bei denen mehrere Familienmitglieder im KZ waren, dass die Erlebnisse innerhalb der Familie ein Tabuthema geblieben sind. Individuelle Erfahrungen sind nicht vermittelbar, nicht zuletzt wegen der Scham, die damit verbunden ist. Kaum vorstellbar, wie erniedrigend es ist, wenn man zum Beispiel Kannibalismus betreiben musste. Das kann man nicht mitteilen und man bleibt allein damit.

**In den Fünfziger- und Sechzigerjahren war es unüblich, sich professionelle Hilfe zu holen. Hätte ein Psychiater damals Herrn Lessey helfen können?**

Ich sage mal etwas, womit ich sicherlich den Unmut einiger Kollegen auf mich ziehe und mich weit aus dem Fenster lehne: Damals hätte ihm kein Psychiater helfen können und heute auch nicht! Das Letzte dürfte ich eigentlich gar nicht sagen, weil ich ja selbst zum Kreis der Psychotraumatologen gehöre. Damals hätte ihm auf keinen Fall jemand helfen können, denn es war schlicht nicht bekannt, welche Folgen Kriegserlebnisse für die ehemaligen Soldaten haben. Die gleichaltrigen Psychiater waren selbst Kriegsverletzte oder -traumatisierte. In den Fünfzigerjahren galt die Logik: Wir haben doch überlebt, was wollen wir denn? Wir stecken das weg und gucken nach vorn.

**Und heute?**

Das ist die große Frage. Es gibt eine Fülle von Ansätzen, die ausprobiert, getestet und entwickelt wurden, gemeinsam mit Vietnam-Überlebenden. Es gibt zahlreiche Therapieverfahren, die man zur Anwendung hätte bringen können. Aber was ich immer wieder feststellen musste: Was sie erlebt haben, entzieht sich jeder Darstellbarkeit. Also werden die Patienten damit wahrscheinlich allein bleiben. Wenn man aber den Patienten vermittelt, dass sie etwas ganz besonders Schlimmes erlebt haben, und ihnen sagt, dass – selbst, wenn ich mich bemühen würde, das mitzuerleben oder zu verstehen – ich es gar nicht verstehen könnte, hat das einen kurativen, also heilsamen Effekt. Man muss ihnen vermitteln, dass sie etwas Extremes erlebt haben und man diese Tatsache versteht.

**Dennoch: Sie bleiben mit ihrem Schicksal allein.**

Das ist richtig. Aber Traumatisierte wollen weder Geld noch Rente, die wollen einfach wahrgenommen werden als jemand, der etwas besonders Schlimmes erlebt hat. Und wenn man das rüberbringt, hat man meistens schon mehr bewirkt, als wenn man mit irgendwelchen neumodischen oder auch als wirksam nachgewiesenen Therapieverfahren versucht, etwas geradezurücken. Diese Erlebnisse kann man einfach nicht geraderücken.

**Siegfried Lessey war zeitlebens eine Zumutung für seine Familie.**

Ich persönlich glaube ja, dass es richtig war, dass er sogar im Urlaub Kriegskameraden aufgesucht hat, um mit ihnen über den Krieg zu reden. Eine Zumutung sind Traumatisierte für ihre Angehörigen immer. Das gilt für Polizisten, die in eine Schießerei geraten sind, nachts durchs Haus geistern, sich betrinken und nicht zur Ruhe kommen.

Das gilt für Vergewaltigungsopfer. Wir haben in Studien festgestellt, dass die Wahrscheinlichkeit, dass eine Beziehung auseinandergeht, bei Traumatisierten sehr hoch ist.

Siegfried Lessey stirbt 2012 zu Hause im Alter von 96 Jahren, Elsa zwei Jahre später mit 92. Die Ehe hält bis zum Tod – fast 70 Jahre lang sind die beiden verheiratet gewesen. »Respekt vor Frau Lessey, die bei ihm geblieben ist«, sagt Professor Seidler. »Großen Respekt!«

# Tsvi Nussbaum,
## Junge aus Warschau, ...
## und Adolf Czech, Hitlerjunge

Tsvi C. Nussbaum (1935–2012) ist wahrscheinlich der »Junge aus Warschau«, der auf dem berühmten Bild zu sehen ist, das den Holocaust der Nationalsozialisten dokumentiert. Es zeigt den damals achtjährigen Jungen mit erhobenen Händen vor einem SS-Mann, der ihn mit seiner Maschinenpistole bedroht. Das Bild entstand 1943, der genaue Aufnahmeort ist jedoch unbekannt. Tsvi Nussbaum überlebt den Holocaust und wandert nach dem Krieg zunächst nach Palästina, dann in die USA aus, wo er als Hals-Nasen-Ohren-Arzt praktiziert. Ich treffe ihn 2005 in seinem Wohnort New City bei New York zum Gespräch. Nussbaum ist 70 Jahre alt.

Alfred Czech (1932–2011) war ein Hitlerjunge, der im März 1945, kurz vor dem Untergang des Dritten Reichs, von Adolf Hitler persönlich mit dem Eisernen Kreuz ausgezeichnet wurde. Das Foto des 12-jährigen Jungen, der vom alternden Diktator Hitler an Wange und Ohr getätschelt wird, geht um die Welt. Czech überlebt den Krieg und übersiedelt 1964 mit seiner Familie in die Bundesrepublik. Ich spreche mit Alfred Czech im Jahr 2006, er ist damals 73.

\* \* \*

Sie waren Kinder, deren Leben nicht unterschiedlicher hätten verlaufen können. Zwei Jungen, die im Zweiten Weltkrieg fotografiert werden. Der eine unfreiwillig, der andere nicht. Auf dem einen Foto sieht man ein verängstigtes Kind, das sich ergibt, auf dem anderen einen stolzen Jungen, der Adolf Hitler in die Augen blickt. Das eine Foto entsteht in Warschau 1943, das andere in Berlin 1945.

Beide Jungen sind sich nie begegnet. Der eine lebt als Kind in Südpolen, der andere in Schlesien. Tsvi Nussbaum und Alfred Czech sind fast gleich alt, beide kommen im Oktober zur Welt, der eine 1935, der andere 1932. Als Erwachsener wohnt der eine in der Nähe von New York, der andere in Nordrhein-Westfalen. Der eine macht Karriere als Arzt, der andere arbeitet als Handwerker.

Doch was Tsvi Nussbaum und Alfred Czech eint: Beide sind auf Fotos zu sehen, die als Ikonen des Zweiten Weltkriegs in die Geschichte eingehen.

Tsvi Nussbaum wird dabei fotografiert, wie er als Achtjähriger von der SS abtransportiert wird: ein kleiner Junge, der die Hände hochhält, im Hintergrund ein SS-Mann mit Maschinenpistole. Der Wintermantel des Jungen verdeckt fast seine kurze Hose. Seine Schiebermütze ist ihm ins Gesicht gerutscht, Kniestrümpfe bedecken seine nackten Beine.

Alfred Czech steht als Zwölfjähriger in einer Reihe von 20 Hitlerjungen im Garten der Reichskanzlei in Berlin. Er trägt eine schwarze Jungvolkuniform mit Mütze, als der Diktator mit ihm spricht, ihm die Wange tätschelt und ihm ans Ohr fasst. Der Junge lächelt. Das eine Foto wird zum Symbol des Holocaust, das andere zum Symbol des letzten Aufgebots Hitlers. Noch Jahrzehnte später hat jeder der Männer sein Bild im Wohnzimmer:. Bei Tsvi Nussbaum steht es eingerahmt auf einem Regal, bei Alfred Czech hängt es an der Wand.

Besuch bei Tsvi Nussbaum im Frühling 2005. Er wartet bereits seit einer Stunde. Ein Missverständnis. Tsvi Nussbaum sitzt im Büro des Holocaust-Museums von Spring Valley in der Nähe von New York, ich in der Bibliothek nebenan. Aber von Verärgerung keine Spur. Ein freundlicher Händedruck. »Nehmen Sie Platz.« Tsvi Nussbaum ist ein liebenswürdiger älterer Herr. Einen kleinen Seitenhieb kann er sich aber nicht verkneifen. »Ich dachte, Deutsche seien immer pünktlich«, sagt er. Und lächelt.

Nussbaum trägt einen blau karierten Wollpullover, eine randlose Brille, Schnauzbart. Sein Gang ist schleppend, das Hinsetzen bereitet ihm Mühe. Im Sommer wird der ehemalige Hals-Nasen-Ohren-Arzt aus New City 70. Dass Tsvi Nussbaum diesen Geburtstag überhaupt feiern kann, grenzt an ein Wunder. Aus einer Plastiktüte kramt der Rentner ein Bild hervor. Er hat es sich 100-mal, 1000-mal angesehen, zu Hause, in seiner Praxis, in Museen, auf Ausstellungen. Er hat es auf dem Kopierer vergrößert, in Schulklassen verteilt, seinen Kindern erklärt. Das Foto des kleinen Jungen aus Warschau wurde zum Symbol des Holocaust, eine öffentliche Ikone. Es steht stellvertretend für den Mord an sechs Millionen Juden, hängt im Anne-Frank-Haus in Amsterdam, in Yad Vashem in Jerusalem, im Holocaust-Museum in Washington. »Es ist eines der unauslöschlichen Bilder der Geschichte«, schrieb die *New York Times* einmal. *ZDF*-Historiker Guido Knopp nannte es »ein Bild, das Geschichte machte«, die *Berliner Morgenpost* »eine Momentaufnahme, die plötzlich für eine Epoche steht«. Und für die *Washington Post* geht »das Bild direkt ins Herz«.

Doch der Junge auf dem Foto hat höchstwahrscheinlich Krieg und Verfolgung durch die Nationalsozialisten überlebt. Tsvi Nussbaum glaubt, das Kind auf dem Foto zu sein. Er holt tief Luft, sagt leise: »Ich wäre glücklicher, wenn es das Foto nicht geben würde. Und ich wünschte, ich wäre nicht der Junge auf dem Bild.« Dann sagt er einen Satz, der einen frösteln lässt: »Wenn ich tot wäre, hätte ich diese riesige Schuld nicht mein Leben lang mit mir herumschleppen müssen.« Das Wort »Schuld« begleitet Tsvi Nussbaum seit über 60 Jahren. Es ist sein »Lebenslänglich«. Es ist das Vor- und Nachher der Ikone.

Tsvi Nussbaum hat als Einziger seiner Familie den Holocaust überlebt – neben zwei Tanten, einem Onkel und zwei Cousins. Er steht auf, steigt mit mir die Treppe hinab in einen Ausstellungsraum des Museums. An der Wand hängen Erinnerungsplaketten. Tsvi Nussbaum tippt auf ein Messingschild, wortlos. »In Erinnerung an vier Generationen meiner Familie, die von den Nazis 1942 in Polen ermordet wurde«, steht darauf. Sein rechter Zeigefinger wandert über die Namen: Ilan Nussbaum – sein Bruder. Chana und Yosef Nussbaum – seine Eltern. Jacob und Ziporah Nussbaum sowie Ruchama Wiesenfeld – seine Großeltern. Genendel Nussbaum – seine Uroma. Seine Brille beschlägt, Tsvi Nussbaum greift zu einem Taschentuch. »Nur weil ich einen Auslandspass hatte, habe ich überlebt.« Niemand könne sich vorstellen, was er durchgemacht habe. Niemand könne es für möglich halten, was seiner Familie zugestoßen sei. Die Trauer sitzt tief, das Erinnern schmerzt. Tsvi Nussbaum kann dieser Schuld nicht entfliehen.

Um diese Schuld verstehen zu können, muss man das Schicksal der Familie Nussbaum kennen. Tsvis Eltern wandern 1935 von Sandomierz in Südostpolen nach Palästina aus. Kurz darauf kommt Tsvi zur Welt – und bekommt einen von der britischen Mandatsmacht in Palästina ausgestellten Pass. Doch die Lebensbedingungen für die junge Familie erweisen sich als zu hart. Auch der bewaffnete Aufstand der palästinensischen Nationalbewegung setzt der Familie zu. Bereits ein Jahr später kehrt die Familie in ihr Heimatdorf Sandomierz zurück. Ein fataler Schritt. Am 1. September 1939 überfällt die deutsche Wehrmacht Polen. Der Beginn des Zweiten Weltkriegs. Tsvis Familie wird im Spätsommer 1942 in Sandomierz ermordet, sein Bruder verschwindet spurlos. »Meine Eltern hatten mit Waren gehandelt. Das war aber Juden damals verboten«, erzählt Nussbaum. Er wisse nicht mehr, wann er seine Eltern zuletzt gesehen habe. Er wisse nur noch, dass sie auf einmal verschwunden gewesen seien. »Eine Fotografin, die meine Eltern kannte, nahm Ilan und mich auf«, fährt er fort. »Wir haben jeden Abend wie Katholiken gebetet, damit niemandem auffiel, dass wir Juden waren. Nach ein paar Tagen kam eine Freundin meiner Eltern vorbei und nahm mich nach Warschau mit. Sie konnte nur einen von uns beiden mitnehmen.« Seine Stimme gerät ins Stocken, seine Augen werden feucht. »Ich weiß nicht, warum sie mich mitnahm und nicht meinen Bruder ...« Nussbaum zieht ein Taschentuch aus seiner Lederjacke. »Ich habe Ilan nie wiedergesehen.«

Die Frau und Tsvi schlagen sich nach Warschau durch. Für die 190 Kilometer lange Strecke benötigen sie drei Tage. Nussbaum: »Diese

Freundin brachte mich zu meiner Tante und meinem Onkel. Zusammen versteckten wir uns als Nichtjuden im arischen Teil der Stadt.« Ein Jahr lang halten sie sich mit Erspartem über Wasser. »Als uns das Geld ausging, haben wir verzweifelt einen Weg gesucht, das Land zu verlassen. Plötzlich hörten wir von der Möglichkeit, dass Juden mit Auslandspässen quasi im Austausch gegen gefangene deutsche Soldaten der Alliierten das Land verlassen könnten, Sammelpunkt sei das Hotel Polski. Ein paar Tage haben wir im Hotel mit Dutzenden anderer Juden gewartet. Unsere Namen wurden auf einer sogenannten ›Palästina-Liste‹ festgehalten. Dann wurden wir verhaftet, nach draußen vor das Hotel gebracht. Und dann …« Er hält für einen Moment inne, setzt seine Brille ab. »Dann wurde das Foto gemacht.«

Tsvi Nussbaum war damals knapp acht Jahre alt. Er erinnert sich genau an den Moment. »Ein Soldat, der vor mir stand, befahl mir, die Hände zu heben.« SS-Schergen verlesen Namen, die auf der Liste stehen. Die Namen seines Onkels und seiner Tante stehen darauf. Beide werden auf einen Lkw verfrachtet. Doch Tsvis Name fehlt. »Weil wir aber den gleichen Nachnamen hatten, sprang mein Onkel vom Lkw wieder herunter, lief auf mich zu, umarmte mich und flüsterte: ›Küss mich‹. Er gab sich als mein Vater aus. Er intervenierte erfolgreich – ich durfte mit auf den Lkw.« Ein dramatischer Augenblick für die Familie. Er habe noch im Ohr, wie ein SS-Mann rief: »Ob wir die hier töten oder woanders, ist doch egal.«

Tsvi Nussbaum guckt aus dem Fenster. »Immer wenn heute mein Name auf irgendeiner Liste fehlt, denke ich, es geht wieder von vorn los.« Tsvi, sein Onkel und seine Tante werden ins Konzentrationslager Bergen-Belsen gebracht – und bleiben dort mehr als eineinhalb Jahre gefangen. »Als Juden mit einem Auslandspass wurden wir besser behandelt als andere Gefangene«, erzählt Nussbaum. »Aufgrund unserer Pässe bestand immer noch die Möglichkeit eines Austauschs. Man brachte uns in einer Baracke gegenüber der Küche unter. Wir hausten zwar mit 225 Juden auf engstem Raum, bekamen aber keine Nummer in unsere Arme tätowiert und trugen weiterhin unsere normale Kleidung.« Am 7. April 1945 treiben Wachmannschaften sie in einen Zug Richtung Magdeburg, wo sie am 13. April von amerikanischen Truppen befreit werden.

Nach dem Krieg wandert Tsvi Nussbaum über Belgien mit einem Schiff nach Palästina aus, zieht 1953 mit Onkel und Tante weiter in die USA. Er entkommt dem Holocaust. Er entkommt dem Krieg. Aber seinem subjektiven Schuldgefühl entkommt er nicht. Als Jugendlicher leidet er in Israel unter starken Depressionen. Tsvi Nussbaum will darüber nicht sprechen. Seine Frau Beverly, die ihn zu unserem Gespräch gefahren hat und auf dem Parkplatz neben dem Museum wartet, sagt:»Tsvi wollte Selbstmord begehen. Er lebte in einem Kibbuz und hatte bereits eine Postkarte an seinen Onkel geschrieben. Darauf stand, dass auch er sterben und seinen Eltern folgen wolle. Der Tod seiner Eltern und seines Bruders ist für ihn jahrelang ein Trauma gewesen.«

Als Nussbaum in die USA übersiedelt, fühlte er sich geradezu verpflichtet, Medizin zu studieren.»Mir blieb keine andere Wahl«, sagt er und zuckt mit den Schultern.»Meinem Onkel wurde im KZ der Kehlkopf zertrümmert, er hatte große Sprechprobleme. Ich musste Hals-Nasen-Ohren-Arzt werden, um ihm helfen zu können.« In den USA sieht der Doktor zum ersten Mal das berühmte Bild. Er wisse nicht mehr, wann und wo er es gesehen habe und bei welcher Gelegenheit. Aber an seinen ersten Gedanken könne er sich gut erinnern.»Ich dachte, der Junge sieht ja aus wie ich«, sagt Tsvi Nussbaum.»Nur passte überhaupt nichts zusammen, denn allgemein wurde ja angenommen, dass das Bild im Warschauer Getto aufgenommen wurde. Aber im Getto bin ich nie gewesen.«

Sein Freund Marc Berkowitz, Überlebender des KZ-Arztes Josef Mengele in Auschwitz und in Kreisen der Holocaust-Überlebenden eine prominente Figur, forscht nach, fügt verschiedene Puzzleteile zusammen. Und ist sich schließlich sicher: Der Junge auf dem Bild ist sein Freund. Es muss Tsvi sein!»Das Foto ist am 13. Juli 1943 vor dem Hotel Polski entstanden. Also nach der Zerschlagung des Gettos im Frühjahr«, erklärt Tsvi Nussbaum.»Mein Onkel und meine Tante wussten noch genau, dass wir Mitte Juli 1943 von Warschau nach Bergen-Belsen gebracht worden sind. Und nach meiner Befreiung durch amerikanische Truppen bekam ich von den US-Behörden ein Dokument ausgestellt, dass ich vom 15. Juli 1943 bis zum 7. April 1945 in Bergen-Belsen war. Von Warschau nach Bergen-Belsen dauerte es damals zwei Tage mit dem Zug«, erläutert er. Und weiter:»Ich trage auf dem Bild – genau wie die anderen Juden auch – keinen Judenstern. Meine Tante konnte sich sehr gut an meine Kleidung auf dem Foto erinnern. Den Wintermantel hatte ich an, weil man natürlich das Schwerste, was man mitnehmen darf, am eigenen Körper trägt. Zudem hatte mein Onkel genau die Szene im Kopf, warum ich allein auf der Straße stand. Weil doch mein Name auf der Liste fehlte.«

Jahrelang wird angenommen, dass das Bild im Warschauer Getto aufgenommen wurde. Nach dem verzweifelten Aufstand der Gettobewohner räumen deutsche Besatzungstruppen im Frühjahr 1943 den Bezirk. Im Mai meldet SS-Brigadeführer Jürgen Stroop an Heinrich Himmler, Reichsführer SS, in kaltem Bürokratendeutsch:»Es gibt keinen jüdischen Wohnbezirk in Warschau mehr!« Stroops Abschlussbericht, den er an Himmler übergibt, enthält neben genauen Beschreibungen auch eine Serie von fünfzig Fotos aus der Zeit des Aufstandes. Das Foto des kleinen Jungen trägt die Bildunterschrift »Mit Gewalt aus Bunkern hervorgeholt.« Erwiesen ist, dass einige der Bilder nicht im Getto aufgenommen worden sind. Auch seines? Nussbaum zuckt mit den Achseln:»Alle Zweifel an diesem Bild könnten beseitigt werden, wenn man wüsste, wann Himmler das Buch von Stroop bekommen hat.« Insgesamt existierten vier Bücher im Original, drei davon waren in Leder gebunden. Zwei der Alben sind verschwunden, je ein Exemplar wird in Archiven in Warschau und Washington aufbewahrt.»Ich würde mir gern mal das Original ansehen«, sagt Nussbaum,»aber ich fahre deshalb nicht nach Washington.« Er schmunzelt.»Der Band müsste schon zu mir gebracht werden.«

Nach dem Krieg dient der Stroop-Bericht als Beweismittel bei den Nürnberger Prozessen. Das Foto des kleinen Jungen mit dem SS-Schergen im Hintergrund wird dabei erstmals in der Öffentlichkeit gezeigt. Die Identität des SS-Mannes ist seit Jahren bekannt: Josef Blösche, verantwortlich für den Mord an Hunderten Juden. Der damals 29-Jährige gilt ob seiner Brutalität als »Frankenstein« im Warschauer Getto.»Blösche kommt« war dort eine gefürchtete Warnung, wenn er durchs Getto fuhr und Menschen erschoss. Ein Jahr nach Kriegsende entstellt ein Arbeitsunfall in einem tschechischen Bergwerk sein Äußeres. Blösche lebt mehr als 20 Jahre als Bergmann und Vater eines Sohnes und einer Tochter unerkannt, aber unter seinem richtigen Namen in Urbach in der ehemaligen DDR.

Niemand hätte ihn als Mörder aus dem Warschauer Getto identifizieren können. Erst 1965 macht das Hamburger Landgericht die DDR auf den ehemaligen SS-Mann aufmerksam. Blösche wird im Januar 1967 verhaftet, 1969 vom Bezirksgericht in Erfurt wegen Kriegsverbrechen und Verbrechen gegen die Menschlichkeit zum Tode verurteilt und durch Genickschuss getötet. Es ist eines der letzten Todesurteile, die in Deutschland vollstreckt werden.

Tsvi Nussbaum lässt das Schicksal des Mannes kalt, der seit Jahrzehnten mit ihm auf dem berühmten Bild zu sehen ist, das bei ihm zu Hause im Wohnzimmer eingerahmt auf einem Regal steht. »Ich habe keine Emotionen für diesen Mann übrig. Blösche war in die Gräueltaten im Getto involviert. Als wir vor dem Hotel Polski auf den Lkw verfrachtet wurden, stand er nur im Hintergrund. Er hat uns nichts getan.« Viel emotionaler sei er gewesen, als Adolf Eichmann, der Organisator der Deportationen, vom israelischen Geheimdienst in Argentinien entführt, nach Israel gebracht und 1961 in Israel gehenkt wurde. »Da war ich tief bewegt. Mit dem Todesurteil war ich vollkommen einverstanden.«

Während Blösche auf dem Foto zweifelsfrei identifiziert werden konnte, bleibt die Identität des Jungen lange ungeklärt. Bis 1982. Nachdem Nussbaums Freund Berkowitz überzeugt war, dass es sich auf dem Bild um Tsvi handelt, gewinnt die »Israel Bond Organization« Nussbaum als Hauptredner auf Veranstaltungen für Holocaust-Überlebende. »Ich habe in Kanada, Kalifornien und in Florida gesprochen, fast überall. Das war ganz schön stressig.« Wieder muss Nussbaum lächeln. *The Jewish Week,* eine kleine Zeitung aus New York, bekommt Wind davon und veröffentlicht eine Titelgeschichte. Kurz darauf macht die *New York Times* Tsvi Nussbaums Geschichte publik, Titel: »Ein Arzt aus der Umgebung glaubt, der Junge auf dem Holocaust-Foto auf der Straße in Warschau zu sein.«

Tsvi Nussbaum steht damit plötzlich – »ungewollt« – im Rampenlicht. Die *New York Times* schreibt, dass einige jüdische Gelehrte überzeugt seien, die Symbolkraft des Bildes werde geschwächt, wenn der Junge überlebt haben sollte. Lucjan Dobroszycki, eine Autorität in polnischer und osteuropäischer jüdischer Geschichte, sagt, dass das »Bild zu geheiligt sei, um Leute damit machen zu lassen, was sie wollen«. Das Blatt zitiert Nussbaum mit den Worten:»Ich hätte es nie für möglich gehalten, dass jemand das gesamte Gewicht von sechs Millionen getöteten Juden auf dieses Bild legt.« Plötzlich steht er im Mittelpunkt einer Kontroverse, die er »weder gewollt noch erwartet hatte«.

Selbst sein Freund Berkowitz ist schockiert, dass ausgerechnet der Junge auf dem symbolträchtigen Bild den Massenmord der Nazis überlebt hat. Nussbaum schüttelt den Kopf.»Können Sie sich vorstellen, was das für mich bedeutet hat? Ich habe meinem Freund gesagt, dass ich auch froh wäre, wenn ich nicht das Kind auf dem Foto wäre. Aber ...« Wieder sucht Tsvi Nussbaum in seiner Plastiktüte. Zum Vergleich legt er zwei Fotos aus dem Sommer 1945 neben das berühmte Bild. Und tatsächlich: Der zehnjährige Tsvi ist dem Jungen aus Warschau zum Verwechseln ähnlich. Tsvi Nussbaum weiß, dass es keinen endgültigen Beweis gibt. Er ist für ihn auch nicht entscheidend. Selbst wenn er doch nicht der Junge auf dem berühmten Bild sei, repräsentiere er ihn.»Eineinhalb Millionen jüdischen Kindern wurde befohlen, die Hände zu heben und sich zu ergeben«, sagt er. Tsvi Nussbaum will keine Legende kreieren, die für ihn zu einer privaten Wahrheit wird. Aber was dafür spricht, verteidigt er mit Nachdruck.

Nussbaum erhält Einladungen von Schulen im New Yorker Umland, soll über seine Erfahrungen sprechen.»Dort war ich die Attraktion«, erinnert er sich, »aber es war zu schmerzhaft für mich, immer wieder aus meinem Leben zu erzählen. Ich fange generell sehr schnell an zu weinen. Irgendwann konnte ich nicht mehr und habe die Vorträge wieder aufgegeben.« 1990 dreht ein Kamerateam aus Finnland und Frankreich den Dokumentarfilm »Tsvi Nussbaum. Ein Junge aus Warschau.« Nussbaum: »Vor der Kamera und fremden Leuten zu sprechen, war für mich viel einfacher. Ich habe den Film meinen Kindern gezeigt. Ich selbst hätte mit ihnen darüber nicht sprechen können.« Noch heute bekomme er ein paar Briefe pro Woche, auch Autogrammpost sei darunter. Er beantworte die Briefe, seine Unterschrift setze er aber generell nicht unter das berühmte Bild, sondern nur auf die Rückseite des Vergleichsbildes. Wieder schmunzelt er:»Solange es keinen 100-prozentigen Beweis gibt ...«

Tsvi Nussbaum ist ein schüchterner Mensch, aber überraschend vertrauensselig. Sein trockener Humor ist ansteckend. Mich zu Hause empfangen könne er nicht, teilt er mir Tage vorher am Telefon mit, dort sei es zu unaufgeräumt. »Wissen Sie, seit unsere Kinder aus dem Haus sind und meine Frau und ich hier allein leben, ist es bei uns nicht mehr so sauber.« Sein Lachen ist ansteckend. Aber nach ein paar Sekunden wird er sehr ernst und nachdenklich. Und wirft wieder einen Blick zurück, er kann nicht anders. »Ich komme aus dieser Schlinge nicht heraus. Mein Problem ist, dass sich mein ganzes Leben nur um die Vergangenheit dreht.« Der alte Mann und das Bild – selbst im Wartezimmer seiner Arztpraxis hängt das schicksalhafte Foto. »Es war wie ein Zwang. Ich musste es dort aufhängen.«

Tsvi Nussbaum kommt in der Gegenwart nur an, wenn er mit seiner Frau und den vier gemeinsamen Töchtern Chani, Susi, Karen und Stephanie spricht. Die drei Erstgenannten arbeiten als Lehrerin, Architektin und Psychologin. Die vierte zieht drei Kinder groß. Nussbaum hat Angst, dass die Gegenwart zur Vergangenheit werden könnte. Dass seine Töchter in Deutschland Urlaub machen oder einen deutschen Freund mit nach Hause bringen könnten. Als ich Stephanie, die Architektin, ein paar Tage später anrufe, sagt sie: »Papa zuliebe kommt das gar nicht infrage. Wir haben ihn immer in Ruhe gelassen. Das Thema Holocaust haben wir fast nie angesprochen.«

1997 besucht er mit Beverly und den Kindern sein Heimatdorf Sandomierz in Polen. Er will der Schuld, überlebt zu haben – »meiner Schuld« – ins Auge sehen. Er will vor der Vergangenheit nicht davonlaufen. Das Flugzeug muss in Frankfurt zwischenlanden. Tsvi Nussbaum weigert sich, den Flieger zu verlassen. Deutschen Boden will er nicht mehr betreten, seit der Ermordung seiner Familie durch Hitler-Deutschland, seit seiner Zeit im KZ nicht mehr. Niemals wäre er auf die Idee gekommen, eine Rente als Akt der Wiedergutmachung vom deutschen Staat zu beantragen. In Sandomierz, wo heute 27 000 Menschen leben, steht noch sein Elternhaus. Nussbaum zeigt ein Foto: Die ockergelbe Farbe des Hauses in der 1 Ulkosciuszki blättert ab, im 2. Stock hängt eine Parabolantenne aus dem Fenster, die Gitter der Balkone rosten. Aber der Bürgersteig vor dem Haus ist gerade neu gepflastert worden. Nussbaum ist bewegt, man sieht es ihm an. »Es war der traurigste Tag in meinem Leben, obwohl ich keine Erinnerungen an mein Elternhaus habe«, sagt er. »Es wurde noch viel schlimmer«, erzählt Stephanie am Telefon, »als wir zum jüdischen Friedhof gingen. Papa war tief bewegt. Der Friedhof war das eigentliche Ziel unserer Reise. Wir hatten gehört, dass eventuell meine Oma hier beerdigt worden sein könnte. Der Friedhof wurde zwar von den Nazis zerstört, aber es lagen noch Grabsteine herum. Manche waren umgestürzt und auseinandergebrochen. Papa konnte das nicht mit ansehen und schickte meine Schwestern und mich voraus. Er kam aber dann nach. Meinen Vater habe ich nie wieder derart bewegt gesehen.«

Tsvi Nussbaum klappt den Deckel des Fotoalbums mit den Reisebildern zu, packt es in eine Plastiktüte. Wir haben viel länger miteinander gesprochen als geplant war. Seine Frau will nun endlich mit ihm das frühlingshafte Wetter genießen. Zum Abschied gibt er mir die Hand, Beverly bringt ihn zum Auto. Seit Stunden liegt mir die Frage auf der Zunge, warum er überhaupt bereit war, mit einem deutschen Journalisten über sein Leben zu sprechen. Bevor Tsvi Nussbaum einsteigt, dreht er sich um. »Als die SS in Bergen-Belsen geflohen war, litt ich an einer akuten Blinddarmentzündung. Ein Arzt und sein Sohn retteten mir das Leben.« Er schaut mich durchdringend an, sagt dann leise: »Es war ein deutscher Arzt.«

Im Gegensatz zu Tsvi Nussbaum hätte Alfred Czech viel dafür gegeben, wieder deutschen Boden betreten zu dürfen. Nach dem Krieg und zwei Jahren Gefangenschaft kehrt Czech 1947 zurück nach Hause und arbeitet als Kumpel in einer Zeche im ehemaligen Oberschlesien, das nun Teil von Polen ist. 13 Ausreiseanträge stellt er nach dem Krieg, alle werden abgelehnt. Erst der 14. erlaubt ihm und seiner Frau Gertrud, mit der er seit 1951 verheiratet ist und zehn Kinder großzieht, 1964 die Übersiedlung nach Westdeutschland.

Das Interview mit Alfred Czech 2006 führe ich am Telefon. Der Fotograf reist ein paar Tage später zu ihm nach Hückelhoven und macht ein Foto, auf dem Czech im dunkelgrünen Polohemd auf einem Trecker auf dem Feld vor seinem Haus sitzt. Zwar guckt Alfred Czech missmutig in die Kamera, doch es ist sein Wunsch, auf einem Trecker fotografiert zu werden. Es erinnert ihn an damals, an seine Heldentat. Er ist 73 Jahre alt, schon lange in Rente. Wir sprechen über sein berühmtes Bild, dessen Entstehung nun mehr als 60 Jahre zurückliegt. Über das Treffen von Hitler mit den Hitlerjungen am 20. März

1945 titelte damals eine Zeitung: »Kampfbewährte deutsche Jugend beim Führer.« Und die Deutsche Wochenschau berichtete zwei Tage später über die Ehrung: »Der Führer empfing in seinem Hauptquartier Reichsjugendführer Artur Axmann mit einer Abordnung von 20 Hitlerjungen, die sich bei der Verteidigung ihrer Heimat bewährt haben und dadurch mit dem Eisernen Kreuz ausgezeichnet wurden. Mit diesen Hitlerjungen war vor dem Führer symbolisch die deutsche Jugend angetreten, die zurzeit als treuester Helfer unserer Soldaten und des Volkssturms überall auf deutschem Boden mutig und unerschrocken im höchsten Einsatz steht.«

Das berühmte Bild liegt heute noch in der Datenbank der Nachrichtenagentur AP, versehen mit dem Hinweis, dass es von einem »Nazi-Fotografen« angefertigt worden sei.

**Herr Czech, als Zwölfjähriger haben Sie das Eiserne Kreuz verliehen bekommen. Wofür?**

Eine Gruppe deutscher Soldaten geriet Anfang 1945 in meinem Heimatort Goldenau in Schlesien unter Granatenbeschuss der Sowjetarmee. Ich war erst zwölf, konnte aber schon den Traktor meines Vaters fahren. Mit dem habe ich zunächst acht verwundete Soldaten aus dem Schussfeld gebracht, mit einer zweiten Fuhre noch einmal vier. Ein paar Tage später stand ein Offizier bei uns in der Tür und sagte, dass ich in Berlin eine Auszeichnung erhalten würde.

**Und Ihre Eltern haben Sie gehen lassen?**

Meine Mutter war dagegen, hatte Angst, dass mir unterwegs etwas zustoßen könnte. Aber mein Vater hat sich durchgesetzt. Und ich war stolz über beide Ohren.

**Was geschah dann?**

Ich bekam in Breslau eine neue Uniform und wurde nach Berlin gebracht. Es wird ja oft behauptet, dass der Wochenschaubericht und damit das berühmte Foto an Hitlers Geburtstag am 20. April 1945 entstand. Aber das stimmt nicht. Es war einen Monat früher, am 20. März 1945.

**Woran erinnern Sie sich?**

Ich wurde zur Reichskanzlei gebracht, durfte duschen und musste mich in einer Reihe mit 19 anderen Jungen aufstellen. Dann kam Hitler. Er sagte, dass er stolz auf uns sei. Er gab mir die Hand, tätschelte meine Wange:»So, du bist der Jüngste von allen? Hast du keine Angst gehabt?« Ich antwortete:»Nein, mein Führer.« Er sagte noch »Weiter so«, dann war alles auch schon wieder vorbei. Danach wurden wir zu einem Essen mit Hitler in den Bunker der Reichskanzlei eingeladen. Wir durften uns etwas wünschen. Ich bekam ein Akkordeon. Hitler fragte uns, ob wir nach Hause wollten oder an die Front. Ich antwortete:»An die Front, mein Führer.«

**Erschreckend, oder?**

Ich war jung und dumm. Für mich war das irgendwie natürlich, dass ich nach der Verleihung noch schnell an der Panzerfaust ausgebildet und an die Front geschickt wurde. Gedanken habe ich mir erst in der Gefangenschaft gemacht.

**Wie haben Sie das Kriegsende erlebt?**

Im Sudetenland wurde ich durch einen Lungendurchschuss verwundet. Ein Oberleutnant riet mir kurz vor der Festnahme, dass ich meine Uniform und das Eiserne Kreuz wegwerfen sollte. Das habe ich getan. Vor ein paar Jahren habe ich bei einem Trödelhändler ein anderes gekauft.

**Hitler und Sie auf einem Foto – wie gehen Sie heute mit dem Bild um?**

Ich habe es vergrößern lassen, auf 80 mal 80 Zentimeter, und schaue es mir täglich an, es hängt im Wohnzimmer. Nur einen Rahmen habe ich noch nicht gefunden.

**Keine Probleme, das Bild eines Verbrechers an der Wand hängen zu haben?**

Warum? Das Bild gehört zu meinem Leben. Ich habe aber keinen Kontakt mehr zu den anderen Jungen, will auch am liebsten in Ruhe gelassen werden. Aber meine 10 Kinder und 20 Enkelkinder fragen schon manchmal.

**Wie konnten Sie Ihre Familie ernähren?**

Nach dem Krieg habe ich erst in der Zeche Bolken bei Goldenau gearbeitet. 1964 bin ich nach Deutschland übergesiedelt, war als Zimmermann tätig. Aufgrund meiner Kriegsverletzung konnte ich allerdings nur noch sporadisch arbeiten. 1982 bin ich in Rente gegangen.

**Und wie verbringen Sie seitdem Ihre Tage?**

Manchmal spanne ich eines meiner vier Pferde vor meine alte Kutsche und fahre mit meiner Frau und einigen Enkelkindern übers Land. Ich kann ja nicht den ganzen Tag Fernsehen gucken oder auf das Bild starren.

Bei Alfred Czech hat es nie Diskussionen gegeben, ob er wirklich derjenige ist, der als jüngster Träger des Eisernen Kreuzes von Hitler ausgezeichnet und getätschelt wird. Bei Tsvi Nussbaum dagegen sind bis heute nicht alle Zweifel ausgeräumt, ob es sich bei ihm tatsächlich um den Jungen von Warschau handelt.

Ich frage Guido Knopp, der sich als *ZDF*-Historiker ausgiebig mit Nussbaums Geschichte auseinandergesetzt hat. Seine Antwort: »Niemand scheint in der Lage zu sein, zu beweisen, dass es sich bei dem Jungen auf dem Foto nicht um Tsvi Nussbaum handelt; gleichzeitig wird Tsvi Nussbaum selbst auch den letzten Beweis schuldig bleiben. Er weiß das – und er ist in den Interviews, die er uns gegeben hat, immer offen mit dem Zweifel umgegangen. Es spricht viel für seine Version – das habe ich öffentlich mehrfach genauso geäußert. Sämtliche Zweifel an seiner Version sind in einem älteren Buch von mir, das 1992 unter dem Titel ›Bilder, die Geschichte machten‹ erschien, dargelegt worden. Alle Vorbehalte, die dort erwähnt werden, sind noch immer gültig. Ebenso gültig ist aber auch Nussbaums Kommentar zu der Frage, wie wichtig es ihm sei, sich in dem Bild wiederzufinden: ›Das ist für mich überhaupt nicht wichtig. Ich habe oftmals gesagt, ich wünschte, dass ich es nicht bin und dieser Junge ebenfalls heute noch lebt. Das würde nämlich bedeuten, dass damals noch ein anderer kleiner jüdischer Junge überlebt hat.‹ In einem späteren Interview hat er diese Aussage sehr emotional und unter Tränen wiederholt.«

Was auffällt, ist der unterschiedliche Umgang mit den Bildern. Während Tsvi Nussbaum mit seinem Foto – verständlicherweise – lebenslang hadert und sich schuldig fühlt, überlebt zu haben, geht Adolf Czech entspannt mit seinem berühmt gewordenen Bild um. Beide Männer sterben fast zur selben Zeit und im gleichen Alter: Nussbaum 2012 mit 76 Jahren, Czech 2011 im Alter von 78 Jahren.

Adolf Czech und Tsvi Nussbaum – zwei deutsche Kriegskinder-Schicksale. Ihrer Vergangenheit sind sie nie entkommen.

# Anatoly Shapiro, Auschwitz-Befreier

Anatoly Shapiro (1913–2005) gilt als Befreier des NS-Konzentrationslagers Auschwitz. Der Major der sowjetischen Roten Armee dient nach dem Überfall der Wehrmacht auf die Sowjetunion 1941 zunächst in mehreren Divisionen an verschiedenen Fronten. Das Bataillon der 1. Ukrainischen Front, das der jüdische Soldat Anfang 1945 kommandiert, erreicht am 27. Januar als erstes das KZ Auschwitz – und Shapiro persönlich öffnet das Tor zum Stammlager Auschwitz I. Nach dem Krieg lebt Shapiro in der Sowjetunion, emigriert 1992 in die USA, wo er auf Coney Island in der Nähe von New York seinen Lebensabend verbringt. Ich besuche den 92-Jährigen in seiner Wohnung im Juni 2005, vier Monate vor seinem Tod. Der 27. Januar ist heute Internationaler Holocaust-Gedenktag.

* * *

Es ist ihr erstes Mal überhaupt vor Gericht. Erna de Vries ist schon weit über 90. Die elegante Dame steht 2016 vor der Schwurgerichtskammer des Landgerichts Detmold und tritt als Nebenklägerin auf. Sie trägt weiße Bluse, Ohrringe, dunkles Jackett und Halskette. Ihr weißes Haar fällt nach hinten. Erna de Vries aus Lathen im Emsland sieht würdevoll aus.

Am zweiten Verhandlungstag im voraussichtlich letzten Auschwitz-Prozess in Deutschland erzählt die Holocaust-Überlebende mit klarer Stimme vom Grauen im Vernichtungslager. Ein Grauen, das man kaum in Worte fassen kann. Ein Grauen, das sie vor 73 Jahren erlebt hat.

Angeklagt ist Reinhold Hanning, ein ehemaliger SS-Wachmann aus Lage in Nordrhein-Westfalen, der von Januar 1943 bis Juni 1944 in Auschwitz tätig war, zwei Jahre älter als Erna de Vries ist und ehemaliger Molkereibesitzer. Als die – nach Nazi-Jargon – »Halbjüdin« von Juli bis September 1943 in Auschwitz-Birkenau inhaftiert ist, wird Hanning vom SS-Rottenführer zum SS-Unterscharführer befördert. Vor Gericht legt Hanning zwar kein Geständnis bezüglich der ihm vorgeworfenen Beihilfe zum Mord ab, verliest aber eine Erklärung, in der er um Entschuldigung bittet. Reinhold Hanning wird wegen Beihilfe zum Mord an mindestens 170 000 Menschen in Auschwitz zu fünf Jahren Haft verurteilt.

Kurz vor ihrem 95. Geburtstag am Wohnzimmertisch zu Hause in Lathen sagt Erna de Vries: »Es ist eine Genugtuung für mich, dass sie nicht alle haben umbringen können.« Die damals 19-Jährige überlebt Auschwitz, ihre Mutter nicht.

Auschwitz gilt als Jahrhundertverbrechen der Deutschen und als Symbol schlechthin für den Holocaust. Zwischen 1940 und 1945 wurden allein im Stammlager Auschwitz und im angrenzenden Vernichtungslager Auschwitz-Birkenau zwischen 1,1 und 1,5 Millionen Menschen, die meisten von ihnen Juden, durch Vergasen, Erschießen oder Verhungernlassen ermordet. Viele wurden gleich nach ihrer Ankunft in Viehwaggons an der Rampe aussortiert und ins Gas geschickt.

Die Rote Armee der Sowjetunion befreit Auschwitz am 27. Januar 1945. Was Anatoly Shapiro sieht, als er das Eisentor öffnet, wird er nie vergessen. Der Major der sowjetischen Streitkräfte ist der Kommandeur des Bataillons der 1. Ukrainischen Front, das das Lager befreit. Seine Einheit entmint die Zugänge, Shapiro öffnet das Tor und betritt als Erster das Lager. Erna de Vries kennt Anatoly Shapiro nicht. Die beiden sind sich nie begegnet. Sie weiß auch nicht, dass der sowjetische Major Jude ist. Doch die Geschichte des Mannes, der – eineinhalb Jahre nach ihrer Zeit dort – Auschwitz gewissermaßen »von der anderen Seite« erlebt, interessiert sie.

Ich besuche den Mann, der Auschwitz befreit hat, 2005 in seiner Wohnung in New York City. Das Schwarz-Weiß-Foto passt nicht so recht zwischen die grellbunten Landschaftsbilder. Fein gerahmt zeigt es einen ehemaligen Sowjetmajor in Uniform mit vielen Auszeichnungen auf der Brust. Das Porträt hängt im Wohnzimmer eines Mehrfamilienhauses auf Coney Island im New Yorker Stadtteil Brooklyn. »Dobryj djen«, sagt Anatoly Shapiro und bittet mit einer einladenden Geste, auf dem Polstersofa Platz zu nehmen. Der Dolmetscher übersetzt.

Shapiro ist 92 Jahre alt, spricht kein Englisch. Er lebt ja auch erst seit 14 Jahren in New York und russisch sprechende Juden gibt es hier genug. Selbst die Bedienungsanleitung im Aufzug ist in Kyrillisch geschrieben. Shapiro ist gebrechlich. Er hat vor wenigen Monaten einen Herzinfarkt überstanden. Nur selten verlässt er die kleine Zweizimmerwohnung. Er trägt einen dunkelblauen Schlafanzug, Hornbrille und dicke Plüschpantoffeln. Er schiebt sein Gehgestell zur Seite und lässt sich in einen Rollstuhl fallen. »Bring die Uniform und ein weißes Hemd«, bittet Shapiro einen Pfleger, der ihm tagsüber in der Wohnung hilft und von der staatlichen Gesundheitshilfe Social Security bezahlt wird. An der Jacke hängen 18 Medaillen, fünf russische Auszeichnungen und zwei rote Sterne.

»Ich habe Auschwitz nicht als Jude befreit, sondern als Kommandant der Roten Armee. Darauf bin ich stolz«, sagt er.

Shapiro zwängt sich mühsam im Rollstuhl in die Uniformjacke, streicht die Orden zurecht und erzählt: »Mein Bataillon bestand aus 900 Männern. Die Deutschen kämpften erbittert in Krakau. Wir hatten hohe Verluste, fast die Hälfte meiner Soldaten fiel.« Nach der Befreiung Krakaus habe er zum ersten Mal den Namen Auschwitz gehört: »Einheimische Polen erzählten uns, dass in der Nähe ein Lager sei, in dem Juden eingesperrt wären. Ich wusste davon überhaupt nichts, schon gar nicht, dass dort Juden systematisch umgebracht wurden.«

Drei Tage nach dem Fall Krakaus erreichen seine Truppen das Lager, 60 Kilometer südwestlich der Stadt. Der 27. Januar 1945 ist ein Samstag. Deutsche Soldaten und die SS-Wachmannschaften sind längst geflohen. »Wir brauchten fast drei Stunden, bis wir die verminten Tore entschärft hatten. Was ich dann sah, werde ich nie wieder vergessen. Skelette von Menschen kamen mir entgegen. Sie trugen Streifenanzüge, keine Schuhe. Es war eisig kalt. Sie konnten nicht sprechen, noch nicht einmal ihre Köpfe wenden. Ich habe ihnen auf Russisch entgegengerufen: ›Die Sowjetarmee hat euch befreit!‹ Einige polnische Juden konnten mich verstehen, schauten mich aber nur ungläubig an und berührten mich an Armen und Händen.«

Was Shapiro dann erzählt, klingt auch 60 Jahre später auf dem weichen Sofa einer New Yorker Wohnung so unvorstellbar, wie es wirklich war: »Wir sind von Baracke zu Baracke marschiert. Durch den Wind waren wir bedeckt von Asche, der Schnee war schwarz. Die Krematorien waren noch warm. Auf einer Baracke stand das deutsche Wort ›Damen‹. Als ich hineinging, war der Boden mit Blut und Exkrementen bedeckt. Tote Frauen lagen darin, dazwischen lebende, die nicht bekleidet waren. Der Gestank war bestialisch. Länger als fünf Minuten konnte man es dort nicht aushalten.«

Knapp 8 000 Gefangene leben noch, als Kommandant Shapiro und seine Truppen das Lager befreien. »Wir kochten Gemüse- und Hühnersuppe«, sagt der ehemalige Major, »doch viele konnten gar nichts essen, weil ihre Mägen überhaupt keine Nahrung mehr aufnahmen.« Viele seiner Soldaten seien derart schockiert gewesen, dass sie Rache an den Deutschen üben wollten. Shapiro nimmt seine Brille ab, putzt die Gläser. »Aber ich habe mich entschieden dagegen gewehrt. Ich habe gesagt, dass man nicht alle Deutschen über einen Kamm scheren könne. Nur Hitler und seine Gefolgsleute müssten für ihre Taten zur Rechenschaft gezogen werden.« Er wurde dennoch Zeuge von Plünderungen durch russische Soldaten.

Anatoly Shapiro dreht sich zu seiner Frau Vita um, die schweigend im Sessel zugehört hat. »Sitzt die Jacke?«, fragt er sie. Vita nickt stumm.

Kriegshelden werden in der Sowjetunion öffentlich geehrt: Die Eroberer Berlins und Verteidiger Moskaus sind auf Briefmarken verewigt, mit Straßennamen ausgezeichnet und durch Beförderungen belohnt worden. Shapiro bekommt zwei Rote Sterne an die Brust. »Es waren halt nur Juden im Camp«, sagt Shapiro ein wenig bitter, denn der Antisemitismus lebt auch nach 1945 weiter. »Als Jude in der Sowjetunion zu leben, war schwierig«, fügt Shapiro hinzu. »Über meine Erlebnisse in Auschwitz konnte ich nur im engsten Freundeskreis reden. Hätte ich öffentlich gesprochen, wäre ich ins Gefängnis gekommen. Auch in Schulen durfte ich nicht auftreten.« Obwohl er nicht besonders religiös gewesen sei, sondern vielmehr ein überzeugter Anhänger des Kommunismus. Trotz aller Repressalien änderte sich seine Überzeugung nicht.

Nach dem Krieg arbeitet Shapiro in einer Waffenfabrik in Kaliningrad, schuftet in Sibirien und in der Ukraine als Bauingenieur. 1972 zieht er als Rentner an den Stadtrand Moskaus. Von 130 Rubel im Monat kann er sich und seine Frau nur mühsam ernähren. 1991, als der Eiserne Vorhang gefallen ist, reist er in die USA aus. »Wir konnten die vielen Aufmärsche der Neonazis nicht mit ansehen«, sagt Vita. »Sogar in der Nachbarschaft riefen sie ihre Parolen.«

Bei den Vorbereitungen zum 60. Jahrestag der Befreiung von Auschwitz entdecken Mitarbeiter des polnischen Präsidenten Alexander Kwaśniewski im Museum von Auschwitz sein Bild. Sie finden Shapiros Wohnort heraus und laden den alten Mann zu den Feierlichkeiten im Januar 2005 nach Krakau ein. Shapiro soll eine Rede im Słovacki-Theater halten, direkt nach dem polnischen Präsidenten. Doch Shapiro winkt ab: »Mir ging es schlecht und die Reise wäre zu beschwerlich gewesen«, sagt er. Zumindest zu einer Videobotschaft lässt er sich überreden, aufgenommen in seiner New Yorker Wohnung: »Ich möchte mich an alle Menschen auf dieser Erde wenden: Vereinigen Sie sich und verharmlosen Sie nicht das Böse, das begangen wurde. Auschwitz darf sich nie wiederholen.«

Jetzt, am Ende seines Lebens, erhält Shapiro noch drei Auszeichnungen: Der polnische Generalkonsul in New York fährt zu Shapiro nach Coney

Island und überreicht ihm in seinem Wohnzimmer das »Verdienstkreuz der Republik Polen«, die höchste polnische Auszeichnung. Shapiro sitzt im Rollstuhl, Vita im Sessel neben ihm. Vor ein paar Monaten würdigt die Stadt New York ihn als »Mann des Jahres«. Zuletzt wird ihm vom russischen Präsidenten Wladimir Putin eine Medaille durch die Jüdische Gemeinde in Brooklyn übergeben. »Auszeichnungen haben mir nie besonders viel bedeutet«, sagt Shapiro. Manchmal, wenn die Schmerzen es erlauben, geht Anatoly Shapiro ins Konzert. Dann sitzt der alte Mann im Rollstuhl ganz hinten im Saal und hört dem Chor der Jüdischen Gemeinde zu. »Doch meine Gedanken kreisen nur um den nächsten medizinischen Eingriff«, sagt Shapiro, »ich bin halt kein Kind mehr.« Eigentlich mag er nicht sonderlich gern über seine Erlebnisse sprechen. »Aber die Welt soll wissen, was damals passierte.«

Auch Erna de Vries ist kein Kind mehr. Und auch sie will der Welt erzählen, was damals in Auschwitz geschehen ist. Wenn Erna de Vries heute ihre hellblaue Bluse hochkrempelt, ist die eintätowierte Häftlingsnummer auf ihrem linken Unterarm noch immer gut zu sehen: 50462. Sie sieht fast wie neu aus. »Es tat weh, als die SS mich in Auschwitz tätowiert hat«, sagt sie. »Das waren schmerzhafte Nadelstiche.« Dabei unterläuft den Nazi-Schergen ein Fehler. Aufgrund des Alphabets bekommt Erna de Vries die Häftlingsnummer ihrer Mutter und ihre Mutter die der Tochter.

Erna de Vries' Vater ist Christ und Spediteur in Kaiserslautern. Er verstirbt bereits 1931. Ihre Mutter ist Jüdin und soll 1943 nach Auschwitz deportiert werden. Erna de Vries will sie jedoch nicht verlassen und geht freiwillig mit – so unvorstellbar das heute klingen mag. »Der Gestapo-Mann fragte mich: ›Sie wollen mit Ihrer Mutter? Sie kommt nach Auschwitz.‹ Und ich sagte: ›Ja. Ich lasse meine Mutter nicht allein.‹ Er fragte mich noch einmal: ›Sie wollen wirklich mit Ihrer Mutter?‹ Woraufhin ich antwortete: ›Wo meine Mutter hingeht, möchte ich auch hingehen.‹ Und der Mann meinte: ›Sie wären ein schlechtes Kind, wenn das nicht so wäre.‹ Dieser Gestapo-Mann, ich glaube, er hieß Zöllner, war unglaublich zynisch, denn er wusste ja, dass Auschwitz für mich den Tod bedeutete«, sagt Erna de Vries. Sie habe damals bereits eine gewisse Vorstellung von dem gehabt, was der Gang nach Auschwitz bedeuten könnte. Sie habe im britischen Radio Berichte gehört von Transporten in

Viehwaggons und Schüssen an der Rampe. Ihre Mutter sei sehr unglücklich gewesen, dass sie mitgegangen sei, habe gesagt, dass sie sich zu Hause besser retten könne. Doch Erna de Vries bleibt bei ihrer Meinung – und geht mit.

Es ist Juli 1943, als Mutter und Tochter in Auschwitz-Birkenau ankommen. Zwei Monate lang überlebt Erna de Vries das Vernichtungslager. »Vor allem die schreckliche Arbeit dort ist bei mir hängen geblieben«, sagt sie und erzählt: »Wir waren in einem Block voller Ungeziefer untergebracht. Wir mussten auf einem schmalen Weg zwischen den beiden Krematorien hindurch, an beiden Seiten elektrisch geladener Stacheldraht, eineinhalb Kilometer zum Außenlager Harmense laufen. Die Krematorien konnten gar nicht so schnell all die vergasten und ermordeten Menschen verbrennen, es lagen Leichen daneben. Wir wussten, dass Leichen verbrannt wurden, und es hatte sich auch unter den Häftlingen rumgesprochen, dass man Menschen vergaste.«

Im Wald steht sie bis unter die Achseln im Wasser in einem stinkenden, trüben Tümpel und schafft gemähtes Schilf ans Ufer, wo ihre Mutter und andere Frauen stehen und es stapeln. »Das war Vernichtung durch Arbeit«, erzählt Erna de Vries. »Sie können sich vorstellen, wie wir ausgesehen haben, wir wurden ja niemals trocken. Wenn wir abends zurück zu unserem Block gingen, tropfte die Brühe von uns ab, aber richtig trocken sind wir nie geworden.«

Erna de Vries muss sich ständig kratzen von den Wanzenstichen, die sich entzündet haben. Sie habe 5-DM-Stück große eitrige Wunden an beiden Beinen gehabt, sagt sie, sogenannte Phlegmone, das sind eitrige Bindegewebsentzündungen. Sie ist so krank, dass sie bei einer Selektion aussortiert und für den Tod in der Gaskammer bestimmt wird. »Bei der Selektion ging meine Mutter ein paar Meter vor mir. Sie hat gar nicht gemerkt, dass ich rausgenommen wurde. Ich kam sofort in den Todesblock 25«, sagt Erna de Vries.

Sie verbringt die Nacht im Wissen, dass sie am nächsten Tag sterben wird. Zu den Latrinen dürfen die Frauen im Block 25 nicht mehr. »Ich hatte nur noch den Wunsch, noch einmal die Sonne zu sehen«, sagt Erna de Vries. Am nächsten Morgen sieht sie sie über dem Nachbarblock aufsteigen.

Die Lkw zum Abtransport stehen schon bereit, die Frauen, alle nackt, werden auf die Ladeflächen geprügelt. Es gibt Panik. »Alle wussten ja, dass es ins Gas geht. Einige haben sich zerkratzt, andere die Haare gerauft«, berichtet Erna de Vries. Plötzlich hört sie einen SS-Mann ihre Häftlingsnummer rufen. Er holt sie aus der Menge heraus, vergleicht ihre Nummer mit seiner Karteikarte und sagt: »Du hast mehr Glück als Verstand.« Durch einen neuen Erlass soll sie mit 85 anderen Halbjüdinnen nicht vergast, sondern in der Rüstung bei Siemens eingesetzt werden. »Am 15. September 1943 wurden wir Frauen zusammengetrommelt, zwei, darunter ich, fand man zunächst nicht. Die andere Frau wurde am Abend zuvor gefunden, ich dann am Morgen. Wenn der SS-Mann zehn Minuten später gekommen wäre, wäre ich weg gewesen«, sagt Erna de Vries.

Sie schafft es, sich ein paar Tage später von ihrer Mutter zu verabschieden. Ein Abschied, der sich tief in ihr Gedächtnis eingegraben hat: »Ich habe sie gesucht und auf der Lagerstraße gefunden. Ich kann mich nicht mehr an den Wortlaut erinnern, aber wohl noch an ihre letzten Worte: ›Du musst im letzten Moment herauskommen. Du wirst überleben und du wirst erzählen, was man mit uns gemacht hat.‹ Diese einfachen Worte hat sie gesagt. Sie konnte natürlich nicht wissen, ob ich überlebe, aber das war ihr einziger, glühender Wunsch in Auschwitz. Dass ihrem einzigen Kind dort nicht ein schrecklicher Tod drohen möge. Der Abschied war sehr tränenreich. Ich wusste, dass sie dableibt und nicht aus Auschwitz rauskommt. Ich wusste, dass ich sie nie mehr wiedersehen würde. Das war sehr, sehr hart für mich.«

Am 15. September 1943 wird Erna de Vries von Auschwitz ins KZ Ravensbrück gebracht, wo sie später den Todesmarsch überlebt. Ihre Mutter Jeannette Korn stirbt am 8. November 1943 in Auschwitz. Sie wird 49 Jahre alt.

Erna de Vries lebt heute im Zentrum von Lathen, schräg gegenüber vom Erna-de-Vries-Platz. Sie ist Ehrenbürgerin ihrer Heimatgemeinde und Trägerin des Bundesverdienstkreuzes. Eine Realschule in Münster wurde nach ihr benannt. Der Erinnerungskünstler Gunter Demnig verlegte einen Stolperstein mit ihrem Namen im Gehweg vor ihrem ehemaligen Wohnhaus in Kaiserslautern. Sie hat drei Kinder großgezogen und ist heute sechsfache Oma. Die Häftlingsnummer auf ihrem Arm beachtet sie kaum noch, sieht sie eher als ein Brand- oder Muttermal. Für ihre Kinder, sagt sie, sei die Nummer immer etwas Normales gewesen, sie kannten sie ja gar nicht ohne. Aber noch immer denkt Erna de Vries täglich an Auschwitz. »Jeden, jeden Tag«, wie sie sagt. Aber sie hat es nie bereut, ihre Mutter 1943 freiwillig begleitet zu haben: »Ich wäre nie wieder froh geworden, wenn ich meine Mutter hätte allein fahren lassen.«

Doch Auschwitz lässt sie nicht los. An ihren Geburtstagen ist sie traurig und weint, weil sie gern diese Tage mit ihrer Mutter verbracht hätte. Sie erträgt es nicht, wenn jemand Brot wegwirft oder sein Mittagessen halb auf dem Teller liegen lässt. Wenn sie Kinder weinen sieht, denkt sie an diejenigen, die in Auschwitz umgekommen sind. Mit ihrem (inzwischen verstorbenen) Mann, ebenfalls ein Holocaust-Überlebender, spricht sie oft über den Krieg. Das Ehepaar versucht, die Kinder mit ihren Erzählungen zu schonen, doch sie bekommen zwangsläufig viel mit. »Und das war nicht immer gut«, sagt Erna de Vries.

1994 fährt sie noch einmal nach Auschwitz. Sie will ihrer Mutter nahe sein, 51 Jahre danach. Der Todesblock 25 steht noch, gleich links von der Rampe, aber das Eingangstor ist nicht mehr da. »Auschwitz-Birkenau war nicht mehr so, wie ich es kannte«, sagt Erna de Vries. Die Wege seien sauber gewesen, geharkt, es habe keinen Matsch gegeben. Es habe zu aufgeräumt ausgesehen. »Ich habe es dort nicht lange ausgehalten und bin nach eineinhalb Stunden wieder gefahren.«

Anatoly Shapiro, der Befreier von Auschwitz, ist nie wieder zurückgekehrt. Vier Monate nach unserem Gespräch, im Oktober 2005, stirbt er und wird auf dem Jüdischen Friedhof Beth Moses auf Long Island beigesetzt. Auf seinem Grabstein steht auf Englisch geschrieben: »Soldier, Hard Working Man, Poet«. Posthum wird ihm ein Jahr nach seinem Tod der Titel »Held der Ukraine« durch Erlass des damaligen ukrainischen Präsidenten Wiktor Juschtschenko verliehen – »für persönliche Tapferkeit und heldenhafte Aufopferung, unverwüstlichen Mut im

Kampf gegen die faschistischen Eroberer im Großen Vaterländischen Krieg«.

Erna de Vries freut sich, dass Shapiro gegen Ende seines Lebens die Auszeichnungen erhält, die er ihrer Ansicht nach verdient hat. Es sei schon bezeichnend genug, meint sie, dass der Auschwitz-Kommandant Rudolf Höß in der Öffentlichkeit bekannter sei als der Befreier des Lagers. Dann steht sie auf, nimmt ihre Gehhilfe und setzt sich an den Esstisch. Eine polnische Betreuerin hat Kaffee gekocht und serviert Kuchen. Erna de Vries sagt, sie könne mich nur schemenhaft erkennen. Sie werde bald 95, man müsse dankbar sein. Und nächste Woche sei sie wieder gefordert – in einer Schule im Emsland. Solange sie könne, werde sie über Auschwitz berichten, das sei sie den Opfern schuldig.

# Ted van Kirk, Navigator der *Enola Gay*, die die Atombombe auf Hiroshima wirft

Ted »Dutch« van Kirk (1921–2014) war Mitglied der Besatzung der *Enola Gay*, die am 6. August 1945 die Atombombe auf Hiroshima warf. Van Kirk war damals als Navigator an Bord und ist der letzte Überlebende der Crew. Die US-Regierung hofft, mit dem Atombombenabwurf und einem weiteren drei Tage später auf Nagasaki den Zweiten Weltkrieg zu verkürzen und Japan zur Kapitulation zu zwingen. Bei den Abwürfen in Hiroshima und Nagasaki sterben unmittelbar sowie in den Wochen und Monaten danach schätzungsweise 300 000 Menschen. Ich spreche mit Ted van Kirk im Jahr 2005, er ist 84 Jahre alt.

\* \* \*

Wer heute mit dem Shinkansen von Tokio nach Hiroshima fährt, benötigt vier Stunden für die 800 Kilometer Richtung Südwesten. Auf dem Weg dorthin hält der Schnellzug in den größten Städten Japans: Yokohama, Nagoya, Osaka. Obwohl es viele Geschichtstouristen in die Stadt auf der Hauptinsel Honshu zieht, gibt es am Bahnhof in Hiroshima keine Hinweisschilder auf Englisch. Die Anzeigetafeln sind auf Japanisch und die Zugtafeln an den Gleisen ebenso. Wer über 70 Jahre nach dem Atombombenabwurf von Hiroshima durch die Küstenstadt geht, erlebt eine moderne Großstadt mit 1,2 Millionen Einwohnern, in der kaum ein Gebäude älter als 70 Jahre alt ist.

Es gibt ein Foto, auf dem das Stadtzentrum von Hiroshima kurz nach dem Atombombenabwurf am 6. August 1945 zu sehen ist. Es zeigt eine menschenleere Wüste mit einer Handvoll übrig gebliebener Betonhäuser, die die Wucht der Detonation überstanden haben. Denn im Radius von zwei Kilometern um Ground Zero, den Explosionsort der Bombe, verbrannten alle Gebäude sofort. 90 Prozent der 76 000 Gebäude Hiroshimas sind teils oder komplett zerstört. Der berühmteste Bau, das das Inferno als Ruine überdauert hat, ist sicherlich die Industrie- und Handelskammer, weltweit bekannt als »Atombombendom«. Das Gebäude steht nur 140 Meter von Ground Zero entfernt. Jeder, der dort zum Zeitpunkt des Abwurfs der Bombe arbeitet, kommt ums Leben. Die Ruine mit ihrer übrig gebliebenen Stützkonstruktion des Kuppeldachs steht markant am Rande des heutigen Friedensparks und ist seit 1996 Weltkulturerbe der UNESCO.

Ein paar Meter weiter, auf der Insel, die vom Ota-Fluss umgeben ist, befindet sich ein einziges Haus auf einer weitläufigen Freifläche. Das Resthouse ist das einsame Überbleibsel des Atombombenabwurfs. Heute ist es inmitten des Friedensparks Informationszentrum und Gaststätte, vor 1945 war es ein Brennstoff-Rationierungsamt. Man sieht dem von außen renovierten dreigeschossigen Gebäude kaum seine Kriegsspuren an, doch wer von einer Mitarbeiterin der Stadtverwaltung um die Ecke geleitet wird, ihr durch eine kleine Tür in den Hinterraum folgt, dann einen gelben Schutzhelm aufsetzt, der steht kurz vor einem besonderen, einmaligen Erinnerungsort, nur 170 Meter von Ground Zero entfernt. »Gehen Sie nach unten«, bittet die freundliche Dame und zeigt Richtung

Treppe. Nach ein paar Stufen steht man in einem Keller, der nicht mehr als solcher genutzt wird. Ein kahler, nackter Raum, konserviert im Zustand wie vor 70 Jahren. Teile der Stützpfeiler und Deckenkonstruktion sind zerstört und geben den Blick auf rostigen Draht frei. An der Wand unter den kleinen Fenstern, die ein wenig Tageslicht ins Innere lassen, sind Rußspuren zu sehen. Sie stammen von der Druckwelle und der Hitze durch die frei werdende Energie der Atombombe.

Es ist ein beklemmender Ort. Eine Lampe und eine kleine Belüftungsanlage sind zerstört und hängen zwischen den Fenstern an der Decke, der Putz ist abgeblättert. Ein paar bunte Schleifen mit Botschaften und Blumengebinde liegen auf dem Boden vor der Wand. Der Keller ist als Mahnmal für den Frieden erhalten geblieben. Von den Menschen, die am 6. August 1945 in diesem Gebäude arbeiten, sterben 35, nur einer überlebt: Eizo Nomura. Der 47-jährige Angestellte ist kurz vor der Explosion mit einem Packen Briefordner unter dem Arm in eben diesen Keller gegangen. Später erinnert er sich, dass plötzlich das Licht ausgegangen sei und er benommen in der Ecke gesessen habe. Er habe zurück nach oben gewollt, doch die Treppe sei nicht mehr da gewesen. Dann sei er auf etwas Weiches getreten und habe gedacht, es sei ein Strohsack. Es war aber ein Toter. Eizo Nomura ist derjenige Hibakusha – so werden die Überlebenden in Japan genannt –, der dem Epizentrum am nächsten war. Er stirbt 1982.

Zurück auf der anderen Flussseite, an der sechsspurigen Geschäftsstraße Fukuro-cho, sticht ein weiteres Gebäude ins Auge. Mit seinen drei Geschossen sieht es zwischen den Hochhäusern aus Glas klein und unscheinbar aus. Im Minutentakt fährt die Straßenbahn der Linie 1 vorbei. Das Haus, 1936 erbaut, beherbergt 1945 eine Filiale der Bank von Japan und steht 380 Meter von Ground Zero entfernt. 18 Bankmitarbeiter sterben sofort, doch bereits zwei Tage nach dem Atombombenabwurf öffnet die Bank wieder. Noch immer beeindruckt die imposante ehemalige Schalterhalle im Erdgeschoss. Die Spuren der Vergangenheit sind kaum sichtbar. Man muss schon genau hingucken: Im ersten Obergeschoss haben sich Glassplitter der Fenster, die durch die Druckwelle der Explosion zerbarsten, in die Holzvertäfelung an den Wänden gebohrt.

Von den 350 000 Bewohnern Hiroshimas sterben 80 000 sofort und bis zu 140 000 Menschen an den Spätfolgen der Radioaktivität. Die Hitze unter dem Explosionsort beträgt 5 000 Grad. Die radioaktive Energie, die bei der Detonation freigesetzt wird, entspricht 100 Millionen Tonnen Radium. Noch in zwei Kilometern Entfernung werden alle Holzhäuser sofort eingedrückt. Innerhalb von einer Sekunde zerstört die Druckwelle 80 Prozent der Innenstadt.

Der Atombombendom, das Resthouse, die ehemalige Bank – sie sind die einzigen architektonischen Überbleibsel der Katastrophe im Stadtzentrum. Ansonsten ist Hiroshima heute eine für Japan typische moderne Großstadt. Shoppingmalls, Appartementblocks und Neonreklamen wechseln sich ab. Die Kaffeeshops von Starbucks und Co. sind überall zu finden. Allerdings gibt es keinen Coffee-to-go in Pappbechern, die sind verboten. Hiroshima hat kein Müllproblem. Es gibt noch nicht einmal Mülleimer im Stadtbild. Am Rand von Ground Zero wird mit einem temporären Oktoberfest Jagd auf europäische und amerikanische Touristen gemacht. Das Weißbier kostet 1 040 Yen, umgerechnet acht Euro.

Der Abwurf der Atombombe am 6. August 1945 markiert den Beginn des Atomzeitalters. Die Atombombenabwürfe auf Hiroshima und drei Tage später auf Nagasaki sind bis heute die einzigen Einsätze von Atomwaffen in einem Krieg geblieben. Mit der Kapitulation Japans am 2. September 1945 endet der Zweite Weltkrieg auch in Asien.

Im Hiroshima Memorial Museum sind Erinnerungen an den Abwurf ausgestellt. Die Steinstufen der Eingangstreppe der Sumitomo-Bank, auf denen die Umrisse eines verbrannten Menschen eingeätzt wurden, sind wahrscheinlich das eindrucksvollste Exponat. Gezeigt werden zudem eingerissene, zerfetzte Kleidungsstücke, eine Uhr, die zum Zeitpunkt der Explosion stehen geblieben ist, von der Hitze verformtes Metall. Das Grauen ist greifbar.

Und von diesem Grauen können nicht mehr viele Hibakusha berichten. Weniger als 10 000 leben noch. Einer von ihnen ist Nobuo Miyake. Der erfolgreiche und bekannte Rechtsanwalt der Kanzlei Miyake Ushijima &

Imamura ist heute 88 Jahre alt und wohnt in Saitama in der Nähe von Tokio. Er erlebt das Inferno als 16-Jähriger. »Ich hatte das Gefühl, in die Hölle geworfen zu werden«, sagt Nobuo Miyake. »Und die Erinnerungen daran konnte ich nie aus meinem Gedächtnis löschen.«

Am Morgen des 6. August hält sich Nobuo Miyake 1,8 Kilometer vom Epizentrum entfernt auf. Er steht in einer überfüllten Straßenbahn, als er plötzlich einen grellen Blitz am Himmel sieht. Zunächst denkt Nobuo Miyake an einen Kurzschluss in der Straßenbahn und glaubt, er werde an einem Stromschlag sterben. Doch er springt aus der Bahn heraus, hört einen lauten Knall und wird zu Boden geworfen. »Ich dachte, das wäre mein Ende«, sagt er. Er bleibt bei Bewusstsein, öffnet langsam seine Augen, sieht aber zunächst nichts. Erst als sich der Staub lichtet, nimmt der Teenager die zerstörten Häuser um sich herum wahr. Und – noch viel schlimmer – Dutzende Menschen, die ihm aus dem Stadtzentrum entgegenlaufen. »Sie sahen aber nicht aus wie Menschen, sondern wie Geister«, berichtet Nobuo Miyake. Die Haut habe ihnen in Fetzen heruntergehangen und sie hätten vor Schmerzen geschrien. Das Haus der Familie Miyake ganz in der Nähe ist zur Hälfte zerstört. Seine Mutter, die unter den Trümmern verschüttet ist, wird lebend geborgen.

Um Überlebende wie Nobuo Miyake und ihre Angehörigen kümmert sich »Nihon Hidankyo«, eine landesweite Organisation, die deren Interessen vertritt. »Wenn ich danach gefragt werde, spreche ich zwar mit anderen Überlebenden oder erzähle von meinen Erlebnissen«, sagt Nobuo Miyake. »Aber niemals freiwillig von mir aus, weil ich es einfach vermeiden will, dass ich mich an diese schmerzhaften Tage erinnern muss.« Nur einmal in den vergangenen Jahrzehnten habe er Ground Zero, das Museum und den Atombombendom in Hiroshima besucht.

Der B-29-Bomber mit dem Namen *Enola Gay*, der das Grauen über die Stadt bringt, startet am 6. August von Tinian auf den Nördlichen Marianeninseln. Die Maschine mit zwölf Mann Besatzung nimmt morgens um 2.45 Uhr Kurs auf Hiroshima. Um 8.15 Uhr Ortszeit klinkt der Bomber die viereinhalb Tonnen schwere Bombe in zehn Kilometer

Höhe aus. Sie explodiert eine Minute später in 600 Meter Höhe über der Innenstadt, nur 250 Meter entfernt vom anvisierten Ziel, der Aioi-Brücke an der Spitze der Flussinsel. Dass der Abwurf derart präzise gelingt, liegt vor allem an Ted »Dutch« van Kirk, der als Navigationsoffizier an Bord der *Enola Gay* ist, und am Bombenschützen Tom Ferebee. Ted van Kirk berechnet die Windbedingungen und den Zielpunkt und tauscht sich intensiv mit Ferebee aus. Nach dem Abwurf kehrt die Besatzung zur US-Basis auf die Pazifikinsel Tinian zurück. Es folgen Nachbesprechung und Abendessen. Insgesamt ist die Besatzung 13 Stunden unterwegs gewesen.

Ted van Kirk geht 1941 zur Armee und ist im Rang eines Hauptmanns an Bord der Enola Gay. Vor seinem Einsatz lässt sich van Kirk gemeinsam mit Paul Tibbets, dem Piloten und Kommandanten, und Tom Ferebee fotografieren. Lässig lehnt er sich dabei an die Maschine, beide Hände in den Taschen vergraben. 1946 verlässt er hochdekoriert die Armee, studiert und wird Chemiker in verschiedenen leitenden Positionen bei DuPont, wo er bis zur Rente 1985 arbeitet. Der Ex-Soldat ist verheiratet und hat vier Kinder.

Ted van Kirk ist 84 Jahre alt und lebt in Atlanta, als ich 2005 mit ihm spreche. Der 60. Jahrestag des Atombombenabwurfs rückt näher. Vorbehalte gegenüber einem deutschen Journalisten hat er nicht, er macht auch keine Vorbedingungen für das Gespräch. Er sei easy going, fügt er an. Doch während des Gesprächs wird schnell klar, dass van Kirk sich nicht rechtfertigen will. Und entschuldigen schon gar nicht.

**Mister van Kirk, was machen Sie am 6. August?**

Nichts Besonderes, das ist ein Tag wie jeder andere. Mal sehen, wie das Wetter wird. Ich werde aber kein Golf spielen können, mein linkes Knie macht das nicht mehr mit.

**Sie zeigen wenig Emotionen für ein Ereignis, an dem Sie vor 60 Jahren beteiligt waren und bei dem 140 000 Menschen starben.**

Es ist kein Tag der Freude, auch kein Tag der Trauer. Der 6. August 1945 ist ein einziger Tag in meinem Leben – mehr nicht. Ich war damals 24 und bin vorher schon bei 58 Einsätzen über Deutschland, Rumänien und Frankreich dabei gewesen.

**Hatten Sie eigentlich nie Gewissensbisse?**

Hätten wir die Bombe nicht abgeworfen, wären vielleicht weitere Millionen Menschen bei der Invasion Japans durch US-Truppen getötet worden. Ich bin wahrlich nicht froh über die Toten von Hiroshima. Ich weiß auch, dass Japan eine fast schon geschlagene Nation war. Aber die Japaner hätten ohne die Atombomben nie so schnell kapituliert. Und was immer gern vergessen wird: Vor dem Abwurf der zweiten Bombe auf Nagasaki und der Kapitulation sind in wenigen Tagen Hunderttausende gestorben. Mit dem Abwurf haben wir viele Leben gerettet.

**Also nie ein Wort der Entschuldigung?**

Jeder versucht, mich auf die Knie zu zwingen. Ich soll weinen und um Vergebung bitten. Aber das wird nie passieren. Keiner von unserer Truppe hat das jemals getan.

**Bedauern Sie irgendetwas in Ihrem Leben?**

Nur wenn ich morgens mit Kopfschmerzen aufgewacht bin, weil ich am Abend zuvor zu viel getrunken hatte. Aber das mache ich heute nicht mehr. Dazu bin ich zu alt.

**Also sind Sie mit sich im Reinen.**

Unsere Kritiker wissen gar nicht, worum es ging. Wir waren doch im Krieg. Übrigens würde ich heutzutage liebend gern in einer Welt ohne Nuklearwaffen leben. Sie sollten vernichtet werden. Ich bin total gegen Kriege und gegen solche Waffen.

**Wie kamen Sie an Bord der *Enola Gay*?**

Der Kommandant und Pilot Paul Tibbets kannte mich aus der Armee und wählte mich aus. Und der Bombardier Tom Ferebee war mein engster Freund.

**Haben Sie gesehen, wie die Bombe explodierte?**

Es gab einen Blitz. Danach wurde die Maschine zweimal kräftig durchgeschüttelt, schlimmer als bei einem Gewitter. Das dauerte aber nur sehr kurz.

**Was haben Sie da gedacht?**

Gott sei Dank hat die Bombe funktioniert! Sie ist ja vorher noch nie getestet worden. Wir wussten, dass wir nun den Krieg verkürzen und bald wieder zu Hause sein würden. Die Stimmung war ruhig an Bord, sehr professionell.

**Haben Sie jemals Hiroshima besucht?**

Nein. Warum sollte ich dorthin fahren? Hiroshima ist von Atlanta ganz schön weit weg. Es ist heute eine moderne, lebendige Stadt mit einem gut ausgebauten Verkehrssystem.

**Halten Sie Kontakt zu Überlebenden?**

Ich habe mehrfach Opfer in TV-Shows getroffen. Das waren wirklich nette Gespräche. Es gab überhaupt keine Feindseligkeit.

**Was ist aus der *Enola Gay* geworden?**

Die B-29 ist seit Dezember 2003 im Luft- und Raumfahrtmuseum in Washington ausgestellt. Ich habe sie mir dort im vergangenen Herbst angeschaut und mich wieder in sie hineingezwängt. Entweder ist die *Enola Gay* schmaler oder ich bin dicker geworden. In meiner Erinnerung war sie größer.

Der Überlebende Nobuo Miyake hat niemals einen Soldaten der Besatzung der *Enola Gay* gesprochen. Er trifft allerdings 2012 auf einem Symposium der Universität Tokio auf Ali Mayer Beazer, ein Enkelkind eines Soldaten, der bei beiden Abwürfen auf Hiroshima und Nagasaki an Bord war, und auf Clifton Truman Daniel, Enkelkind von Präsident Truman, der den Befehl zum Abwurf gegeben hatte. Wie denkt Nobuo

Miyake heute über die Besatzung der *Enola Gay*, die so viel Leid verursacht hat? Was denkt er über Ted van Kirk?

»Ich kann nicht sagen, dass ich sie nicht hasse«, antwortet er.

Nobuo Miyake fügt hinzu:»Ich glaube aber nicht, dass die Besatzung in das Atomwaffenprojekt eingeweiht war, denn sie bestand ja nur aus einfachen Soldaten. Ich glaube, sie waren einfach nur an Bord der Maschine, weil ihr Vorgesetzter es so gewollt hat. Daher glaube ich nicht, dass man sie zu Entschädigungszahlungen verpflichten muss, obwohl sie einen großen Anteil an dieser Katastrophe hatten.«

Ted van Kirk versteigert 2007 auf einer Auktion sein Fluglogbuch vom Einsatz der *Enola Gay*. Es erzielt 358 000 US-Dollar. In den Jahren vor seinem Tod ist der Ex-Soldat oft Stargast auf Flugshows, spricht in Luftfahrtmuseen, an Universitäten oder auf historischen Waffenmessen und signiert seine Autobiografie»My True Course«. Er gefällt sich in der Rolle als amerikanischer Held. Ted van Kirk sagte der *New York Times* einmal:»Unter den gleichen Voraussetzungen – und das Entscheidende sind die gleichen Voraussetzungen –, ja, ich würde es wieder tun. Wir waren in einem Krieg seit fünf Jahren. Wir haben einen Feind bekämpft, der den Ruf hatte, niemals aufzugeben, und der niemals eine Niederlage akzeptieren würde. Es ist schwer, gleichzeitig über Moral und Krieg zu sprechen. Im Krieg gibt es viele fragwürdige Dinge, die passieren. Wo war die Moral beim Bombenabwurf auf Coventry? In Dresden? In Pearl Harbor? Ich glaube, wenn man in einem Krieg ist, muss ein Land den Mut aufbringen, zu tun, was getan werden muss, um einen Krieg mit dem Minimum an Toten zu gewinnen.«

Nobuo Miyake geht reflektiert mit seiner Vergangenheit um.»Ich habe gemerkt, wie schlimm Krieg ist«, sagt er.»Und dass sich nicht nur Japan, sondern die ganze Welt um Frieden bemühen muss. Gerade jetzt, wo einige Staaten nukleare Massenvernichtungswaffen besitzen, muss alles dafür getan werden, künftige Kriege zu vermeiden. Vor allem, weil die Gefahr besteht, dass diese Staaten Atombomben einsetzen könnten.« Nobuo Miyake spricht oft mit jungen Menschen, die nicht viel über den Zweiten Weltkrieg wissen.»Ich sage ihnen schlicht und einfach, dass Atomwaffen fürchterlich sind und wir sie alle zerstören müssten.« Die

Theorie der Abschreckung durch Atomwaffen sei schlicht eine Illusion, meint er.

2016 reist Barack Obama als erster amtierender US-Präsident nach Hiroshima und besucht den Friedenspark. Er trifft auf Sunao Tsuboi, 91 Jahre alt. Der alte Mann ist von Brandnarben übersät und seine Ohren sind verkrüppelt. Er leidet an den Spätfolgen der radioaktiven Strahlung. Er hat Blut-, Darm- und Prostatakrebs. Obama nimmt Sunao Tsuboi in den Arm. Es ist ein starkes Bild der Versöhnung.

# 1950ER-JAHRE

# Françoise Gilot, Malerin und Picasso-Lebensgefährtin

Françoise Gilot (geb. 1921) hat von 1943 bis 1953 an der Seite von Pablo Picasso gelebt, war dessen Muse und Geliebte. Gemeinsam mit dem Jahrhundertmaler hat sie zwei Kinder: Claude und Paloma. 1964 veröffentlicht sie mit ihrer Autobiografie »Leben mit Picasso« einen Weltbestseller. Françoise Gilot ist die einzige Frau, die jemals Picasso freiwillig verlässt und nicht von ihm verlassen wird. 1970 heiratet sie Jonas Salk, den Erfinder des Polio-Impfstoffes gegen Kinderlähmung, und lebt mit ihm bis zu seinem Tod 1995 zusammen. Françoise Gilot ist Malerin und arbeitet noch immer in ihren Ateliers in New York und Paris. Ich treffe die »berühmteste Überlebende der Kunstgeschichte« *(Süddeutsche Zeitung)* im Dezember 2012 in ihrer Wohnung auf der Upper West Side in New York City. Sie ist 91 Jahre alt.

\* \* \*

Jahrelang ist es geschlossen gewesen, es wurde renoviert, es gab Streit, der Kurator wurde ausgetauscht. Doch seit 2015 erstrahlt das Musée Picasso im Herzen von Paris in neuem Glanz. Es ist schwer zu finden, liegt versteckt in einer kleinen Seitenstraße im Marais, dem 4. Arrondissement. Das Stadtpalais aus dem 18. Jahrhundert beherbergt eine der exklusivsten Kunstsammlungen der Stadt. Um die Erbschaftssteuer zu umgehen, hatten die Hinterbliebenen nach Picassos Tod 1973 dem Staat Frankreich Hunderte Kunstwerke aus Picassos privatem Besitz überlassen. Darunter nicht nur Werke des größten Malers des 20. Jahrhunderts, sondern auch dessen private Kunstsammlung mit Gemälden von Paul Cézanne und Henri Matisse. Der Grundstock des Musée Picasso war geschaffen. Chronologisch können heute Besucher dem Werk Picassos vom Erdgeschoss bis unters Dach folgen – von der Blauen über die Rosa Periode und den Kubismus bis zu seinem Spätwerk und den fast pornografischen Darstellungen.

Im ersten Stock hängt ein besonders schönes Frauenporträt an der Wand. Es ist eine Bleistiftzeichnung Picassos von 1946 und zeigt eine melancholisch blickende junge Frau, die den Kopf auf ihre linke Hand stützt. Es ist Françoise Gilot, die damalige Freundin des Malers.

Pablo Picasso porträtiert Françoise Gilot Dutzende Male. Die beiden bekanntesten Bilder sind »Frau mit gelber Halskette« und »Frauenblume«. Doch wahrscheinlich sorgt nicht Picasso für ihren größten Ruhm, sondern ein Fotograf. Robert Capa, der legendäre Kriegsfotograf, ist mit Françoise Gilot befreundet. Sie kennen sich aus der Widerstandszeit Ende des Zweiten Weltkriegs in Paris. Er besucht Picasso und Françoise Gilot 1948 in Golfe-Juan an der Côte d'Azur und schießt ein Foto, das Françoise Gilot unsterblich macht: Sie stolziert in einem langen Kleid am Strand, trägt Strohhut und erinnert in ihrem Aussehen an die mexikanische Malerin Frida Kahlo. Picasso in Shorts und offenem Hemd geht hinter ihr und hält seiner Freundin einen Sonnenschirm über den Kopf. Eine Ikone.

Als 2012 die Ausstellung »Frauen: Pablo Picasso, Max Beckmann, Willem de Kooning« in der Pinakothek der Moderne in München läuft, stehen die Besucher zu Beginn des Rundgangs vor einer Schautafel mit den biografischen Daten von Picassos Geliebten, Musen und Ehefrauen. Alle sind schon lange tot – bis auf eine: Françoise Gilot, geboren 1921, heißt es in fetten Lettern an der Wand. »Fehlt denn da nicht das Sterbedatum?«, fragt ein Besucher neben mir irritiert. Nein, es fehlt nicht.

Als ich Françoise Gilot in New York von dieser Episode erzähle, muss sie lachen. Sie ist quietschfidel und 91 Jahre alt.

Die Adresse ist eine der vornehmsten in Manhattan. Viele Künstler leben in der kleinen, aber feinen Seitenstraße an der Upper West Side, nur 200 Meter vom Central Park entfernt. Klingelschilder gibt es nicht an der Eingangstür des Ende des 19. Jahrhunderts erbauten Backsteinbaus. Ein uniformierter Diener bringt mich in einem eisernen Fahrstuhlkäfig zu ihr. Zehn Jahre lang, von 1943 bis 1953, lebte sie an der Seite von Pablo Picasso. 1947 kam ihr gemeinsamer Sohn Claude zur Welt, zwei Jahre später Tochter Paloma. Freundlich öffnet die elegant in Blau geklei-dete Dame die Tür und bittet, im zweistöckigen Studio Platz zu nehmen. An der Wand hängen Bilder von Georges Braque und ihre eigenen, im Bücherregal reihen sich Bildbände über Pablo Picasso aneinander.

Sie lebt allein, ihr zweiter Ehemann Jonas Salk, Erfinder des Polio-Impfstoffs, starb vor 17 Jahren. Am liebsten würde Françoise Gilot nun ausschließlich über ihre Kunst und ihre aktuellen Ausstellungen reden. Aber sie weiß, dass sie über ihre Liebe zu Pablo Picasso sprechen muss. »Er war die Liebe meines Lebens«, sagt sie noch heute. Doch nach zehn Jahren an der Seite des spanischen Jahrhundert-Genies verlässt sie ihn. Françoise Gilot: »Wenn Sie einen Menschen lieben, heißt das nicht, dass dieser Zustand das Leben einfacher macht. Dass er die größte Leidenschaft meines Lebens war, bedeutet ja nicht, dass wir glücklich miteinander sein und miteinander leben konnten.«

Françoise Gilot lernt den Maler 1943 im Pariser Café de Flore kennen. Sie ist 21, er 61. Picasso ist damals verheiratet und hat zur selben Zeit noch zwei weitere Freundinnen. Eine von ihnen sitzt im Café neben ihm: Dora Maar. »Pablos Leben war ein offenes Buch«, erzählt Françoise Gilot. »Ich hatte immer das Gefühl, dass ich die siebte Frau an seiner Seite war. Ich wusste auch von Anfang an, dass ich das große Glück nicht erwarten konnte.« Sie steht auf, geht zum Fenster und plaudert mit weichem fran-zösischem Akzent in tadellosem Englisch: »Ich war zwar erst 21, aber ich war nicht dumm. Ich wusste, dass unsere Beziehung in einer Katastrophe enden würde. Aber diese Katastrophe wollte ich nicht missen.«

Eine deutsche Zeitung hat sie einmal als »berühmteste Überlebende der Kunstgeschichte« bezeichnet. »Das stimmt«, meint sie. »Ich lebe noch. Die anderen Frauen um Picasso wurden von ihm zerstört.« Sie zählt auf: »Pablos erste Ehefrau Olga wurde verrückt, seine Geliebte Dora Maar ebenso. Seine Freundin Marie-Thérèse Walter hat sich erhängt und seine zweite Ehefrau Jacqueline Roque hat sich erschossen.« Sie sagt, dass Picassos Frauen das Unmögliche erwartet hätten. Sie seien aber nicht intelligent genug gewesen, hätten gedacht, dass die Tatsache, dass Picasso sie liebte, sie zu Königinnen mache. »Aber Pablo war der König, der sich selbst genügte. Er akzeptierte keine Königin neben sich. Ich glaube, dass die anderen Frauen erwarteten, durch ihn unsterblich zu werden. Aber das war ein dummer Gedanke.«

Françoise Gilot gibt dagegen ihr eigenes Leben nicht auf. Sie zeichnet weiterhin täglich. »Allerdings wollte ich nicht malen und die Gemälde stapeln, das hätte Pablo wahrscheinlich gestört. Und ich wollte meine Gegenwart auch nicht hervorheben.« Dennoch hätten sie über ihre gegenseitigen Werke diskutiert. Hatte sie überhaupt keine Hemmungen, mit dem Schöpfer von »Guernica« über Malerei zu sprechen? »Nein«, sagt sie. Schüchtern sei sie nun schon gar nicht gewesen, eher hätten sie als Maler in einem gegenseitigen Dialog gestanden. Zudem sei sie finanziell unabhängig gewesen und habe – das sei das Wichtigste für sie gewesen – ihre Freiheit nicht aufgegeben. »Ich sagte zu Pablo: ›Ich liebe dich, weil ich das möchte. Und wenn ich eines Tages nicht mehr möchte, werde ich dich verlassen.‹ Ich war schön, hätte jeden Mann haben können.«

Auf vielen Fotos aus der gemeinsamen Zeit wirkt Françoise Gilot glücklich neben dem Jahrhundertmaler. Und auf vielen Bildern trägt Picasso einen Ringelpullover. Von denen habe er mehrere gehabt, sagt sie lachend, es sei nicht immer derselbe gewesen. Und wie erinnert sie sich an das berühmte Foto von Robert Capa? »Ich sehe glücklich aus. Und das war ich auch. Und Pablo war auch nicht der schlimme Macho, den er den anderen vorspielte«, erzählt sie.

Doch der Schein trügt. Zwar haben Henri Matisse und Picasso sie porträtiert, sie lernt über Picasso Jean Cocteau, Yves Montand, Georges Braque, Alberto Giacometti, Simone de Beauvoir und Jean-Paul Sartre kennen, doch mit zunehmender Dauer wird das Leben an Picassos Seite zur Tortur. »Er war egozentrisch und sadistisch«, sagt sie. Und gibt zu, dass das Gerücht stimme, dass er eine brennende Zigarette auf ihrer Wange ausgedrückt habe. »Ich habe mir nichts anmerken lassen, wollte Stärke zeigen. Die Narbe ist zum Glück über die Jahre verheilt.«

1952 macht sie deutlich, dass sie ihn verlassen und die Kinder von ihrem Wohnort Vallauris in Südfrankreich nach Paris mitnehmen werde. »Ich sagte zu ihm: ›Weißt du, wenn das so weitergeht, werde ich nicht bei dir bleiben.‹« Doch Picasso nimmt sie nicht ernst. »Niemand verlässt einen Mann wie mich«, habe er gesagt. Françoise Gilot glaubt, dass Picasso nicht wusste, wie er mit ihr umgehen sollte. »Ich bin so lange geblieben, bis ich genau wusste, dass ich ihn nicht mehr ertragen konnte. Das hatte aber nichts mit der Verehrung für seine Arbeit zu tun. Auf eine gewisse Weise habe ich ihn sogar noch geliebt, nachdem ich ihn verlassen hatte, aber ich wollte nicht mehr nach seinen Regeln leben. Es war wie im Gefängnis«, sagt Françoise Gilot.

Picasso rächt sich auf seine Weise. In Gilots Abwesenheit räumt er die gemeinsame Wohnung aus und nimmt alle Bilder mit, die er ihr geschenkt hat. Er weist die Pariser Galerien an, keine Werke von seiner Ex-Freundin anzunehmen, andernfalls, droht er, würden sie keine Bilder mehr von ihm bekommen. »Die Franzosen waren so stolz, Picasso in ihrem Land zu haben, da wusste ich schnell, dass ich meine Zukunft woanders sehen muss«, so die Malerin. Françoise Gilot zieht nach England, später dann in die Vereinigten Staaten. 1964 erscheint ihr Buch »Leben mit Picasso«. Es wird ein Millionenbestseller. Picasso ist empört, versucht, das Erscheinen des Buchs in Frankreich zu verhindern. Er kämpft vor Gericht durch drei Instanzen – und verliert. Françoise Gilot erinnert sich: »Einen Tag nach dem letzten Urteil – das muss um 1967 gewesen sein – rief er mich an. Er sagte: ›Ich schulde dir etwas. Du weißt, ich mag Gewinner.‹« Es war das letzte Gespräch zwischen den beiden, Picasso stirbt 1973. »Ich war mir bewusst, dass man bei ihm nicht verlieren sollte. Das haben seine anderen Frauen nie verstanden. Bei Pablo musste man immer der Gewinner sein. Und ich wusste, dass er mich als unbesiegbar empfand.

So habe ich die Aura einer Göttin behalten. Ich habe mein Haupt nicht gebeugt und war auf gewisse Weise auf Augenhöhe mit ihm.«

Françoise Gilot steht auf und geht an ihre Staffelei. Sie malt täglich. Ihre Werke werden in Auktionshäusern weltweit für bis zu 30 000 US-Dollar gehandelt. 2012 stellt sie in Oceanside in Kalifornien, in Budapest, Chemnitz, Nîmes und in der Gagosian Gallery in New York aus. Ihre Tochter Paloma Picasso, die in der Schweiz und in Marrakesch lebt, sieht sie, wenn sie in New York ist. Ihr Sohn Claude Picasso lebt direkt nebenan und Aurélia, ihre Tochter aus erster Ehe, in Boston.

Werke von Picasso, die sie noch besaß, hat sie vor Jahren ihren Kindern vermacht. »Ich möchte nicht, dass man mich mit Picasso in Verbindung bringt. Es ist vorbei«, sagt sie lapidar. Sie sieht meinen fragenden Blick. »Wissen Sie, das Schöne an Amerika ist, dass man im Hier und Jetzt lebt und nicht in der Vergangenheit.«

Als Françoise Gilot 1953 Picasso verlässt und die gemeinsamen Kinder mit nach Paris nimmt, steht zwar schon Jacqueline Roque, eine Töpfereiverkäuferin aus Vallauris, als zukünftige Frau an der Seite des Genies in den Startlöchern, doch Picasso ist einsam und leidet unter der Trennung. Ein Jahr später kehrt Gilot in die Villa La Galloise nach Vallauris zurück, um Picasso die gemeinsamen Kinder zu bringen. Dabei trifft sie auf Sylvette David, eine ihr unbekannte 19-jährige Schönheit, über die sie in ihren Memoiren schreibt: »Pablo fand, dass Sylvette mit ihrer blonden Pferdeschwanzfrisur und den langen Ponyfransen sehr malerische Züge hatte. Er porträtierte sie. Ohne Zweifel hatte er dabei künstlerische Absichten, aber auch den Hintergedanken, ich würde es mir zweimal überlegen, ihn zu verlassen, wenn ich merkte, dass er jemand anderen gefunden hatte, der mindestens eine meiner Rollen übernehmen konnte.«

Wollte Picasso Françoise Gilot mit der jungen Blonden tatsächlich eifersüchtig machen? Ich rufe sie an und stelle ihr diese Frage. »Nein«, sagt Lydia Corbett, wie sich Sylvette David heute nennt. Sie ist mittlerweile 82, selbst Malerin und lebt in der englischen Grafschaft Devonshire. »Françoise Gilot hatte ihn ja bereits unwiderruflich verlassen, als ich Picasso Modell stand. Und ich war ja an meinen damaligen Verlobten

Toby Jellinek glücklich vergeben.« Sie habe Gilot nur das eine Mal zu Hause in La Galloise gesehen. Gilot habe Orangensaft angeboten und sich dann zurückgezogen. So habe sie allein mit Picasso und seinen Kindern gespielt und dabei habe Toby das schöne Bild von allen gemacht, auf dem Pablo eine Pelzmütze trägt, obwohl es schon April war.

Mehr als sechs Jahrzehnte liegen ihre Begegnungen mit Picasso zurück. Zwischen April und Juni 1954 fertigt der Maler über 50 Werke des »Mädchens mit dem Pferdeschwanz« an: Zeichnungen, Ölgemälde und Keramiken. Die Porträtreihe »Sylvette« von Pablo Picasso wird weltberühmt und die großen Magazine *Paris Match* und *Life* zeigen Lydia Corbett auf dem Titel. Bilder aus der Serie hängen heute in bedeutenden Privatsammlungen. Die Kunsthalle Bremen zeigt 2014 die Ausstellung »Sylvette, Sylvette, Sylvette. Picasso und das Modell«. 2008 wird ein Kunstwerk aus der »Sylvette«-Reihe für über vier Millionen Euro verkauft.

Wie kommt es dazu, dass der bekannteste Maler des Jahrhunderts ein völlig unbekanntes Mädchen für die Ewigkeit malt? Sylvette David lebt 1954 mit ihrem Verlobten, der Künstler ist, in Vallauris. Ihr Freund hat zwei extravagante Stühle gebaut, die er in der Töpferwerkstatt Madoura ausstellt. Picasso, der dort seine Keramiken anfertigt, sieht die Stühle, kauft sie und Toby und Sylvette bringen sie zu ihm. Kurz darauf geht Picasso zu der Wohnung des jungen Paars und hält eine Zeichnung, die er von Sylvette angefertigt hat, über den Gartenzaun, hinter dem das Paar gerade mit Freunden sitzt. »Er war einfach von meiner Frisur, den Fransen und dem Pony, fasziniert«, sagt Lydia Corbett. »Ich sah noch sehr kindlich aus, war schüchtern und unreif. Diese Kombination machte mich für ihn attraktiv. Ich hatte Angst vor Männern – das merkte er und das reizte ihn.« Während er sie malte, hätten sie kaum geredet, sie sei sowieso viel zu schüchtern gewesen, um den Mund aufzumachen. »Aber ich war fasziniert von seinen tiefen, dunklen Augen, die mich durchdringend angeguckt haben.«

Picasso, das Gegenteil eines Frauenverächters, versucht auch bei Sylvette alle Register zu ziehen, doch vergebens. Er habe sie nur einmal aufgefordert, sich für ihn auszuziehen, erinnert sie sich, sie habe aber mit »non, merci« geantwortet und dabei sei es geblieben. Dennoch sei er eines Tages vor ihr auf seinem Bett gehopst und sie habe gedacht, wie sportlich er doch noch sei mit 73, und ja, natürlich habe er weiter mit ihr geflirtet. »Eines Tages zeigte er mir eine Zeichnung, die er von mir oben ohne angefertigt hatte. Er sagte mit einem Grinsen: ›Ich hoffe, das ist okay für dich.‹ Ich bin fast vor Scham im Boden versunken und antwortete nur: ›Ja, ganz nett.‹« Heute muss sie am Telefon über diese Episode lachen, damals konnte sie es nicht. »I was terrified«, sagt sie auf Englisch.

Lydia Corbett sieht Picasso noch einmal elf Jahre später in Mougins, wo er nun mit Jacqueline Roque, seiner letzten Ehefrau, lebt. »Aber er hatte überhaupt kein sexuelles Interesse mehr an mir, ich sah auch einfach nicht mehr so kindlich schön wie damals aus«, sagt Lydia Corbett. Danach sei sie noch zwei Mal in Vallauris gewesen und habe das Haus besucht, in dem sie Picasso das erste Mal traf. »Es war bewegend, einfach schön«, sagt sie. »Ich habe nur beste Erinnerungen an die Zeit mit ihm.« Er habe ihr derart viel gegeben, dass sie ihm ewig dankbar sei. Er habe ihr Vertrauen geschenkt, sei reizend zu ihr gewesen. »Ich hoffe, Pablo ist glücklich im Himmel.«

Auch Françoise Gilot kehrt zurück – allerdings mit ganz anderen Erinnerungen. Sie sagt, sie sei in den vergangenen Jahren ein paar Mal in Südfrankreich gewesen – in der Nähe von Vallauris, wo sie mit Picasso gelebt hat. »Es wurde sehr emotional«, erzählt sie, »es war zum Weinen.«

Zum Abschied meines Besuchs guckt Françoise Gilot in ihr Bücherregal und zeigt auf einen grauen Band. »Nehmen Sie es sich«, sagt sie bestimmt. Es ist die Erstausgabe ihrer Memoiren »Leben mit Picasso« auf Deutsch von 1964. Ich protestiere, doch sie bleibt stur. »Wer weiß, wie lange ich noch lebe. Ich habe bereits begonnen, mich von einigen Sachen zu trennen«, erklärt sie. Dann blättert sie durch ihr Werk, bis sie das legendäre Foto von Robert Capa findet. Ihre Ikone. »Ein schöner Moment war das«, sagt sie. Dann klappt sie das Buch zu.

# 1960ER-JAHRE

# BRUCE REYNOLDS, BOSS DER POSTRÄUBERBANDE IN ENGLAND

Bruce Reynolds (1931–2013) war Kopf der britischen Gangsterbande, die 1963 den königlichen Postzug überfallen und dabei über 2,6 Millionen Pfund (heute ca. 57 Millionen Euro) erbeutet hat. Der sogenannte große Postzugraub ging als das populärste Verbrechen des 20. Jahrhunderts in die Kriminalgeschichte ein. Reynolds war jahrelang auf der Flucht, versteckte sich unter anderem in Mexiko und galt als Großbritanniens »most wanted man«. Die Verfilmung des Raubes mit dem Titel »Die Gentlemen bitten zur Kasse« war in Deutschland ein Straßenfeger. Bruce Reynolds saß in seinem Leben insgesamt über 20 Jahre im Gefängnis. Ich treffe den ehemaligen Verbrecher 2009 in London zum Gespräch, er ist 78 Jahre alt.

\* \* \*

Als England am Morgen des 8. August 1963 erwacht, sickern die ersten Meldungen durchs Radio. Die Nachrichten, die stündlich immer spannender, imposanter und kurioser durch den Äther hallen, klingen so unvorstellbar, dass viele erst einmal an einen Scherz glauben. Was sie da hören, raubt ihnen den Atem. Kurz nach drei Uhr morgens haben mindestens 15 Täter mithilfe manipulierter Signale den königlichen Postzug Glasgow–London an einer einsamen Stelle in Ledburn gestoppt. Sie schlugen den Lokführer nieder und setzten das Personal fest. Die Bande koppelte die Waggons ab, fuhr mit der Lokomotive und dem Geldwagen ein paar Hundert Meter weiter zur Bridego-Brücke und lud 120 Geldsäcke mit 2,6 Millionen Pfund in Fluchtfahrzeuge. Mit den Lastern fuhren sie zu ihrem Versteck, der Leatherslide Farm, zählten das Geld, verteilten es – und tauchten unter.

»The Great Train Robbery« geht in die Geschichte ein. Ein spektakulärer Raub. Ein Mythos. Bruce Reynolds heißt der Anführer und Regisseur des wohl populärsten Verbrechens des 20. Jahrhunderts. Doch den meisten Ruhm bekommt ein anderer ab – und zwar ausgerechnet das kleinste Licht in der Gang: Ronnie Biggs. Das Leben der beiden Posträuber verläuft nach dem Raub völlig unterschiedlich. Ronnie Biggs wird nach der Tat schnell von Scotland Yard gefasst, bricht ebenso schnell mithilfe einer Strickleiter wieder aus dem Gefängnis aus, lässt sein Gesicht umoperieren und flieht zunächst nach Australien, dann nach Rio de Janeiro in Brasilien. Als die Behörden ihn dort entdecken und nach Großbritannien ausliefern wollen, wehrt er sich erfolgreich dagegen, denn seine einheimische Geliebte ist von ihm schwanger. Biggs darf bleiben und provoziert jahrzehntelang die britischen Behörden mit einem beschwingten Leben am Zuckerhut. Er lässt sich mit Havanna-Zigarre in Badehose am Pool fotografieren, nimmt mit den »Toten Hosen« eine Platte auf, posiert für Geld mit Touristen und streckt seinem Heimatland auch gern einmal auf Fotos seinen Mittelfinger entgegen.

Dass er überhaupt zu diesem zweifelhaften Ruhm kommt, hat er Bruce Reynolds, seinem alten Gaunerkollegen aus der Londoner Unterwelt, zu verdanken. Als Reynolds seinen genialen Coup ausheckt, kommt Biggs ins Spiel, denn dieser kennt einen pensionierten Lokführer, der während des Überfalls und nach dem Ausschalten des Zugführers die Lokomotive weiterfahren soll. Doch Biggs will nicht nur mit einem Tipp behilflich sein beim Raub des Jahrhunderts, sondern aktiv mitmischen. Die Aussicht auf den großen Zaster ist einfach zu verlockend für ihn. Reynolds stimmt zu – und die beiden Ganoven sind plötzlich Komplizen.

Bruce Reynolds dagegen taucht nach dem Postraub zunächst erfolgreich unter, flieht ein Jahr danach über Belgien nach Mexiko, holt später Frau und Kind nach. Erst 1968, nach der Rückkehr in sein Heimatland, wird er in England verhaftet und sitzt für den Postzugraub zehn Jahre im Gefängnis. Er lebt dennoch nach dem Motto »gönnen können«. Während Biggs immer wieder sein Heimatland aus der Ferne provoziert und die Medien in ihm ihren Posträuber-Liebling gefunden haben, wohnt Reynolds zurückgezogen im Süden Londons. 1991 besucht er seinen alten Kumpan Biggs in Rio – ihr erstes Treffen seit fast 30 Jahren. Gemeinsam posieren sie in Badehose im Pool, jeder mit einem Drink in der Hand. Man sieht zwei alte Männer, die sich vergnügt zuprosten, von Reue anscheinend keine Spur. Erst in den Neunzigerjahren veröffentlicht Bruce Reynolds, Englands ehemals »most wanted man«, seine Autobiografie und tritt neben Horst Tappert, der ihn in »Die Gentlemen bitten zur Kasse« verkörpert hat, im Fernsehen auf. Dann wird es wieder still um ihn.

Ronnie Biggs dagegen weiß wie kein zweiter, wie er die Öffentlichkeit für sich in Anspruch nehmen kann. Als er pleite, alt und krank ist, gezeichnet von mehreren Schlaganfällen, kehrt er 2001 in einem Privatjet – bezahlt von der *Sun*, der größten englischen Tageszeitung – aus Rio de Janeiro in seine Heimat zurück. Die Headlines gelten erneut ihm und ganz England diskutiert: Muss Biggs für seine Beteiligung am Postzugraub endlich büßen und den Rest seiner 30-jährigen Gefängnisstrafe antreten? Er muss. Der Justizminister kennt keine Gnade. Der kranke alte Mann kommt in Haft ins königliche Gefängnis Belmarsh. Ich schreibe ihm einen Brief dorthin. Seine Antwort, geprüft mit offiziellem Stempel der Gefängnisbehörden, kommt ein paar Wochen später bei mir an. »Good luck, André«, schreibt er mit Kuli und krakeliger Schrift gleich zwei Mal. Mehr nicht. Er kann und will kein Interview geben.

2009 ein neuer Versuch, diesmal bei Bruce Reynolds. Die Kontaktaufnahme läuft über dessen Sohn Nick, der in der britischen Rockband »Alabama Five« spielt. Denn der alte Reynolds ist nicht bei Facebook oder Twitter, er ist weder im britischen Telefonbuch zu finden, noch können Kollegen aus England helfen. Der junge Reynolds hingegen hat einen Account bei »Myspace«. Nick antwortet nach ein paar Tagen, fragt seinen Vater und gibt mir mit dessen Einverständnis eine Telefonnummer. Erster Anruf, zweimaliges Klingeln, schon hebt er ab. »Bruce speaking«, sagt Reynolds mit knarziger Stimme. Der größte britische Verbrecher des 20. Jahrhunderts kommt schnell zum Punkt und schlägt ein Treffen in der Londoner Unterwelt, pardon, Innenstadt vor. »Komm zum Farrington-Bahnhof. Da kenne ich eine Bar in der Nähe. Wir treffen uns davor.«

Ein paar Tage später steht er pünktlich vor der Bar in der Cowcross Street. Reynolds trägt blaues Jeanshemd, darunter weißes T-Shirt, darüber braunes Cordsakko. Ein schwarzer Gürtel hält seine hellblaue Jeans. Sein schlohweißes Haar weht im Wind, seine hohe Stirn gibt den Blick frei auf Altersflecken. Reynolds trägt eine randlose Brille und eine Umhängetasche. Er guckt linkisch. Passanten, die ihn vor dem Restaurant sehen, bleiben kurz stehen. Ihre Blicke verraten, dass sie grübeln. Irgendwie glauben sie, diesen Mann zu kennen. Doch woher? Ein Politiker? Ein ehemaliger Sportler? Oder handelt es sich bei diesem alten Mann um einen Schauspieler? Manche drehen sich noch ein zweites Mal fragend um. Dann gehen sie weiter. Bruce Reynolds spürt natürlich die verstohlenen Blicke. Er nickt in deren Richtung und sagt mit feiner Ironie: »All die strebsamen Angestellten, die lebenslang von neun bis fünf ins Büro hecheln.« Er geht voran und nimmt sofort eine Treppe nach unten. »Lass uns in den Keller der Bar gehen«, sagt er, »da sind wir ungestört.« Im Souterrain sind wir die einzigen Gäste. Er geht zielstrebig auf die entgegengesetzte Seite zu, setzt sich mit dem Rücken zur Wand, seine Blicke wandern durch die leere Gaststätte. Er guckt zufrieden und erklärt: »Alte Gaunerkrankheit. Ich muss immer alles im Blick haben. Nie sitze ich mit dem Rücken zum Raum und ich gucke zunächst immer, wie ich im Falle einer Flucht am besten wieder hinauskommen könnte.«

Der Posträuber ist 78 Jahre alt. 46 Jahre nach seinem Meisterstück bestellt er schwarzen Tee und spricht mit einem wunderbaren spöttischen Humor. Zynisch dagegen ist er nicht.

**Sie gelten als Räuber des Jahrhunderts. Zu viel der Ehre?**

Der Postzugraub ist meine Sixtinische Kapelle. Jeder kennt ihn, er wird ewig im Gedächtnis der Leute haften bleiben.

**Sie tragen ja ganz schön dick auf.**

Überhaupt nicht. Man hat mich ja sogar als Superhirn und Genie des Postraubs bezeichnet. Quatsch! Die Gruppe brauchte einen Anführer – und der war ich.

**Dafür haben Sie teuer bezahlt.**

Ich habe 20 Jahre im Knast gesessen, andere Leute sitzen 20 Jahre an ihrem Schreibtisch und hassen ihren Job. Ich bereue nichts und hatte ein fantastisches Leben.

**Keine Scham?**

Diebstahl ist doch ein respektables Verbrechen.

**Ja, ja, die Gentlemen ...**

Ich empfinde weder Scham noch Stolz. Ich bedaure nur, dass mein kleiner Sohn Nick mich im Gefängnis erlebt hat.

**Wie kam es denn zum Postzugraub?**

Die Fünfziger- und Sechzigerjahre waren gute Zeiten für Räuber: Die Alarmanlagen waren schlecht und die Leute hatten immer viel Bares im Haus. Mit ein paar Freunden überfielen wir im November 1962 die Lohnkasse der Fluggesellschaft BOAC am Londoner Flughafen. Wir erbeuteten allerdings nur rund 62 000 Pfund.

**Ein Klacks gegen die 2,6 Millionen beim Postzugraub.**

Eben. Da musste noch etwas Größeres folgen.

**Welche Erinnerung haben Sie an die Nacht des Raubes?**

Ich stand am Bahngleis und sah den Zug kommen. Sonderlich nervös war ich nicht. Kurz nachdem der Zug aufgrund des manipulierten Haltesignals stoppte, koppelten wir die Waggons ab, fuhren zur

Bridego-Brücke und luden die Säcke auf unsere Lastwagen. Das ging schnell. Und jeder von uns bekam 150 000 Pfund Anteil. Wahnsinn!

**Wie gelang Ihnen die Flucht?**

Direkt nach dem Raub versteckte ich mich einige Monate in der Londoner City. Nur einmal traute ich mich auf die Straße. Im Mai 1964 floh ich dann nach Mexiko.

**Und genossen dort das Leben?**

In Saus und Braus. Ich lebte in einem Penthouse und fuhr einen Cadillac. Ich hatte noch 100 000 Pfund, die mir von einem Nummernkonto in der Schweiz nach Mexiko überwiesen wurden.

**Warum kamen Sie 1968 nach England zurück?**

Mein Mittäter Buster Edwards lebte in Mexiko nur ein paar Meilen von mir entfernt. Als er zurück nach England ging und festgenommen wurde, war mir klar, dass Scotland Yard mir dort nun auf die Spur kommen würde. Also bin ich zurück nach England und verkroch mich in einer Villa in Torquay. Vier Monate später wurde ich morgens um sechs Uhr verhaftet.

**Sie bekamen 25 Jahre.**

Obwohl ich mich schuldig bekannt hatte und das restliche Geld herausrückte. Im Gefängnis hatte ich dann die beste Zeit meines Lebens: Ich war eine Berühmtheit und die Wärter waren stolz, mich auf ihrem Flur zu haben.

**Wie ist es so als Räuber in Rente?**

Meine Ohren funktionieren nicht mehr so gut und meine Zähne fallen langsam aus.

**Was machen Sie den ganzen Tag?**

Ich kümmere mich um meine Frau, sie ist sehr krank. Ich wasche, koche, gehe einkaufen und lese viele Bücher. Und meine zwei Enkelkinder sehe ich einmal im Monat.

**Noch Pläne?**

Ich wünschte mir mehr finanzielle Sicherheit. Ich bekomme 250 Pfund staatliche Hilfe in der Woche. Das ist nicht viel, da hatte ich früher mehr.

Das hatte er, wohl wahr. Sein Anteil an der Beute in Höhe von 150 000 Pfund wären heute umgerechnet 3,3 Millionen Euro. Dass Bruce Reynolds 1968 nach England zurückkehrt, liegt nicht nur an Buster Edwards. Der Jahrhunderträuber hat in Mexiko fast seine gesamte Kohle verprasst – lediglich ein paar Tausend Pfund sind ihm geblieben. Er kundschaftet neue Ziele aus und wird festgenommen, als er von einem nächtlichen Streifzug nach Hause kommt. Einmal Räuber, immer Räuber? Er zieht belustigt seine Schultern hoch. »Das ist wohl so«, sagt er. »Was sollte ich sonst tun? Ich brauchte ja Geld.«

Bevor er dieses Interview gibt, fragt er höflich, ob für ihn dabei etwas herausspringen könnte. Wir einigen uns auf 200 Pfund (ca. 230 Euro), cash auf die Hand. Eine überschaubare Summe, der Ex-Gangster pflegt seine kranke Frau, investiert ein paar Stunden Zeit und muss mit der U-Bahn zum vereinbarten Treffpunkt gelangen. Mein Auftraggeber gibt widerwillig sein Okay. Und Reynolds freut sich, steckt das Geld in die rechte Tasche der Cordjacke. Er zählt nicht nach.

Lieber erzählt er lebhaft von der Nacht der Nächte. Wie er auf den Zug wartet, wie er sich noch schnell eine Montecristo-Zigarre anzündet, wie er sein Ohr aufs Gleis legt, den Zug kommen hört und dann aus der Dunkelheit auftauchen sieht, wie er beim fingierten Haltesignal »Sears Crossing« den Bahndamm hinaufklettert und mit seinen Jungs die Lok und Waggons stürmt. Er nimmt ein Blatt Papier zur Hand und zeichnet mit Kuli seine Position, die des Zuges und seiner Komplizen auf. Keine Frage, er ist noch immer mächtig stolz auf seinen Coup.

Natürlich verrät er nicht, wer die bislang unbekannten Gangster sind, die an der Tat beteiligt waren. Vor allem: Wer ist der zugleich ominöse und legendäre »Ulsterman«, der bei der Königlichen Post arbeitet und als Informant über Interna der Post das Verbrechen überhaupt erst ermöglicht? Der Reynolds' Miträuber Gordon Goody den entscheidenden Tipp gibt, wann der Postzug besonders viel Geld mit sich führt, und der ebenfalls den Anteil von 150 000 Pfund einsteckt? Der Gentleman schweigt. Reynolds nimmt sich eine Zigarette, dreht sie zwischen seinen Fingern. Dann grinst er. Ihm macht es Spaß, noch immer Informationen zu haben, die Scotland Yard nicht hat – auch wenn die Tat fast ein halbes Jahrhundert zurückliegt. Mit dem Ich-weiß-was-was-du-nicht-weißt-Spiel kokettiert er. Es ist sein letzter Trumpf. »Ich werde diese Geheimnisse mit ins Grab nehmen«, sagt er.

Erst 2016 wird die Identität des Post-Informanten gelüftet. Und zwar von Gordon Goody, der kurz vor seinem Tod in einem Buch den Namen preisgibt: Patrick McKenna. Der Ex-Postbeamte ist schon lange tot, aber seine Familie wird von der brisanten Neuigkeit völlig überrumpelt. Sie hat nie etwas von einem plötzlichen Geldsegen mitbekommen und kann sich auch überhaupt nicht erklären, was Patrick McKenna mit seinen 150 000 Pfund Anteil an der Beute gemacht haben könnte. Eine Möglichkeit ist, dass der strenggläubige McKenna das Geld seiner Kirche gespendet hat.

Der junge Meisterdieb Bruce Reynolds dagegen gibt sein Geld schon nach den ersten nächtlichen Streifzügen durch die Villenviertel Londons mit vollen Händen aus – Jahre vor dem Postraub. Es müssen die teuersten Autos sein (Porsche 365B), die feinsten Schuhe (handgenäht vom königlichen Schumacher John Lobb), die edelsten Anzüge (aus der Savile Row) und die coolsten Drinks (Dom-Pérignon-Champagner). Nur das Beste ist gut genug. Den Porsche liebt er und fährt seine Oma damit spazieren. Er baut mit ihm einen Unfall und lässt den Sportwagen in Stuttgart reparieren, kurze Zeit später fährt er ihn komplett zu Schrott. Macht aber alles nichts, denn er hat ja noch einen Aston Martin. Überflüssiges Geld bunkert Reynolds bei seiner Oma, die er »Gran« nennt.

Und nun, ein halbes Jahrhundert später, trägt Bruce Reynolds ein abgewetztes Cordsakko, er braucht die 200 Pfund von mir und seine Zähne sind braun und fallen langsam aus. Er ist eitel, immer noch. Wenn er lacht, hält er sich eine Hand vor den Mund. Ihm ist es unangenehm, dass beim Lachen seine zwei großen verfaulten Schneidezähne aus seinem Mund herausragen. Anstrengend sei nun das Leben für ihn, sagt er. Seine Frau könne er nicht mehr so lange alleinlassen, sie sei – er macht eine Wischbewegung mit seiner rechten Hand vor seinem Gesicht – geistig wirr. Reynolds pflegt sie bis zu ihrem Tod. Es ist sein letzter Dank an die beste Komplizin, die er je hatte.

Denn Frances Reynolds schweigt nach dem Postzugraub und dem Untertauchen ihres Mannes wie ein Grab. Sie kümmert sich allein um den gerade geborenen Sohn Nick. Als er nach Mexiko flieht, bleibt sie zunächst zurück. Erst Monate später fliegen sie und ihr Sohn unter falschem Namen nach Acapulco. Fortan nennt sie sich »Angela«. Als Bruce im Gefängnis sitzt, zieht sie den gemeinsamen Sohn allein groß. Um finanziell über die Runden zu kommen, posiert sie 1969 auf dem *Stern*-Titel in Minirock, Pelzmantel und mit einem Glas in der Hand auf der Kühlerhaube eines Rolls Royce. Sie erzählt, wie die Familie umgerechnet 1,8 Millionen D-Mark verjubelt hat. Das Ehepaar trennt sich während der Gefängniszeit, findet aber anschließend wieder zusammen. Und noch immer nennt sich seine Frau »Angela«. »Sie findet den Namen einfach zu schön«, sagt Bruce Reynolds, »sie wollte nie mehr zu ›Frances‹ zurückkehren.«

2013 stirbt Bruce Reynolds, der legendäre Posträuber. Zu seinem Begräbnis kommen etliche Größen der Londoner Unterwelt im Nadelstreifenanzug, mit dicken Sonnenbrillen und Goldketten. Sie zollen ihrem Idol Respekt. Doch wieder steht nicht Reynolds im Mittelpunkt, sondern sein alter Kumpan Ronnie Biggs. In einem Rollstuhl wird der Greis, der 2009 aus Gesundheitsgründen begnadigt und aus dem Gefängnis entlassen worden ist, zur Beerdigung geschoben. Biggs trägt stilvoll Anzug mit Hut und ist der Älteste und Gebrechlichste unter den Trauergästen. Ihm gefällt die Aufmerksamkeit. Biggs zeigt den anwesenden Fotografen die versteckte britische Version des Stinkefingers, indem er mit der rechten Hand das Victory-Zeichen macht, sie dabei aber um 180 Grad dreht. Ein letzter Gruß, ein letztes »Fuck you« ans Establishment. Bruce Reynolds hätte dieser Schlussakkord sicherlich gefallen.

# Buzz Aldrin, Astronaut und zweiter Mensch auf dem Mond

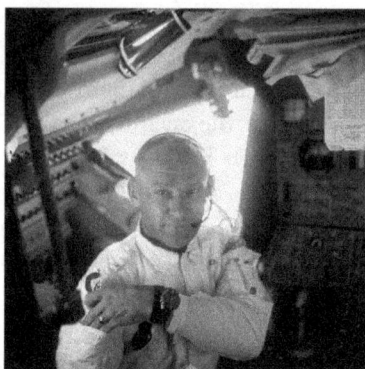

Edwin »Buzz« Aldrin (geb. 1930) ist als Astronaut Mitglied der US-amerikanischen *Apollo-11*-Mission, die 1969 auf den Mond fliegt. Die Mondlandung wird weltweit live im TV übertragen, von 400 Millionen Menschen gesehen und gilt als Jahrhundertereignis. Kurz nach Kommandant Neil Armstrong betritt Aldrin als zweiter Mensch den Mond. Die Bilder von ihm im Raumanzug auf der Mondoberfläche gehen um die Welt. Nach der Rückkehr zur Erde kämpft Aldrin mit Depressionen und wird zum Alkoholiker. Ich treffe den 87-jährigen legendären Astronauten 2017 in Frankfurt am Main.

\* \* \*

Der Eintrittspreis ist mehr als happig. 300 Euro zahlen Besucher, um während der Internationalen Automobilausstellung in Frankfurt die »me

Convention« von Daimler zu besuchen. Auf mehreren Etagen im imposanten Kuppelbau protzt der schwäbische Fahrzeughersteller mit seinen neuesten Luxuskarossen und Zukunftsmodellen. Später am Tag treten Dieter Zetsche, der Daimler-Boss mit dem markanten Schnäuzer, und Facebook-Chefin Sheryl Sandberg auf. Doch bereits jetzt, am frühen Morgen, ist das Auditorium rappelvoll. Schon eine halbe Stunde vor Beginn der Veranstaltung sind alle Plätze im Foyer der Festhalle belegt.

Die Menge wartet auf eine lebende Legende. Sie ist neugierig auf einen 87-jährigen US-Amerikaner, der selten nach Deutschland kommt und vor einem halben Jahrhundert als Soldat in Bitburg in der Pfalz gedient hat.

Die Festhalle in Frankfurt hat schon viel erlebt: kampierende Soldaten im Ersten Weltkrieg, die Lagerung von Wehrmachtsuniformen im Zweiten Weltkrieg. Sie ist Ort des Deutschen Turnfests, AC/DC treten hier auf und Boris Becker feiert in den Neunzigerjahren zwei Weltmeistertitel.

Doch jetzt, im Spätsommer 2017, kommt zu Discoflackern ein wacklig gehender ehemaliger Astronaut der legendären *Apollo-11*-Mission auf die Bühne: Buzz Aldrin, der zweite Mensch auf dem Mond.

Aldrin setzt eine dunkelblaue Sonnenbrille auf, dreht sich um 180 Grad mit dem Rücken zum Publikum und imitiert den Moonwalk von Michael Jackson. Das sieht bei dem 87-Jährigen, der mit vollem Namen Edwin Eugene Aldrin Jr. heißt, tapsig aus, doch er ist sich seiner Wirkung sicher. Applaus, Handys in der Höhe. Er genießt und blickt ins Rund, hält kurz inne, dann salutiert er dem Publikum. Es ist ein bizarrer Auftritt. Buzz Aldrin ist nicht gentlemanlike, er wirkt nicht wie ein Elder Statesman mit Charisma und Grandezza, sondern vielmehr wie ein schrulliger alter Opa, der zur Schau in die Manege gestellt wird: Seht her, eine lebende Legende! Die letzte Chance, ihn zu sehen! Nur noch hier und heute! Man hat das Gefühl des Fremdschämens, denkt, man müsste ihn schützen. Der ehemalige Astronaut ist eine Karikatur seiner selbst.

Für das Schrullige ist Buzz Aldrin selbst verantwortlich. Er trägt ein schwarz-silbernes Sakko, dunkelblaue Jeans, die zu kurz geraten sind, darunter blau-rote Socken mit weißen Sternen. Dazu zwei Halsketten, mehrere goldene Ringe und Armbänder. Sein blaues T-Shirt hat die Aufschrift »Get your ass to Mars«, also »Bekommt euren Hintern auf den Mars«. Sein Bauch spannt das alberne T-Shirt und lässt den Gürtel verschwinden. Die Hosenträger halten alles zusammen. Aldrin zieht schließlich das Sakko aus und streift sich eine eigens entworfene Jacke mit seinem Namen und dem Logo der *Apollo-11*-Mission über. Die Sonnenbrille nimmt er ab. Er setzt sich. Seine gütigen Augen gucken neugierig ins Publikum.

Buzz Aldrin macht sich normalerweise rar in der Öffentlichkeit. Für seine ShareSpace-Stiftung, die Kinder für Wissenschaft und Technik begeistern will, tritt er manchmal in Schulklassen auf. Zwei Mal sorgte er in den vergangenen Jahren für Aufsehen. Im Dezember 2016 springt er dem Tod von der Schippe, als er mit einem Reiseveranstalter eine Expedition zum Südpol unternimmt. Er schafft es gerade noch zur Amundsen-Scott-Südpolstation, dann verschlechtert sich sein Gesundheitszustand dramatisch, er hat Flüssigkeit in der Lunge und Atemprobleme, wird nach einer zermürbenden Wartezeit über die Antarktisstation McMurdo ausgeflogen und dann weiter zu einem Krankenhaus nach Christchurch in Neuseeland gebracht. Doch Aldrin ist zäh und macht schon am Krankenbett wieder Faxen. Natürlich postet seine Vertraute Christina Korb auf Twitter ein Foto von ihm im Krankenhausbett.

Ein paar Monate später, im Juli 2017, wird er zum Hauptdarsteller bei einer Rede von US-Präsident Donald Trump im Weißen Haus. Ob unfreiwillig oder wohl kalkuliert – das weiß man bei Aldrin nie so genau. Auf jeden Fall steht er direkt neben Trump im Roosevelt Room im Weißen Haus, als dieser eine Rede über den Weltraum hält. Aldrin guckt zu ihm hoch und kommentiert dabei jeden Satz des Präsidenten mit Blick und Mimik. Aldrin trägt Anzug und eine zu kurz geratene Krawatte – und sieht allein dadurch schon ulkig aus. Doch seine schrägen Grimassen an der Seite des US-Präsidenten werden weltweit zum Brüller und bei YouTube zum Klassiker.

In der Frankfurter Festhalle spricht Buzz Aldrin über den Mars, sein Lieblingsthema, seine neue Passion. Die Fragen, die ihm eine Journalistin auf der Bühne stellt, beantwortet er in epischer Länge. Aldrin ist überzeugt, dass man um das Jahr 2040 so weit sein werde, zum Mars zu fliegen und ihn zu besiedeln. Man brauche zudem ein gewisses Alter und eine gewisse Reife für eine derartige Mission, sagt er, mit Ende 30, Anfang 40 sei man dafür gut gerüstet. Da spricht Aldrin aus Erfahrung; er selbst war 1969 bei seiner Reise zum Mond 39 Jahre alt.

Zu seinem skurrilen Auftritt passt, dass er auch von einem Erlebnis in Stonehenge erzählt. Im Angesicht des mythischen Monuments habe er eine Botschaft aus dem All empfangen.»Die Menschheit soll alte Raumfahrzeuge nicht verschrotten, sondern für den Verkehr zwischen Erde, Mond und Mars aufbewahren«, sagt Aldrin. Ist das gaga? Oder meint er das ernst? Doch so gern das Publikum dem ehemaligen Astronauten zuhört, die Ahh- und Ohh-Momente gibt es erst, als im Hintergrund auf einer Leinwand Aldrin im Raumfahreranzug auf dem Mond gezeigt wird, sein Fußabdruck im Staub und die damalige Besatzung. Ikonische Bilder des 20. Jahrhunderts. Er weiß, wie man seine Zuhörer bei Laune hält, macht Witze, verliert sich dabei in ausschweifenden Erklärungen, aber niemand nimmt es ihm übel. Er habe, so sagt er, das erste Selfie überhaupt gemacht, mit dem teuersten Selfie-Stick, einer an der Mondlandefähre *Eagle* befestigten Kamera.

Die *Apollo-11*-Mission macht ihn 1969 unsterblich. 400 Millionen Menschen gucken live im TV zu, als Neil Armstrong und Buzz Aldrin als erste Menschen den Mond betreten. Ihre Sätze »The Eagle has landed« und »Es ist ein kleiner Schritt für einen Menschen, aber ein riesiger Schritt für die Menschheit« sind schon lange Legende. Die NASA hatte Buzz Aldrin Monate zuvor, im Januar 1969, in die Hauptmannschaft von *Apollo 11* berufen. An seiner Seite Neil Armstrong, der Kommandant, und Michael Collins, der die Kommandokapsel im Orbit steuern soll. Die drei Astronauten starten am 16. Juli 1969 mit einer Saturn-V-Rakete vom Kennedy Space Center in Florida. Am 21. Juli um 4.15 Uhr mitteleuropäischer Zeit betritt Aldrin knapp 20 Minuten nach Neil Armstrong als zweiter Mensch den Mond, bleibt dort über zwei Stunden, sammelt Gestein und installiert Forschungsgeräte. Knapp 290 Stunden verbringt er im Weltall, davon fast acht Stunden außerhalb des Raumfahrzeugs.

Eine Dreiviertelstunde steht Buzz Aldrin auf der Bühne der Festhalle, wird danach in einen fensterlosen Raum hinter dem Cateringbereich gebracht und empfängt mich zum Gespräch. Fester Händedruck und kurzes Nicken zur Begrüßung, dann setzt er sich an das Kopfende des Tisches. Es ist nicht klar, wie lange das Interview mit ihm dauern wird, seine Assistentin Christina Korb sitzt neben ihm und starrt unablässig auf die Uhr ihres Smartphones. Daher am besten gleich zu Beginn die Frage aller Fragen.

**Warum war Neil Armstrong der Erste – und nicht Sie?**

Er guckt hoch und mir direkt in die Augen. Er ist nicht auf Krawall gebürstet, im Gegenteil. Buzz Aldrin hat diese Frage unterschiedlich beantwortet in den Jahren danach. Und auch jetzt tut er sich schwer mit einer Antwort. Es arbeitet in ihm. Er überlegt. Man merkt, es nagt noch immer an ihm. »In den USA zählt der Zweite nichts«, hat er einmal gesagt. Er könnte nun nach all den Jahren sagen: »Es war das Privileg des Kommandanten und basta. Nächste Frage, bitte.« Doch Buzz Aldrin schweigt.

»Ich wünschte, es wäre simpel, diese Frage zu beantworten«, sagt er nach einer gefühlten Ewigkeit.

Dann beginnt Aldrin zu erzählen: »Das Trainingsprogramm für den Kommandanten war natürlich sehr wichtig. Aber die Experimente, die gemacht werden sollten, wurden bei den vorherigen Apollo-Missionen an den Junior-Kommandanten, wie ja auch ich einer war, übertragen, zum Beispiel Spaziergänge im All. So konnte sich der Kommandant auf das Wichtige konzentrieren, zum Beispiel auf die Landung auf dem Mond. Und wenn der eine im All spaziert, muss der andere im Raumschiff Entscheidungen treffen. Bei solch einer wichtigen Mission wie unserer *Apollo-11*-Mission – und es war ja die erste Mondlandungsmission – mussten wir beim Andocken prüfen, ob der Tunnel blockiert ist, ob der Junior-Kommandant die Ladeluke der Mondlandefähre aufmachen und hinausgehen kann. Das hätte eigentlich bedeutet, dass der Kommandant unter großem Druck hätte zurückbleiben müssen.«

Er antwortet über zehneinhalb Minuten lang, er lässt keine Einwände zu, reingrätschen und abkürzen, die Frage umformulieren oder abschwächen wäre sinnlos. Aber es ist schnell klar, worauf Buzz Aldrin hinauswill. Dann spricht er es auch aus: »Der Schwerpunkt der Arbeit des Kommandanten ist das Supervising. Ihm werden möglichst keine zusätzlichen Aktivitäten aufgebürdet.«

Buzz Aldrin holt kurz Luft, dann fährt er fort. »Wir fliegen nun also mit *Apollo 11* zum Mond und der Kommandant und ich sollen dort für eine bestimmte Zeit zusammen arbeiten. Es gab zwei Missionsziele, die vom US-Präsidenten sehr verständlich vorgegeben waren: die Mondlandung und der erste symbolische Hinweis auf den Erfolg. Und wenn man landet, ist es ein relativ simpler Prozess, die Luke der Mondlandefähre aufzumachen und die Leiter hinunterzugehen. Aber das ist ja lediglich symbolisch aufgeladen wegen der Öffentlichkeit. Das erfordert kein großes Training.«

Aldrin ist noch lange nicht fertig mit seiner Antwort. Es sei verwirrend, sagt er, denn die NASA-Mitarbeiter, die die Astronauten vor ihren Raumflügen trainieren, seien es gewohnt gewesen, den Schwerpunkt des Trainings auf den Kommandanten zu legen. Und sie hätten andere Aufgaben an den Junior-Kommandanten abgegeben. »Sie haben also zwei Leute, die aber nicht gleichzeitig rausgehen können«, sagt Buzz Aldrin. »Es kann nur den einen oder den anderen geben. Hinzu kommt die logische Überlegung, die besagt: Vielleicht sollten wir den Kommandanten nicht mit simplen Dingen belasten.«

Aldrin hebt die Hände und fährt fort: »Wir benötigten also eine Entscheidung, die aber nicht getroffen wurde und unser Training verzögerte. Schließlich habe ich nach einer klaren Anweisung gefragt, die dann auch nicht mehr geändert werden sollte. Da wurde dann viel beraten und mehrere NASA-Leute kamen zu der Schlussfolgerung, dass ich nicht das Symbolische verkörpern soll. Also kamen die Leute zu dem Entschluss, dass es viel besser wäre, wenn Neil als Erster die Treppe hinuntersteigt. Und auch ich hatte das Gefühl, dass er das Symbolische besser repräsentiert.« Das wäre nun – nach aller Ausführlichkeit – eigentlich eine versöhnliche Antwort von ihm auf die Frage, warum Neil der erste Mensch auf dem Mond war und er, Buzz, bloß der zweite.

Aber er fügt hinzu: »Es beschäftigt mich.«

Denn die grundsätzliche Reihenfolge beim Aussteigen lässt ihn nicht los. »Es gab viele Debatten darüber, wie herum man verfahren müsste, und am Ende kam heraus, dass es nicht wünschenswert gewesen wäre, den Junior-Kommandanten zuerst aussteigen zu lassen wegen der zwei Wege. Es wäre problematisch gewesen, wenn ich zwei Wege gehabt hätte, um erst hinaus- und dann wieder in die Mondlandefähre hineinzukommen. Das war der Grund für die Entscheidung. Und diese Entscheidung war wichtiger als die Symbolik. Die NASA-Chefs lösten das Problem in toller technischer Manier«, sagt er spöttisch.

Das war sie, die Zehneinhalb-Minuten-Antwort.

Seine Finger spielen mit einem Kuli, er dreht seine Kaffeetasse ein paarmal im Kreis. Und er zupft mit den Händen an seinen Ketten und Ringen. Dann fährt er fort: »Als diese Entscheidung schließlich getroffen wurde, wäre es einfach gewesen zu sagen: ›Okay, der Kommandant geht zuerst die Treppe der Mondlandefähre hinunter. Dann folgt die zweite Person und ist dafür zuständig, was auf dem Mond gemacht wird.‹ Aber das ist nicht das, was passiert ist, okay?!«

Aha, daher weht der Wind! Buzz Aldrin hadert nicht nur lebenslang mit seiner Rolle als der Zweite, sondern auch damit, dass er nur zweite Wahl bei den zu erledigenden Aufgaben auf dem Mond war.

Aber er könne doch froh sein, werfe ich ein, denn alle Bilder von der Mondmission zeigen schließlich ihn. Neil Armstrong hatte zwar den Auftrag zur fotografischen Dokumentation bekommen und schoss die legendären Bilder auf dem Mond, doch sie machen ihn, Aldrin, im Raumfahreranzug unsterblich. »Warum war das denn so?«, unterbricht er mich. »Darüber wurde ja oft geredet. Nun ja, weil Neil eben die Kamera hatte. Ich musste ihm die Kamera nach unten geben. So konnte er die Bilder machen, als ich rauskam.«

Anders als auf der großen Bühne im Foyer der Frankfurter Festhalle fallen mir nun in diesem fensterlosen Kabuff aus der Nähe Buzz Aldrins muskulöse Oberarme und die Altersflecken auf seiner Haut auf. Wenn er gestenreich erklärt, klimpern die Ketten und Ringe, die er trägt, und die zwei Uhren am Handgelenk. Ist es für ihn eigentlich eine Bürde, eine lebende Legende zu sein? Oder ist er stolz darauf?»Nach der Mondlandung habe ich eine Autobiografie geschrieben«, sagt er. »Sie hieß nicht ›Reise zum Mond‹, sondern ›Zur Erde zurückkommen‹. Das war der schwierigste Teil meines Lebens.« Er habe einer Öffentlichkeit gegenübergestanden, die Dinge von ihm wollte, die er nicht geben konnte. Er sei zudem der erste Astronaut gewesen, der nach der Reise ins All zurück zum Militär ging. Aldrin bleibt lediglich ein Jahr als Testpilot, er ist enttäuscht, dort nicht die Aufgabe zu bekommen, die er gern gehabt hätte. »Und dann war ich plötzlich nicht mehr bei der NASA, nicht mehr bei der Luftwaffe, also was sollte ich machen? Das war schwierig. Ich hatte bereits Selbstmordgedanken und Depressionen vererbt bekommen und nun fing ich auch noch mit dem Trinken an.«

Buzz Aldrin fährt sich mit seinen Händen durch das nach hinten gekämmte, schlohweiße Haar, dann sagt er: »Ich habe es aber nie bereut, zum Mond geflogen zu sein. Schwierigkeiten gehören dazu und sorgen dafür, dass Menschen dazulernen und das Beste aus sich herausholen.« Also keine Reue? »Nein! Das kann ich nicht so stehen lassen.« Nicht jeder Mensch habe derartige Möglichkeiten bekommen. »Ich glaube nicht, dass man ähnlich glücklich sein kann wie ich.«

Gibt es irgendetwas, das herausragt aus dieser aufregenden Zeit? Er schweigt und überlegt sekundenlang. »Ich denke heute, dass ich sehr offen war für Gedanken darüber, was alles hätte passieren können. Man musste ja mit dem Schlimmsten rechnen«, sagt er. »Als ich aber unten auf der Leiter der Mondlandefähre ankam und sah, wie einfach es für Neil war, herumzulaufen, musste ich mich nicht mehr ums seelische Gleichgewicht kümmern. Ich hatte dieses Gefühl von Erleichterung in meinem Kopf, und ich fühlte, dass es an der Zeit war, meine Blase zu entleeren. Und so habe ich mein persönliches Abfallsystem im RaumfaHreranzug aktiviert.« Er lacht in sich hinein, entschuldigt sich für die plakative Darstellung, dann sagt er: »Das war aber sicherlich nicht geplant, wie so viele andere Sachen auch nicht. Wir haben einiges gemacht, wir hätten aber sicherlich einige Sachen auch besser machen können. Ich bin meinem Kommandanten gefolgt.«

Zurück zur Frage, Buzz, was war einmalig? »Als Neil irgendetwas sagte über Schönheit, in Bezug auf etwas, was aber nicht schön war, sprach ich lieber von ›magnificent desolation‹ (zauberhafte Trostlosigkeit). Was aber für immer bei mir hängen geblieben ist, war mein Ausspruch beim Verlassen des Mondes: ›Houston, we are number one on the runway‹. Ich hatte keine Angst und war schlicht relaxt. Was ich damit sagen will: Dieser Spruch ist ja die Definition von Humor schlechthin, der ist ja komplett absurd gewesen! Ich habe immer um die Ecke geschaut und nach Alternativen außerhalb der Vorstellungskraft gesucht. Alle denken, dass ich verrückt bin, bis sie mich besser kennenlernen. Man muss über den Tellerrand gucken, um voranzukommen.«

Buzz Aldrin muss wieder seine Finger beschäftigen. Dieses Mal ist ein Wasserglas dran. Seine Mitarbeiterin Christina Korb guckt auf die Uhr. Sie drängt zum Aufbruch, der Flieger nach London wartet und damit die nächste Veranstaltung. Man kann nur hoffen, dass er dort nicht wieder auf einer Bühne zur Schau gestellt und wie ein Marsmännchen bestaunt wird.

# 1970ER-JAHRE

# FARAH DIBA-PAHLAVI,
# KAISERIN DES IRAN

Farah Diba (geb. 1938) heiratet 1959 Mohammad Reza Pahlavi, den Schah von Persien. Zunächst trägt sie den offiziellen Titel »Schahbanu« (Gemahlin des Schahs). 1967 krönt ihr Mann Farah Pahlavi zur Kaiserin von Persien. Vor allem in Deutschland ist Farah Pahlavi unter ihrem Mädchennamen Farah Diba bekannt. Während sie sich für Frauenrechte und Bildung einsetzt, Universitäten und das Teheraner Museum für Zeitgenössische Kunst eröffnet, lässt das Regime des Schahs Oppositionelle inhaftieren, foltern und ermorden. Während des Staatsbesuchs des Schah-Ehepaars im Juni 1967 in Deutschland wird bei Protesten gegen die Diktatur in Persien der Student Benno Ohnesorg von einem deutschen Polizisten erschossen. 1979 zwingt die Islamische Revolution unter dem geistlichen Anführer Ajatollah Chomeini die Schah-Familie zur Flucht aus dem Iran. Nach einer Odyssee durch mehrere Länder stirbt Mohammad Reza Pahlavi 1981 in Kairo an Krebs. Seine Witwe Farah

Pahlavi lebt heute abwechselnd in der Nähe von Washington D.C. und in Paris, wo ich sie 2008 und 2014 in ihrer Wohnung interviewt habe, jeweils kurz nach ihrem 70. beziehungsweise 75. Geburtstag.

* * *

Alle Wege zu ihr führen über New York. Dort lebt Kambiz Atabay, ihr Privatsekretär. Die Bezeichnung »Sekretär« wird dem hageren, groß gewachsenen 78-Jährigen nicht gerecht. Jahrzehntelang stand er in Diensten von Mohammad Reza Pahlavi, dem Schah von Persien. Schon sein Vater hatte für Reza Schah Pahlavi, den Vater des Schahs und Begründer der Pahlavi-Dynastie, gearbeitet. Atabay ist eine Stütze des Regimes, steigt in den Siebzigerjahren zum Präsidenten des Iranischen Fußballverbandes auf und sitzt beim WM-Finale 1974 zwischen Deutschland und den Niederlanden auf der Ehrentribüne des Münchener Olympiastadions. Er macht weiter Karriere, wird von 1976 bis 1978 sogar Präsident des Asiatischen Fußballverbandes.

Als die Schah-Familie nach Massendemonstrationen am 16. Januar 1979 das Land verlässt, sitzt er als treu Ergebener mit in der Maschine, die die gestürzte Herrscherfamilie zunächst nach Ägypten bringt. Er begleitet den Schah und dessen Familie auf ihrer Irrfahrt rund um die Welt – von Ägypten nach Marokko, dann weiter auf die Bahamas, nach Mexiko, zur dringenden Operation des krebskranken Ex-Diktators nach New York, dann nach Panama und schließlich nach Ägypten, wo der Schah eineinhalb Jahre nach dem Sturz des Regimes an den Folgen seiner Krebserkrankung stirbt. Kambiz Atabay bleibt der Pahlavi-Familie treu und dient fortan der Witwe des Schahs: Farah Pahlavi.

Der stets misstrauische, aber gut gelaunte Atabay will den ihm unbekannten Journalisten persönlich kennenlernen. Er schlägt 2008 ein Treffen in einem New Yorker Restaurant auf der Upper West Side vor, widerruft den Treffpunkt telefonisch kurz zuvor und nennt eine andere Bar als Ort des Treffens. Dann eine SMS, in der Atabay eine neue Uhrzeit vorschlägt. Zum verabredeten Zeitpunkt taucht er plötzlich wie aus dem Nichts vor mir auf, guckt sich um, wartet, dann geht er schnellen Schrittes ins Restaurant. Seine Blicke wandern durch den Raum, er mustert das Personal. Ich bin mir nicht sicher: Leidet er unter Verfolgungswahn oder hat er noch immer – möglicherweise berechtigte? – Angst vor dem im Iran herrschenden Ajatollah-Regime und dessen brutalem Geheimdienst? Oder beides? Kambiz Atabay sagt bloß: »Würden Farah Pahlavi oder ich in den Iran zurückkehren, würden sie uns töten.« Das Gespräch verläuft harmonisch und er verspricht, ein Treffen mit Farah Pahlavi zu arrangieren.

Als wir das Lokal verlassen, wartet er darauf, dass ich um die Ecke biege. Als er mich außer Blickes wähnt, springt er schnell in einen Bus und fährt Richtung Norden. Ist es der ehemaligen rechten Hand des Schahs und dem ehemaligen Präsidenten des Asiatischen Fußballverbandes etwa peinlich, dass man ihn in einem ordinären, überfüllten Stadtbus davonfahren sehen könnte?

Farah Pahlavi fährt nicht Bus. Der französische Staat stellt der Ex-Kaiserin in Paris Fahrer und Limousine, spendiert dazu Personenschutz in einem Begleitfahrzeug. Es sind die letzten Machtinsignien, die ihr geblieben sind. Ihr Leben? Wie im Film. Märchenhochzeit mit dem Schah von Persien im Alter von 21 Jahren. Als dritte Ehefrau des Schahs ist sie Nachfolgerin der deutschstämmigen Soraya, die dem Schah keinen Thronfolger schenken konnte. 1967 wird Farah Pahlavi im Golestan-Palast in Teheran zur Kaiserin von Persien gekrönt. Im Januar 1979 verlässt das Herrscherpaar seine Heimat. Zwei Wochen später kehrt Ajatollah Chomeini aus dem Exil in Frankreich zurück nach Teheran und übernimmt die Macht.

Farah Pahlavi war nicht nur Kaiserin, sondern auch Stilikone. Ihre Frisur – hochtoupierte Haare, am Hinterkopf zu einem Knoten aufgesteckt – wurde Kult. Millionen Frauen haben sie bewundert. Ihr Mädchenname Farah Diba wurde weltberühmt. Nach dem Krebstod ihres Mannes folgt ein weiterer schwerer Schicksalsschlag: 2001 stirbt ihre jüngste Tochter Leila in London an einer Überdosis Schlaftabletten.

Ein paar Tage nach dem Treffen in New York meldet sich Kambiz Atabay und gibt das Okay seines »Principals«, wie er seine Chefin nennt. Ihre Majestät sei bereit zum Gespräch und möchte mich in ihrer Wohnung in Paris empfangen.

Siebtes Arrondissement, Nähe Eiffelturm. Die genaue Adresse der Ex-Kaiserin bleibt geheim. Eine herrschaftliche Stadtvilla. An der

Messingklingel steht kein Name. Mit einem Code öffnet sich die Haustür, ein rumpelnder Holzfahrstuhl mit Eisengitter bringt den Besucher nach oben in den vierten Stock zu Farah Pahlavi. Ihre Haushälterin nimmt die Blumen entgegen und bittet ins Wohnzimmer in der oberen der zwei Etagen. Auf den Tischen stehen viele gerahmte Bilder ihrer Familie, vor allem von ihrem verstorbenen Ehemann. Der Blick aus den Fenstern reicht über die Seine hinaus bis zum Montmartre. Eine traumhafte Aussicht: Hausdächer glänzen in der Sonne, die Blätter der Platanen liegen auf den Gehwegen und unzählige Autos überqueren die Seine. Nur leise dringt der Lärm ins Wohnzimmer.

Farah Pahlavi feierte vor ein paar Wochen ihren 70. Geburtstag. Ein zarter Händedruck zur Begrüßung. Elegant, im dunkelorangen Kostüm, nimmt sie vor dem Kamin Platz. »Aus Sicherheitsgründen ist es sinnvoller, wenn diese Adresse in der Öffentlichkeit unbekannt bleibt«, sagt die ehemalige Kaiserin und bietet Kaffee und bunte Kekse an: »Die sind äußerst lecker.«

**Hoheit, wie ist denn eigentlich die korrekte Anrede: Kaiserin? *Schahbanu?* Frau Pahlavi?**

»Eure Majestät« wäre korrekt. Schahbanu ist der persische Titel. Aber meine Kinder sagen »Maman«, so wie im Französischen. Viele Iraner sprechen ihre Mutter so an.

**Und in Europa sind Sie schlicht Farah Diba.**

Nicht nur in Europa, auch in vielen Ländern des Mittleren Ostens oder in Südamerika. Komisch, dass ich vor allem unter meinem Mädchennamen bekannt bin. Ich habe oft darüber nachgedacht, warum mein Mädchenname derart an mir haftet. Vielleicht glauben die Menschen, das sei ein Doppelname wie Anna-Maria.

**Sie leben bei Washington und in Paris. Wo fühlen Sie sich zu Hause?**

Meine Heimat ist ausschließlich der Iran. Paris und Washington sind Orte, an denen ich wohne. Ein iranischer Poet hat mal gesagt: »Dieses Haus ist wunderschön, aber es gehört mir nicht.« Man hat eine Distanz zu dem, was man sieht, hört, berührt, riecht und schmeckt. Aber ich hoffe, dass ich eines Tages in mein Heimatland zurückkehren kann. Dass sich der Iran in ein tolerantes, demokratisches Land wandeln wird. Das wünsche ich mir für meine Kinder und Enkelkinder und für alle Iraner.

**Wie sehr sind Sie seit Ihrer Flucht ...**

... wir sind nicht geflüchtet, sondern wir haben das Land verlassen.

**... in die politische Arbeit von Exil-Gruppen involviert?**

Ich habe nie aufgehört, politisch aktiv zu sein. Ich überlege, wie wir mit unseren Möglichkeiten für Freiheit und Demokratie im Iran kämpfen können. Ich habe Kontakt zu unterschiedlichen Gruppen, sehr verbunden fühle ich mich natürlich mit der Arbeit meines Sohnes Reza. Ich unterstütze ihn, wann immer ich kann.

**Wären Sie zu einem Gespräch mit Irans Präsident Mahmud Ahmadineschād bereit?**

Das wird wohl nicht möglich sein ...

**Und wenn das Undenkbare passieren sollte?**

Wir leben in zwei verschiedenen Welten und in zwei verschiedenen Denksystemen. Aber wenn er zu einem Gespräch bereit wäre, würde ich es nicht ablehnen. Ich würde ihn treffen. Er würde seine Argumente aussprechen und ich meine.

**Was halten Sie von seiner Politik?**

Seine Aussagen sind das Gegenteil dessen, was sich die Iraner wünschen. Er verhöhnt die iranische Kultur, Identität und Zivilisation. Der Iran war immer ein Land, das an Menschlichkeit, Toleranz und guten Beziehungen zu den Nachbarstaaten interessiert war. Der Iran war niemals fremdenfeindlich oder hasserfüllt. Es gibt zu viele Lügen und zu viel Heuchelei bei den Führern des Regimes.

**Hat der Iran das Recht, eine Atommacht zu werden?**

Ja, natürlich. Zur Friedenserhaltung und Energiegewinnung. Wir hatten damals ein Zentrum für nukleare Energie. Der Rest der Welt wollte uns unterschiedliche Technologien verkaufen. Das war kein Problem, weil die Menschen an den Iran glaubten. Aber heute ist nicht klar: Was passiert, wenn das Regime die Atombombe eines Tages in Händen hält? Generell bin ich gegen jedwede Art von Nuklearwaffen.

**Was vermissen Sie am meisten, wenn Sie an Ihre Heimat denken?**

Die Natur, die Landschaften. Vor allem die Menschen, die ich kannte. Das Leben im Palast ist nicht das, was ich wirklich vermisse. Das war zwar Teil meines Lebens, aber ich vermisse es nicht.

**Wirklich nicht? Sie waren umgeben von unglaublichem Reichtum.**

Das stimmt nicht. Man kann den Niavaran-Palast gar nicht vergleichen mit all den anderen Palästen auf der ganzen Welt.

**Der Pfauenthron, das war doch wie Tausendundeine Nacht ...**

Ja, ja. Der Thron steht heute in der Zentralbank. Aber er hatte Löwenköpfe. Während eines Staatsbesuchs in Indien stand dort eine Kopie, die mit Pfauenfedern dekoriert war. So nannte man ihn halt im Westen Pfauenthron. Der Name ist geblieben.

**War es schwer, den Übergang von der Kaiserin zur Privatperson zu schaffen?**

Ich war sehr aktiv und hatte ein erfülltes Leben als Kaiserin von Persien. Aber ich versichere Ihnen: Ich vermisse die Krone oder den Palast nicht. Im Gegenteil: Dieses Leben hier, wenn man die Probleme einen Moment vergessen kann, ist sehr lebenswert, denn ich bin mehr oder weniger ein normaler Mensch. Obwohl ich natürlich nicht völlig frei bin.

**Was meinen Sie damit?**

Ich bin heute Beobachterin. Ich beobachte diejenigen, die jetzt das sind, was ich einmal war: Könige und Präsidenten. Ich finde das sehr interessant. Früher stand ich auf der Bühne und heute bin ich Zuschauerin.

**Sie interessiert es, was Queen Elizabeth II. macht? Oder Königin Beatrix?**

Natürlich. Viele aus den Königshäusern waren Freunde.

**Wenn man sich die Bilder von früher anschaut, fällt immer wieder Ihre Frisur auf. Sie war stilprägend und wurde Kult.**

Viele Frauen auf der ganzen Welt haben meine Frisur kopiert. Noch heute, wenn ich in die unterschiedlichsten Länder reise, höre ich: Als ich jung war, habe ich Ihre Frisur nachgemacht. Das ist schon amüsant. Als ob die Frisur wichtiger wäre als alles andere. Aber ich bleibe in Kontakt mit den Menschen, denn sehr oft beginnt ein Gespräch über meine damalige Frisur.

**War das Styling Ihre Idee?**

Es stammt von zwei Friseurinnen, zwei Schwestern aus Paris. Es war ein großes Thema in der damaligen Modewelt.

**Nicht nur dort, Sie waren unzählige Male auf den Titeln der Klatschmagazine.**

Manchmal sehe ich mir die Bilder von damals an und denke: Mein Gott, das war so anders als heute! Es war auch eine praktische Frisur.

**Warum?**

Die Krone passte gut auf diese Frisur. Nachdem der Schah während der Krönungszeremonie die Krone auf meinen Kopf gesetzt hatte, dachte ich: Hoffentlich guckt keine Haarsträhne hervor!

155

**Sie haben ein gutes Gedächtnis.**

Ich werde nie vergessen, wie mein Mann mich fragte, ob ich ihn heiraten möchte. Er sagte:»Als Kaiserin hast du Verantwortung für das Land und die Menschen.« Ich nahm den Heiratsantrag natürlich an, aber ich wusste nicht, wie groß diese Verantwortung für mich sein würde. Wir kümmerten uns um die Erhaltung alter Monumente. Persien ist berühmt für seine Teppiche, aber es gab kein Teppichmuseum. Gleichzeitig wollten wir zeitgenössische Künstler unterstützen. So gründete ich unter anderem das Teheraner Museum für Zeitgenössische Kunst.

**Dann mussten Sie plötzlich das Land verlassen, der Tag jährt sich im Januar zum 30. Mal.**

Der 16. Januar 1979 war ein sehr trauriger Tag. Er war einer der traurigsten Tage unseres Lebens. Ich werde niemals die Tränen in den Augen meines Mannes vergessen. Er hätte sein Leben für den Iran gegeben. Wir verließen das Land und wussten nicht, was geschehen würde. Wir konnten nicht glauben, was wir da sahen. Diese Massenhysterie!

**Ein Jahr später starb Ihr Mann im Exil an Krebs.**

Wenn ich mich sehr angespannt in meinem Leben fühle, wenn ich niedergeschlagen bin, dann denke ich an ihn. Er lenkt mich, er gibt mir Mut. Übrigens rieche ich meinen Mann, ich rieche seine Gegenwart. Das ist manchmal traurig.

**Welche Erinnerung haben Sie an ihn?**

Er war ein toller Mann. Geduldig, freundlich. Ich habe ihn in den zwanzig Jahren, während ich mit ihm lebte, nicht ein einziges Mal wütend erlebt. Ich empfinde ihn als vorbildlich.

Dass Farah Pahlavi ihren verstorbenen Ehemann derart in Ehren hält, ist verständlich. Doch das Schah-Regime ist auch wegen zahlreicher Menschenrechtsverletzungen international bekannt geworden. Als verlängerter Arm der Schah-Diktatur diente der persische Geheimdienst und Folterapparat »Savak«, dessen Gründung Senat und Parlament 1957 beschlossen. Savak beobachtete alle Oppositionsgruppen; Regimegegner wurden verhaftet, verhört, gefoltert und zu Geständnissen gezwungen. Prozesse glichen Militärtribunalen. Konnte man ihnen Terroraktivitäten nachweisen, wurden Oppositionelle auch hingerichtet. Es waren von Savak beauftragte Iraner, die während des Schah-Besuchs am 2. Juni 1967 in West-Berlin mit Holzlatten auf Demonstranten einprügelten, die »Schah, Schah, Scharlatan« und »Mörder, Mörder« riefen. Als »Jubelperser« oder »Prügelperser« wurden die Schlägertruppen in Deutschland bekannt.

Der Savak war ein Staat im Staate und konnte schalten und walten, wie er wollte. 1977, knapp zwei Jahre vor dem Ende des Schah-Regimes, saßen nach einer Schätzung von Amnesty International einige Tausend politische Gefangene in den Gefängnissen des Landes. Bei einer gewaltsamen Auseinandersetzung zwischen Soldaten und Demonstranten wurden am 8. September 1978, dem sogenannten »Schwarzen Freitag«, in Teheran 64 Menschen getötet. Danach war die Islamische Revolution nicht mehr aufzuhalten.

**Frau Pahlavi, wie bewahren Sie das Andenken Ihres Mannes?**

Ich hebe seine Briefe auf, einige seiner Anzüge habe ich behalten. Manche Jacken, Krawatten oder Hemden habe ich an Menschen verschenkt, die ihn liebten. Überall in meiner Wohnung stehen Bilder von ihm. (Sie zeigt ihre Hand.) Und, sehen Sie, ich trage seinen Ring.

**Der goldene?**

Nein, das ist mein Hochzeitsring. Der Silberring an meinem Finger ist sein Hochzeitsring. Nach seinem Tod nahm ihm der Arzt den Ring ab und gab ihn mir. Ich trage ihn immer.

**Wie oft besuchen Sie sein Grab in Kairo?**

Jedes Jahr zum 27. Juli, seinem Todestag. Wenn ich sterbe, möchte ich an der Seite meines Mannes begraben werden. Das habe ich verfügt. Aber ich hoffe natürlich, dass wir beide eines Tages in unserem Heimatland bestattet werden können.

**Sprechen Sie mit Ihren Enkelkindern über deren Großvater?**

Sie fragen manchmal nach ihm. Dann erzähle ich ihnen natürlich, wer er war, was er tat und was ich während dieser Zeit getan habe.

**Sind Sie gern Großmutter?**

O ja! Meine Enkel leben bei Washington. Deshalb bin ich auch vier Monate im Jahr dort. Großeltern dürfen die Enkelkinder ja verwöhnen. Und das sagen sie mir auch.

**Fragen sie Sie, warum Sie keine Krone tragen?**

Früher haben sie es getan, zwei meiner drei Enkel sind ja bereits Teenager. Das größte Lob von meinen Enkelkindern ist: »Oma, du bist echt cool!« Wir machen Sport zusammen und ich gehe mit ihnen shoppen. Ich bin ziemlich entspannt mit ihnen.

**Ihr Leben gleicht einer Achterbahn. Die Hochzeit mit dem Schah, die Ausreise aus dem Iran, der Tod Ihres Mannes.**

In der Tat. Zwanzig Jahre lang war ich die Kaiserin von Persien. Ein Traum war in Erfüllung gegangen. Ich habe das Gefühl, dass ich schon seit hundert Jahren lebe.

**Warum haben Sie eigentlich nie wieder geheiratet?**

Der Schah war die Liebe meines Lebens. Für meinen Mann gibt es keinen Ersatz. Ich habe nie daran gedacht, mich noch einmal zu verlieben.

**Aber Sie sind mit 42 Witwe geworden. Fühlen Sie sich nicht manchmal einsam?**

Nie, Gott sei Dank! Die vergangenen dreißig Jahre waren traurig und auch schwierig. Aber ich möchte nicht an die wirklich schweren Zeiten zurückdenken. Auch wenn natürlich zu meinem Leben gehört, dass ich zwei sehr liebe Menschen verloren habe.

**Sie sprechen jetzt von Ihrer Tochter Leila, die vor sieben Jahren starb?**

Ja. Jede Mutter, die ein Kind verliert, hat eine Wunde, die niemals verheilen wird. Ich denke jeden Tag an sie. Ich sehe sie auf Bildern, ich höre etwas, das mit ihr zu tun hat. Wenn ich einen Kaffee trinke, denke ich an sie, weil ich weiß, wie gern sie Kaffee getrunken hat. Es ist schwer.

**Machen Sie sich Vorwürfe?**

Manchmal habe ich das Gefühl, ich hätte dieses oder jenes tun sollen. Ich weiß nicht ... Man stellt sich selbst so viele Fragen: »Wenn ich das getan hätte?« oder »Wenn jenes anders gewesen wäre?« Es ist ganz normal, dass man sich solche Fragen stellt. Dann wieder sage ich mir: Es hat keinen Sinn, darüber nachzudenken, denn sie ist nicht mehr hier. Ich muss meine Kraft für die anderen Kinder und Enkelkinder erhalten.

**Warum sah Ihre Tochter keinen Ausweg mehr?**

Für die Kinder war es schwer, erst die Heimat zu verlieren und dann den Vater. Dazu die negativen Artikel über uns, die sie in der Zeitung lasen. Wir lebten plötzlich in einer neuen Kultur, in einer anderen Welt. Leila war ein sehr intelligentes Mädchen. Sie liebte das Leben, hatte viele Freunde. Sie ging gern aus. Dann kam eine Zeit, in der sie unter chronischer Müdigkeit litt. Sie brach ihr Studium ab. Wir dachten, vielleicht erholt sie sich, wenn sie eine Weile nicht zur Uni geht. Essstörungen kamen hinzu und sie begann, Schlaftabletten zu nehmen. Eines Nachts nahm sie zu viele unterschiedliche Medikamente und dann starb sie.

**Weinen Sie manchmal?**

Es kommt darauf an. Wir Iraner sind ein emotionales Volk, wir weinen sehr schnell. Manchmal weine ich, weil ich glücklich bin. Das ist mir natürlich am liebsten.

**Frau Pahlavi, eine letzte Frage: Kaiserin Soraya, die erste Frau Ihres Mannes, hat ebenfalls in Paris gelebt. Haben Sie sie je gesprochen?**

Leider nicht. Ich sah sie einmal zufällig auf der Straße, allerdings nur von Weitem. Ich habe es aber nicht gewagt, zu ihr hinzugehen. Ich wusste ja nicht, wie ihre Reaktion sein würde. Später habe ich das bereut. Ich bin froh, dass meine Tochter Farahnaz sie einmal in einem Restaurant in Paris angesprochen hat. Sie sagte »Hallo« und dass sie meine Tochter sei. Soraya hat sich gefreut und sie in den Arm genommen. Auch mein zweiter Sohn Ali Reza hat sie einmal getroffen und sie war sehr freundlich zu ihm. Ich bin glücklich, dass Soraya gesehen hat, dass meine Kinder nicht mit Ressentiments ihr gegenüber erzogen worden sind. Als Soraya starb, habe ich sehr geweint.

Sechs Monate nach unserem Treffen und kurz nach der Präsidentschaftswahl im Iran bricht im Sommer 2009 ein Aufstand in der Heimat von Farah Pahlavi aus. Bilder der sterbenden Neda, eines Mädchens, das von Geheimpolizisten zusammengeschlagen wurde, gehen um die Welt. Die Ex-Kaiserin ist gerade im Urlaub in Marrakesch und verfolgt gebannt die Ereignisse im Iran. Sie ruft mich an, sagt, dass sie den ganzen Tag vor dem Fernseher sitze, *BBC, CNN, Al Dschasira* und französische Sender gucke. Zudem surfe sie stundenlang im Internet und telefoniere mit Freunden, ob sie Neuigkeiten für sie hätten. »Ich bin mit ganzem Herzen bei meinen Landsleuten. Ich fühle eine Mischung aus Stolz und großer Traurigkeit. Stolz bin ich auf die jungen Frauen und deren Mut, aus ihren Häusern zu kommen und an den Demonstrationen teilzunehmen«, sagt sie aufgewühlt. »Ich wünsche mir Freiheit, Demokratie und Menschenrechte im Iran.«

Aber was wusste die ehemalige Kaiserin und Ehefrau des Schahs von den Menschenrechtsverletzungen zu ihrer Zeit in ihrem Land, was wusste sie von Folter und Verfolgung? »Ja, wir haben Fehler gemacht. Es ist schlimm, was passiert ist, auch bei uns damals«, sagte Farah Pahlavi in einem Interview mit der Tageszeitung *Welt* vor ein paar Jahren. »Die Berater meines Mannes, die Regierung, der Schah selbst haben Warnsignale überhört. Mein Mann war zu sehr mit der Politik beschäftigt. Er hat den Falschen vertraut, vielen Generälen und hohen Beamten freie Hand gelassen.«

Per Internet hält Farah Pahlavi Kontakt zu Landsleuten, die ebenfalls im Exil leben. E-Mails aus dem Iran bekommt sie keine, weil die Sicherheitspolizei Nachrichten kontrolliert, die aus dem Iran an ihre Adresse geschickt werden. Zudem sei der Zugang zu ihrer Homepage und denen ihrer Söhne oft blockiert. Aber es sei möglich, das Land zu verlassen und Botschaften von außerhalb zu schicken. Wie erklärt sie sich, dass derart viele Frauen demonstrieren? »Weil sie genug gelitten haben unter diesem Regime«, antwortet Farah Pahlavi. »Viele wurden ins Gefängnis geworfen, weil sie für ihre Rechte gekämpft haben. Sie sind sehr tapfer gewesen in den vergangenen Jahren. Viele Gesetze zum Schutz der Familie wurden geändert. Es ist zum Beispiel verboten, sich scheiden zu lassen. Früher konnten Frauen eine Scheidung einreichen, heute können das nur Männer. Früher konnten Frauen alle Ämter bekleiden, sie konnten beispielsweise Richterinnen werden. Heute ist das untersagt.« Man sehe, dass viele Frauen sich unverhüllt zeigen, nur eine leichte Kopfbedeckung tragen. »Sie demonstrieren für ihre persönliche Freiheit. Der denkende Kopf hinter dem Schleier ist wichtig«, sagt die Ex-Kaiserin des Landes am Telefon.

Natürlich kommen bei Farah Pahlavi nun auch Erinnerungen hoch an die Demonstrationen vor 30 Jahren, als sie und ihr Mann das Land verlassen haben. »Aber das, was nun in den Straßen passiert, ist etwas ganz anderes. Heute widersetzen sich diejenigen, die fortschrittlich denken, den strengen, konservativen Traditionen. Heute wollen die Menschen von sich aus Freiheit und Demokratie und ich bin froh, dass einige religiöse Menschen ihnen folgen. Mein Mann sagte damals, dass er seinen Thron nicht behalten wolle, um ein Blutvergießen unter seinem Volk zu verhindern. Nun kennen die Machthaber keine Gnade.«

Die religiösen Machthaber im Iran schaffen es nur mit Gewalt, in Teheran, Isfahan und anderen Orten des Landes die Ordnung wiederherzustellen. Neue Hoffnung für das Volk gibt es erst wieder 2013, als der vergleichsweise moderate Hassan Rohani zum neuen Präsidenten des Landes gewählt wird.

Farah Pahlavi trifft unterdessen ein weiterer persönlicher Schicksalsschlag: Ihr jüngster Sohn Ali Reza nimmt sich im Januar 2011 im Alter von 44 Jahren in Boston das Leben. Zehn Jahre nach dem Tod ihrer Tochter

Leila begeht nun ihr zweites von vier Kindern Selbstmord. Im Herbst 2013 feiert sie 75. Geburtstag. Grund genug, noch einmal zu ihr nach Paris zu fahren und mit ihr ein Gespräch zu führen. Wieder vermittelt Kambiz Atabay, ihr Privatsekretär in New York, und arrangiert das Treffen Anfang 2014.

Seit fast 35 Jahren lebt sie nun im Exil, seit fast 34 Jahren ist sie Witwe. Die Ex-Kaiserin hat sich ihre Grandezza bewahrt. Sie setzt sich im graugrün karierten Hosenanzug kerzengerade aufs beige Sofa neben dem Kamin, hinter ihr eine große Yucca-Palme. In Silberschalen bietet sie einen iranischen Mix aus Maulbeeren, getrockneten Rosinen, Pistazien, Keksen und Walnüssen an. Ihre Fingernägel sind rosa lackiert. Sie trägt noch immer sowohl ihren als auch den schlichten Ehering ihres verstorbenen Mannes. Auf den Tischen stehen gerahmte Erinnerungsfotos von Königinnen und Königen mit Widmung, Familienfotos und Kunstwerke aus dem Iran.

Farah Pahlavi sagt, sie merke ihr Alter beim Treppensteigen und wenn ihr Namen nicht sofort einfielen. Und Tennisspielen könne sie wegen ihrer Augen nicht mehr. Ich spreche sie auf die vielen Schicksalsschläge in ihrem Leben an. Wie verkraftet sie die? »Ich muss einfach«, sagt sie. »Ich sage oft zu mir selbst, dass das Leben ein Kampf für jeden einzelnen Menschen ist.« Sie müsse positiv nach vorn schauen und versuchen, weiterzuleben. Wenn sie sich müde und depressiv fühle, erinnere sie sich immer an die Worte eines Freundes, der gesagt habe: »Ich mag keine Menschen, die sich selbst bemitleiden.« Ihr Sohn habe an Depressionen gelitten, doch die Hilfe seiner Mutter habe er nicht angenommen. »Manchmal denke ich, dass ich vielleicht dieses oder jenes hätte tun sollen«, sagt sie. »Aber es ist vorbei, nun zu hadern bringt ja nichts. So gut es eben ging, war ich natürlich immer für meine Kinder da. Aber …« – sie holt tief Luft, macht eine längere Pause – »… wenn man ein Kind verliert, kommt man nie über den Verlust hinweg«.

Farah Pahlavis Blick wandert durch den Raum, zu den Familienbildern auf den Ecktischen, zur großen Schah-Büste in der Ecke. Früher saß sie als Kaiserin in Privatmaschinen, ging auf roten Teppichen zu Staatsempfängen und traf John F. Kennedy im Weißen Haus. »Und heute werden mir bei der Einreise in die USA die Fingerabdrücke genommen«, sagt sie, »ich muss die Schuhe bei der Sicherheitskontrolle ausziehen, meine Ohrringe abstreifen und meine Taschen entleeren. Und wenn es irgendwo piept, werde ich eben abgetastet. Was soll ich sagen? So ist halt das Leben. Mir macht das nichts aus und ich nehme es mit Humor. Ich habe schon mal gedacht, dass die Beamten meine Fingerabdrücke gut aufbewahren sollten, denn irgendwann kommen sie ins Museum.« Wird sie erkannt? »Eher von den älteren Beamten«, sagt sie. Die seien dann ganz reizend, »stehen auf, helfen mir beim Gepäck und beim Zoll. Einer fragte mich mal: ›Sind Sie so etwas wie die Königin von England?‹ Es ist schon sehr amüsant.«

Farah Pahlavi schlägt vor, gemeinsam zum Louvre zu fahren, dort könne doch der Fotograf ein paar schöne Bilder machen. Unten an der Haustür nimmt uns ein Bodyguard in Empfang. Von einer Polizeieskorte begleitet, fährt ihr Chauffeur entlang der Seine am Place de la Concorde vorbei. Sie zeigt mit einem Finger nach links auf das Luxushotel »Crillon« am anderen Ende des weitläufigen Platzes und sagt: »Dort habe ich übernachtet, als ich mein Hochzeitskleid anprobiert habe.« Als wir am Louvre ankommen, scheint die Sonne. Farah Pahlavi sieht zufrieden aus. Ist sie das auch, trotz allem, was passiert ist? Paris ist wider Willen zu ihrem Lebensmittelpunkt geworden. Fast die Hälfte ihres Lebens lebt sie nun im Exil. Ob sie noch an eine Rückkehr in den Iran glaubt? »Ich hoffe es«, sagt sie, »aber ich weiß es nicht.«

# Helmut Schmidt, Bundeskanzler

Helmut Schmidt (1918–2015) ist von 1974 bis 1982 der fünfte Bundeskanzler der Bundesrepublik Deutschland gewesen. Zudem war der SPD-Politiker von 1967 bis 1969 Vorsitzender der SPD-Bundestagsfraktion, von 1969 bis 1972 zunächst Verteidigungs-, dann von 1972 bis 1974 Finanzminister der Bundesrepublik. Nach seinem Ausscheiden aus der Politik fungiert Schmidt als Herausgeber der Wochenzeitung *Die Zeit.* Der gebürtige Hamburger gilt als Hanseat par excellence und als äußerst populärer Elder Statesman der deutschen Politik. Ich treffe Helmut Schmidt zum Gespräch mehrfach: in seinem Büro bei der *Zeit* in Hamburg, auf einer Gala in Wiesbaden – und im Hotel Atlantic an der Außenalster in Hamburg. Er ist damals zwischen 92 und 94 Jahre alt.

\* \* \*

Helmut Schmidt sitzt 2010 im dunkelblauen Sakko mit hellblauem Hemd im Rollstuhl im Weißen Saal des Hamburger Nobelhotels, die beiden Pianistenhände aufeinandergelegt. Er ist 92. Neben seinem

Ehering trägt er den Ring von Loki, seiner im vergangenen Jahr nach 68 Ehejahren verstorbenen Frau. Gespannte Stille: Wann zündet er sich die erste Zigarette an? Wann nimmt er eine Prise Schnupftabak? Wird er seinem Ruf als »Schmidt Schnauze« gerecht? Helmut Schmidt enttäuscht die Erwartungen nicht. Die erste Mentholzigarette raucht er bereits nach einer Minute. Und noch bevor das Interview beginnt, guckt Schmidt den Fotografen missmutig an und sagt: »Ich bin doch schon 1 000 Mal fotografiert worden. Das muss reichen!« Der opulente Weiße Saal mit Kronleuchter und Stuck missfällt ihm als Ort des Interviews. »Eine Spur kleiner ging's wohl nicht?«, fragt er.

Doch nach einem langen Zug an seiner Zigarette und einer kurzen Denkpause guckt Helmut Schmidt versonnen durch den eleganten Saal und schwelgt in Erinnerungen. »Ich bin hier 1935 zum ersten Mal gewesen.« Erinnert er sich an den Anlass? »O ja«, sagt Schmidt und grinst. »Ich war mit einem Mädchen zum Tanzen verabredet.« Das sei noch vor der Zeit mit Loki gewesen. »Ich erinnere mich noch an ihren Namen, verrate ihn aber nicht.«

Helmut Schmidt ist Staatsmann und Weltökonom. Seit drei Jahrzehnten ist er nicht mehr im Amt, doch die Deutschen hängen an den Lippen des weisen Alten und Ex-Bundeskanzlers. Wie kaum ein anderer Politiker wird Helmut Schmidt geschätzt und verehrt. Der Elder Statesman ist ein Jahrhundertzeuge. Als Bundeskanzler steuert Helmut Schmidt Deutschland von 1974 bis 1982 sicher durch schwerste Krisen. Seinen messerscharfen Verstand bewahrt er sich auch noch als über 90-Jähriger – als Herausgeber der *Zeit* und als Buchautor.

**Herr Schmidt, viele Menschen haben das Gefühl, dass sich Politik und Ehrlichkeit ausschließen. Wie sehen Sie das?**

In einer Demokratie möchte derjenige, der Politik macht, wiedergewählt werden. Und dieser Wunsch verleitet so manchen Politiker, dem wählenden Publikum nach dem Mund zu reden. Das war schon im alten Athen vor 2 000 Jahren nicht anders. Das heißt aber nicht, dass Politiker deswegen grundsätzlich weniger moralische Grundsätze in ihrem Bewusstsein mit sich herumtragen als andere Menschen.

**Müssen sie dem Volk nicht auch nach dem Mund reden, um gewählt zu werden?**

Manche tun das, müssen sie aber nicht.

**Ist Opportunismus in der Politik ein notwendiges Übel?**

Das ist nicht notwendig, aber es ist eine unvermeidliche Begleiterscheinung. Übrigens beschränkt sich das nicht auf die Politik. Auch ein Schauspieler möchte gefallen. Oder ein Maler. Es gibt aber auch Menschen, die möchten gar nicht gefallen, weil sie daran überhaupt nicht interessiert sind – dazu gehören die Investmentbanker.

**Ist es bereits eine Lüge, wenn man als Politiker die Wahrheit verschweigt?**

Nein. Ein Politiker darf nicht lügen. Aber man ist nicht gezwungen, alles zu sagen, was man weiß.

**Haben Sie als Bundeskanzler gelogen?**

Das glaube ich nicht. Wohl aber habe ich gegen Gesetze verstoßen. Das muss ich bekennen. Aber das ist etwas anderes.

**Wie wichtig sind denn generell ethische und moralische Grundsätze in der Politik?**

Genauso wichtig wie bei anderen Menschen auch. Die moralischen Anforderungen an Politiker sollten die gleichen sein, wie wir sie an alle unsere Mitmenschen stellen. Politiker sind keine besondere Spezies der menschlichen Gesellschaft. Der Politiker ist per se kein besserer Mensch, in keinster Weise.

**Muss er nicht dennoch Vorbild sein?**

Das ist Unfug. Der Politiker hat kein Vorbild zu sein. Wer Regierungsmacht ausübt, ist Versuchungen ausgesetzt. Und infolgedessen gibt es zum

Beispiel die Medien, die moralische Maßstäbe an sein Verhalten anlegen. Mit Recht, muss ich sagen. Aber sie dürfen ihn auch nicht überfordern. Er darf nicht hochstilisiert werden zu einem Vorbild.

**Wollen Sie kein öffentliches Vorbild sein, weil Sie Ihre Schwächen nicht einschränken möchten?**

Ich habe mich nie als Vorbild empfunden und würde jeden Politiker mit äußerster Vorsicht betrachten, der sich selbst als Vorbild bezeichnet.

**Würden Sie jemanden wählen, der anständig arbeitet, aber privat betrügt?**

Den würde ich nicht wählen.

**Guckt man heutzutage vielleicht zu genau hin? Verteidigungsminister Karl-Theodor zu Guttenberg musste im März 2011 zurücktreten, weil er seine Doktorarbeit gefälscht hatte.**

Ich glaube nicht, dass wir heute genauer hingucken. Politiker haben eben auch ihre menschlichen und allzu menschlichen Seiten. Jeder Mensch hat im Lauf seines Lebens manches zu verantworten, was er am liebsten ungeschehen machen würde, wenn er es denn könnte. Kann er aber nicht. So ist es auch bei Politikern, die halt besonders unter Beobachtung stehen. Angenehm ist es nicht. Aber es ist unvermeidlich. Zum Beispiel finde ich es nicht in Ordnung, dass vor Kurzem ein Buch veröffentlicht wurde, in dem jemand Interna aus der Familie eines früheren Bundeskanzlers ausbreitet.

**Sie meinen das Buch »Die Frau an seiner Seite« von Heribert Schwan über Hannelore Kohl.**

Das fand ich unerhört. Nur um dem Publikum eine Sensation zu geben. Wenn also einzelne Journalisten Moral von Politikern verlangen, müssen sie schon bei sich selbst anfangen.

**Zu Ihrer Zeit als Bundeskanzler gab es lediglich drei Fernsehsender. Ist es schwieriger für Politiker geworden, glaubwürdig zu sein, weil sie nun ständig im Rampenlicht stehen?**

Die elektronischen Medien haben insgesamt die Gewohnheiten der Gesellschaft erheblich verändert. Wir sind von einer lesenden zu einer glotzenden Gesellschaft geworden. Man kann es auch anders ausdrücken: Bücher zwingen mich zum Nachdenken, das Fernsehen zwingt mich selten dazu. Die Menschen sind heute über viel mehr Dinge informiert als früher, aber sie sind viel oberflächlicher informiert.

**Sie haben einmal gesagt, dass die Last der Verantwortung Sie an die eigenen Grenzen gebracht habe. Wie hält man das aus, was Frau Merkel gerade widerfährt?**

Das muss sie aushalten. Wenn jemand das nicht kann, muss er zurücktreten.

**Wie haben Sie damals als Bundeskanzler den Druck ausgehalten?**

Das ist wie bei einem Marathonlauf, bei dem Sie schon vorab wissen, dass Sie als 36. ins Ziel kommen. Trotzdem wollen Sie durchhalten. Als Kanzler war ich manchmal in der Situation, in der es nur ums Durchhalten ging. Dann beißt man auf die Zähne.

**Sie hatten während der Amtszeit einen Infarkt, leben mit dem fünften Herzschrittmacher ...**

... ist es schon der fünfte oder noch der vierte?

**Sie gelten als nicht gerade ängstlich. Muss man mutig sein, um in der Politik zu bestehen?**

Ja! Wer von Haus aus ängstlich ist, sollte die Finger von der Politik lassen. Ich habe meine Portion Angst im Zweiten Weltkrieg erlebt. Das reicht fürs Leben, die will ich nie wieder haben müssen.

**Sie haben Erfahrungen gemacht, die die heutige Generation von Politikern nicht kennt.**

Weil den heutigen Politikern diese Erfahrung erspart geblieben ist, gehen sie auch nicht mit demselben tief sitzenden politischen Instinkt vor. Sie gehen unbefangener an Fragen heran wie zum Beispiel: Muss ich auf dem Balkan eingreifen? In Libyen? Im Irak oder sonst wo? Das fällt meiner Generation wegen der eigenen Kriegserlebnisse sehr viel schwerer als den heute Agierenden. Und ich bin mir nicht sicher, ob das eine gute Entwicklung ist. Ich glaube nicht, dass es ein Vorteil ist, wenn man gar keine Angst vor Krieg hat.

**Was war Ihr erstes spontanes Gefühl, als Sie Bundeskanzler wurden?**

Ich war besorgt, dem Amt nicht gewachsen zu sein. Angst war es nicht. Besorgnis ist das richtige Wort.

**Als Bundeskanzler standen Sie für kleinbürgerliche Bescheidenheit. Sie haben Staatsgäste zu sich nach Hause eingeladen. Ist so eine Bescheidenheit noch zeitgemäß?**

Aber sicher. Sie war damals angebracht und ist es heute noch.

**Lebt Frau Merkel in gewisser Weise diese Bescheidenheit auch vor?**

Dem würde ich zustimmen.

**Im Gegensatz zu ihrem Vorgänger Gerhard Schröder, der die großen Gesten geliebt hat.**

Da ist er nicht der Einzige. Die meisten französischen Staatspräsidenten haben die großen Gesten geliebt. Das fing nicht erst bei Charles de Gaulle an und wird auch nicht mit Sarkozy aufhören.

**Sie dagegen wollen mit »Herr Schmidt« angeredet werden und nicht mit »Herr Bundeskanzler«. Ist das Understatement?**

Nein, hamburgisch. Für mich ist das normal. In Hamburg gibt's nur zwei Titel: Herr Senator und Herr Doktor. Ansonsten heißen die Leute Müller, Meier oder Schmidt.

**Herr Schmidt, Sie wurden 2008 vor Til Schweiger zum coolsten Deutschen gewählt. Wie erklären Sie sich Ihre große Popularität?**

Das hat mit meinen weißen Haaren zu tun. Das sieht so würdig aus. Im Ernst: Ich bin kein Politiker mehr, sondern Publizist und Autor, in gewisser Weise auch Journalist. Ich schreibe seit knapp 30 Jahren in der *Zeit*. Und ich bin ein ganz normaler Sachbuchschriftsteller. Ich habe eine politische Meinung und die interessiert manche Menschen. Wenn man mich fragt, gebe ich eine Antwort. Es gibt sicherlich auch ein gewisses Bedürfnis nach Autorität.

**Liegt es daran, dass Sie Tugenden wie Anstand und Fleiß verkörpern?**

Es wäre schön, wenn diese Tugenden eine Renaissance erleben würden. Aber Sie übersehen einen wichtigen Unterschied: Ich wurde am Ende des Ersten Weltkriegs geboren, war zu Beginn der Nazizeit 14 Jahre alt und habe den Zweiten Weltkrieg als Soldat erlebt. Ich gehöre zu einer Generation, die aus der Nazizeit die Erinnerung an schreckliche Momente sehr lebendig mitgebracht hat. Diese Generation war nach dem Krieg erfüllt vom Vorsatz, dass sich das nie wiederholen darf. Deshalb bin ich Politiker geworden. Und das war bei Konrad Adenauer, Theodor Heuss oder Willy Brandt nicht anders. Aber die sind alle tot. Ich bin zufällig noch am Leben. Und deswegen fragen Sie mich.

**Ich habe den Eindruck, dass es Ihnen manchmal eine diebische Freude bereitet, offen und direkt Ihre Meinung zu äußern.**

Der Eindruck täuscht nicht.

**Sie haben die Freiheit, sich zu Themen zu äußern, ohne Rücksicht auf ein Amt.**

Das stimmt. Ich sage aber auch heute nicht alles, was ich denke.

**Sie gelten als moralische Instanz. Ist das auch eine Bürde?**

Bürde ist ein freundliches Wort. Ich könnte auch sagen: Es ist ganz schön lästig.

**Sind Sie gar nicht eitel?**

Doch. Alle Menschen sind eitel. Ein normaler Mensch versucht, seine Eitelkeit zu zügeln. Das versuche ich auch, aber es gelingt nicht immer.

**»Schmidt Schnauze« war gefürchtet zu Ihrer Zeit. Sind Sie alters-milde geworden?**

Das kann man so sagen. Aber ich lege Wert darauf, dass ich damals zwar normalerweise scharf reagiert habe, aber immer nur reagiert, nicht von mir aus angefangen.

**Ihre im vergangenen Jahr verstorbene Ehefrau Loki hat einmal gesagt, dass in Ihnen ganz viel Gefühl sei. Warum verbergen Sie das immer so gut?**

Ich weiß nicht, ob ich es verberge. Ich bin halt ein typischer Hamburger. Die tragen ihre Gefühle nicht auf dem Markt vor sich her. Wenn Sie so wollen, ist es eine erbliche Veranlagung. Und darauf bin ich auch ein bisschen stolz.

Ein paar Tage nach dem Interview bekommt Helmut Schmidt in Wiesbaden den Medienpreis »Millennium-Bambi« für sein Lebenswerk verliehen. Die glamouröse Preisverleihung scheint eine fremde, neue Welt für Schmidt zu sein. Als der Altkanzler von einem Bodyguard auf die Bühne geschoben werden soll, muss er warten – Lady Gaga und ihre Entourage versperren den Weg. Karl Lagerfeld nutzt seine Chance und begrüßt den Altkanzler. »Helmut Schmidt ist ja Hamburger wie ich. Er ist außergewöhnlich«, sagt Lagerfeld hinterher. Der Respekt, der Schmidt entgegengebracht wird, ist an diesem Abend überall zu spüren. Auf dem roten Teppich sagt Volker Bouffier, Hessens CDU-Ministerpräsident: »Helmut Schmidt ist für viele Politiker ein Vorbild.« Thomas Gottschalk fügt hinzu: »Er ist ein Idol und hätte den Preis schon vor zehn Jahren verdient gehabt.«

Helmut Schmidt verfolgt die Preisverleihung am Fernseher in einem Separee der Rhein-Main-Hallen. »Ich höre nicht mehr gut, die Geräuschkulisse wäre im Publikum zu laut«, erklärt der Altkanzler. Er sieht müde aus und sagt: »Mann, bin ich fertig! Hätte ich doch bloß heute Nachmittag ein Stündchen geschlafen.« Dann bombardiert er mich mit Fragen, um mein Wissen zu testen. »Wie alt ist Genscher? Wie alt Henry Kissinger?« Die Antworten hört er sich mit Skepsis an und fragt zur Sicherheit einen seiner Bodyguards: »Guck mal in deinem Telefon nach.«

Den Rummel um seine Person nimmt Schmidt mit hanseatischer Gelassenheit. Extrawünsche? Fehlanzeige, abgesehen von einem Aschenbecher, denn Schmidt raucht und raucht und raucht. Die Häppchen rührt er nicht an, ein Kaffee mit viel Milch und Zucker genügt ihm. Hinter seinem Rücken flüstert mir sein Bodyguard vom BKA zu: »Wenn Sie ihm etwas Gutes tun wollen, dann treiben Sie irgendwo eine Flasche Baileys auf.« Mehr als einundhalb Stunden verfolgt Schmidt geduldig die Gala auf dem Bildschirm, die Hände in den Schoß gelegt. Als er Ruth Maria Kubitschek auf der Bühne erkennt, schwelgt er in Erinnerungen. »Die hat ja schon zu Zeiten Erfolg gehabt, als ich noch ins Kino gegangen bin. Das war Ende der Fünfzigerjahre.« Auch auf Schauspieler Matthias Brandt, den Sohn von Bundeskanzler Willy Brandt, wird er aufmerksam. »Den kenne ich ja noch als ganz kleinen Jungen.«

Laudatorin Sandra Maischberger findet berührende Worte am Ende ihrer Würdigung für den Altkanzler: »Seit einem Jahr sind Sie nun ohne Ihre Loki. Ganz allein sind Sie aber nicht. Selten war ein Volk in seiner Zuneigung zu einem Menschen so geeint.« Was die ARD-Moderatorin nicht weiß: Ganz allein sitzt Helmut Schmidt nicht in dem Separee. An seiner Seite sieht man vielmehr eine neue Frau, die nur Eingeweihten bekannt ist: Ruth Loah.

Sie hat Augen wie Loki. Die Frisur wie Loki. Dieselbe selbstverständliche, ruhige Art, alles im Blick zu haben und dabei eigenständig zu wirken. Pafft sogar so ausgiebig wie sie, nur keine Mentholzigaretten. »Sie war eine wohlerzogene Dame mit politischem Verstand«, hat Helmut Schmidt mal über Loki gesagt. Nun gibt es also mit Ruth Loah, damals 79, eine neue Gefährtin in seinem Leben, die aussieht wie eine Schwester von Loki und über die er das Gleiche sagen dürfte.

Der Altkanzler stellt mir die Dame an seiner Seite jedoch lediglich als »langjährige Mitarbeiterin seit 1955« vor. Das sagt er ohne Grinsen, ohne Schelm im Blick. Er sagt es nüchtern, wie es seine Art ist. Das Offensichtliche spricht er nicht aus. Unausgesprochen steht im Raum: Sie halten aber die Klappe! Ruth Loah fügt hinzu: »Wir beide sind schon zu Bonner Zeiten ein gutes Team gewesen.«

Auch wenn die Öffentlichkeit Ruth Loah nie im Blick hat, gehört sie seit 1955 als Sekretärin zum Leben der Schmidts und damit quasi zur Familie, ist gemeinsam mit ihrem verstorbenen Mann Wolf Loah eines der Ehepaare, die den »Inner Circle« der Schmidts bilden wie etwa Siegfried Lenz und dessen erste Frau Liselotte. 1986 erfährt man aus einem Artikel der Zeitschrift Quick, dass Ruth Loah »eine Sekretärin so treu wie Gold« sei, mit »sanften Augen, klein und mit dem Chef per Du«. Mittags gingen sie oft zusammen essen. Freunde wissen, dass sie – ähnlich wie Loki Schmidt – ebenso resolut wie besänftigend auf Menschen einwirken kann, wenn »Schmidt Schnauze« mal wieder ein wenig zu forsch war, und dass sie ihn insbesondere in der Zeit nach Lokis Tod mit ihrer ruhigen Zugewandtheit auffängt.

Helmut Schmidt und Ruth Loah wirken wie Seelenverwandte. Sie verfolgt seinen Auftritt auf der Bambi-Bühne via Fernsehschirm. Als Helmut Schmidt ins Separee zurückgebracht wird, fragt er seine Begleiterin sofort: »Ruth, wie war ich? Konnte man mich auf der Bühne verstehen?« Sie beruhigt ihn und lobt begeistert: »Ja, sehr gut. Ein toller Auftritt – zweimal Standing Ovations!«

Einen Wunsch äußert Helmut Schmidt: Er will Hans-Dietrich Genscher sehen. Unter Bundeskanzler Willy Brandt sind sie von 1969 bis 1974 Kollegen im selben Kabinett, Schmidt als Verteidigungs- und Finanzminister, Genscher als Außenminister. Von 1974 bis 1982 ist Schmidt dann als Bundeskanzler quasi Chef des FDP-Politikers, der ins Auswärtige Amt wechselt. Das Verhältnis zerbricht, als Genscher und dessen FDP 1982 die Wende einleiten und eine Koalition unter dem neuen Bundeskanzler Helmut Kohl eingehen. Erst Jahre später sprechen sie sich aus, doch ihr Verhältnis bleibt distanziert und wird nie so freundschaftlich wie Schmidts Beziehungen zu Giscard d'Estaing oder Henry Kissinger. Genscher kommt nach der Veranstaltung mit seiner Ehefrau Barbara zu ihm, die Stimmung ist gelöst, Barbara Genscher nimmt beide gemeinsam in den Arm. Die beiden ehemaligen langjährigen Koalitionäre siezen sich, sprechen über große Politik und kleine Wehwehchen: »In Ihrem Alter habe ich auch noch keinen Stock benötigt«, frotzelt Schmidt, der neun Jahre älter als Genscher ist.

Niemand bekommt etwas mit von dem heimlichen Gipfeltreffen, versteckt hinter Lastenaufzug, *ARD*-Studio und Kubitschek-Garderobe. Wer nun denkt, dass da zwei alte Haudegen nur von alten Zeiten schwärmen, irrt. Schnell dreht sich das Gespräch um die Fünf-Prozent-Sperrklausel bei Europawahlen, die vom Bundesverfassungsgericht am Tag zuvor gekippt worden ist, um tschechische Dissidenten und Polens Ex-Präsidenten Lech Walesa, den Schmidt kürzlich in Danzig traf. Plötzlich kommt eine Mitarbeiterin des Cateringservices mit einer Flasche Baileys herein. »Ist ja wunderbar!«, ruft Schmidt begeistert und mischt den Likör in seinen Kaffee. Nach Mitternacht brechen Schmidt und Loah auf. Helmut Schmidt sieht zufrieden, aber müde aus. »Schönen Dank«, sagt er zum Abschied. Seine Bodyguards bringen das Paar zum Hotel »Schloss Reinhartshausen« nach Eltville. Dort wohnte er früher schon mit seiner Loki.

Erst ein Jahr später macht Schmidt seine neue Liebe öffentlich – in absolut cooler Art. »Gibt es außer Loki jemanden, an den Sie täglich denken?«, will *Zeit*-Chefredakteur Giovanni di Lorenzo von seinem Herausgeber in der 17. Frage eines Interviews wissen. Der antwortet ohne Umschweife: »Beinahe täglich denke ich an meine Freundin Ruth Loah.« Dann folgt die 18. Frage: »Bei ihr haben Sie nach Lokis Tod Halt gefunden – ist sie Ihre neue Lebensgefährtin?« Schmidts Antwort: »Ja.«

Knapper geht so eine Offenbarung wirklich nicht. Natürlich trifft sie auch jene ins Herz, die beim Thema Liebe und anderen privaten Weltereignissen lieber nur zynische Untertöne wählen: Die Meldung, dass Deutschlands aktivster Altkanzler eine neue Frau an seiner Seite hat, geht um die Welt wie ein Statement – überzeugend und hinreißend, wie es eben von einem Mann kommen kann, der als höchste moralische Instanz gilt. Und dessen Worte nicht nur hierzulande begehrt sind, als hungere die Welt endlich wieder nach der Weisheit des Alters. Die Freunde sind vor allem erleichtert: Er ist nicht mehr allein. Jeder hatte Schmidts herzergreifende Trauer gesehen, dieses leise Schwanken, die Tränen beim Begräbnis, die berührende Geste, Lokis Ehering fortan am kleinen Finger zu tragen. Das Wort »Jahrhundertliebe« fliegt in allen Berichten mit, obwohl klar ist, dass es auch in dieser Ehe Probleme gegeben hat.

Helmut Schmidt ist nicht nur verlässlich, was das Politische angeht. Auch privat ist er es, das oft von ihm benutzte Adjektiv »anständig« hört sich bei ihm und mit Hamburger Mundart besonders schön an. Auch dass er ein gutes Gedächtnis hat, ist bekannt. Kurz vor seinem 95. Geburtstag im Jahr 2013 ruft mich seine Mitarbeiterin an. Helmut Schmidt wolle mich zu einem Interview in Hamburg treffen, wann es mir denn passen würde, Herr Schmidt würde sich zwei Stunden Zeit nehmen. Das Interviewangebot ist der Dank für mein diskretes Schweigen; der Dank, dass ich damals die Klappe gehalten habe, als Schmidt mit Ruth Loah in Wiesbaden im Hinterzimmer neben mir saß.

Als meine Kollegin Patricia Riekel und ich zu ihm kommen, ist er gerade erst aus dem Urlaub zurückgekehrt und sitzt schon wieder am Schreibtisch im sechsten Stock des *Zeit*-Pressehauses in Hamburg. »Montags, mittwochs und freitags arbeite ich hier – und die Arbeit besteht überwiegend aus Lesen, nicht mehr aus Schreiben. Heute ist Mittwoch und die Hälfte der Woche ist schon wieder rum«, sagt er. Helmut Schmidt hat Arbeit nie als Last oder Lust empfunden, sondern vielmehr als Notwendigkeit. Seinen messerscharfen Verstand hat er sich im Alter bewahrt. Er raucht, wie es ihm passt, und er spricht aus, was er denkt – egal ob er damit aneckt. Bei Helmut Schmidt hat man eher das Gefühl, dass es ihm diebische Freude bereitet, wenn er gegen die Mehrheitsmeinung argumentiert. Die Sommerwochen hat er mit Ruth Loah in seinem Ferienhaus am Brahmsee verbracht. »Und ich war so faul wie noch nie in meinem

Leben. Ich habe weder gelesen noch geschrieben«, sagt Schmidt und schmunzelt. »Ich bin spazieren gefahren und habe ziemlich viel Klavier gespielt, primitive Improvisationen, dem Alter entsprechend«, erzählt er. Und Schach gespielt? Schmidt winkt ab und schmunzelt erneut: »Nein. Frau Loah spielt schlechter als sie möchte.«

Helmut Schmidt ist gut gelaunt – und das ist erst mal angenehm, denn er kann auch anders. Zum Interview geht der Altkanzler mit seinem Rollator an den Besprechungstisch. Dort liegen seine berühmten Mentholzigaretten griffbereit in einem Silberetui mit persönlicher Gravur, auch der Kaffee steht schon bereit. Hier sitzt nun ein altersmilder, weißhaariger Mann, rosa Hemd, hanseatisch-korrekt mit dunkelblauem Sakko, und erteilt vor Gesprächsbeginn noch ein paar Ratschläge: »Ich bin fast total taub. Sie brauchen nicht laut zu reden, aber langsam, damit ich mitkomme. Denn mein Gehör und Gehirn sind nicht von Siemens und auch nicht von Hewlett-Packard, sondern vom lieben Gott. Und der liebe Gott arbeitet langsam. Also müssen Sie sprechen wie der liebe Gott.«

**Herr Bundeskanzler ...**

Sagen Sie Schmidt.

**Also, Herr Schmidt, Sie haben kürzlich ein Buch veröffentlicht mit dem Titel »Ein letzter Besuch«. Das klingt sehr melancholisch. Nach Abschiednehmen.**

Ja, ich habe Abschied genommen von meinem sehr engen Freund Lee Kuan Yew, den ich nur »Harry« nenne, der erste Premierminister von Singapur. Ich werde nicht wieder nach Ostasien reisen.

**Sie haben auch Abschied genommen von anderen Ihnen wichtigen Orten.**

Das stimmt. Ich fliege heutzutage maximal noch nach München. Ich fliege nicht mehr in die USA, auch nicht mehr zu meiner Tochter nach London. Ich habe einen Abschiedsbesuch in Paris gemacht. Aber ich wollte noch einmal nach China.

**Im vergangenen Jahr waren Sie noch einmal dort. Was fasziniert Sie an diesem Land?**

Ich hatte in den Sechzigerjahren den Instinkt, dass China unter Mao Tse-tung, den ich 1975 besucht habe, wieder eine Weltmacht werden würde. Ich habe damals Kanzler Willy Brandt gedrängt, diplomatische Beziehungen mit China aufzunehmen. Das hat er 1972 getan. Und es hat sich anschließend rausgestellt, dass meine Prophezeiung richtig war. Innerhalb von zehn Jahren wurde China Weltmacht.

**Wenn deutsche Politiker China besuchen, sprechen sie Menschenrechtsverletzungen an. Finden Sie das angemessen?**

Es ist unklug, dies öffentlich zu tun, denn damit erreicht man nichts. Es ärgert nur die Chinesen. In Wirklichkeit sprechen deutsche Politiker das Thema an, um dem heimatlichen Publikum zu imponieren. Das ist der eigentliche Grund für diese Belehrungen.

**Es ist in Ihren Augen also anmaßend?**

Eine kurze Frage, die kriegt eine lange Antwort. Es stimmt, was Sie implizit gesagt haben: China wird am laufenden Band vom Westen kritisiert und angegriffen. Das reicht vom amerikanischen Präsidenten bis zu Angela Merkel. Ob das klug ist? Es gibt Menschen, die grundsätzlich der Meinung sind, dass die Souveränität einer Weltmacht Einmischung von außen verbietet. Dann gibt es Leute, die sagen, man muss sich einmischen, es gebe die sogenannte responsibility to protect, die Menschenrechte seien universell und überall auf der Welt gültig. Und dann gibt es Menschen wie mich, die nicht genau wissen, ob die Menschenrechte überall auf der Welt gelten. Deshalb ist es in meinen Augen nicht klug, so zu tun, als ob sie überall auf der Welt gelten. Und es ist insbesondere nicht klug, sich mit der Weltmacht China anzulegen. Und dann gibt es wiederum Menschen, zu denen gehöre ich auch, die wissen, dass es für diese Nichteinmischung eine Grenze gibt. Adolf Nazi hat diese Grenze mit Auschwitz und dem Mord an sechs Millionen Juden überschritten. Dann gerät mein Prinzip der Nichteinmischung ins Wanken. Also ich rede mit offener Flagge.

**Ist eine solche Grenze in Syrien erreicht? Wie soll die Staatengemeinschaft mit einem Diktator wie Assad umgehen?**

Ob man eingreift und den Terroristen hilft? Das würde Obama anders formulieren. Er würde sagen: Hier werden die Menschenrechte verletzt, und hier greift das Prinzip responsibility to protect. Andere Befürworter würden sagen, jemand, der das internationale Recht verletzt und chemische Waffen eingesetzt hat, gehört bestraft. Obwohl es bislang keinen Beweis für Assads Täterschaft gibt. Wenn eine Bestrafung in Gestalt von Bomben stattfindet, dann werden zwangsläufig auch unbeteiligte Bürger getötet. Das heißt, die Bomben sollen Assad bestrafen, den sie aber gar nicht treffen, sondern sie treffen Zivilisten. Ich wäre sehr zurückhaltend in dieser Sache.

**Li Tai Po, ein chinesischer Dichter, den Sie schätzen, hat einmal gesagt: »Verflucht sei Krieg, verflucht das Werk der Waffen«.**

Das ist Gesinnungspazifismus, der mir sehr sympathisch ist. Aber mithilfe dieses Satzes allein kann man nicht regieren.

**Was raten Sie der Bundesregierung?**

Ich halte es für vernünftig, davon auszugehen, dass ein Angriff auf einen souveränen Staat nur dann rechtens ist, wenn er vorher vom Sicherheitsrat der Vereinten Nationen gebilligt wurde.

**Das wird nicht passieren, weil Russland und China ein Veto einlegen würden.**

Jetzt sind wir auf dem Feld der Wahrsagerei. Und hypothetische Fragen mag ich nicht beantworten.

**Was kann Deutschland von China lernen?**

Geduld.

Helmut Schmidt greift mit der rechten Hand zum aufgeklappten Silberetui mit den fein säuberlich aneinandergereihten Mentholzigaretten, mit der linken zum Feuerzeug und zündet sich eine an. Nicht die erste. Schwer zu schätzen: die neunte? Oder doch schon die dreizehnte? Jede Kippe entsorgt der Altkanzler mit einem kurzen Druck auf den Hebel in einem Drehaschenbecher. Den Schnupftabak dagegen hat er noch nicht angerührt. Ich erwähne, dass sein Freund, der ehemalige US-Außenminister George Shultz, einmal gesagt hat:»Die meisten Menschen reden blühenden Unsinn, wenn sie groß denken. Wenn Helmut groß denkt, hat es Bedeutung.« Schmidt zieht tief an seiner Zigarette, überlegt, senkt den Kopf. Denkt er über das Lob nach? Oder ist es ihm peinlich? Sollen wir nun die nächste Frage stellen oder will er doch noch etwas dazu sagen? Schmidt lächelt leicht versonnen in die Stille, dann sagt er nach einer gefühlten Ewigkeit:»Wenn ich so etwas höre, nehme ich es als eine freundliche Schmeichelei.« Am Tag vor Heiligabend feiert Helmut Schmidt seinen 95. Geburtstag. Er will den Tag zu Hause in Hamburg verbringen, sagt er, gemeinsam mit Ruth Loah, seiner Tochter Susanne und ein paar engen Freunden. Hat er noch einen besonderen Wunsch?»Darüber müsste ich nachdenken.« Qualm steigt auf. Wieder Stille. Dann sagt er:»Natürlich möchte ein alter Mann auf anständige Art und Weise aus dem Leben scheiden. Aber es kann passieren, dass man das Opfer eines schweren Autounfalls wird und tagelang im Koma liegt. Das möchte ich lieber nicht. Aber da ich das nicht zu entscheiden habe, zerbreche ich mir darüber auch nicht den Kopf.«

**Herr Schmidt, was hat Sie am meisten berührt in Ihrem Leben?**

Ich scheue mich, diese Frage zu beantworten, weil mich Ihr Superlativ in der Fragestellung stört. Denn es gab viele Momente, die mich sehr berührt haben. Es fängt mit dem Zweiten Weltkrieg an und hört mit dem Tod meiner Frau vor drei Jahren auf. Es gibt Ereignisse, die ich damals nicht ganz so wichtig genommen habe, wie sie mir in der Rückschau erscheinen, zum Beispiel die Hamburger Flutkatastrophe oder die Kette terroristischer Attentate auf deutsche Industrielle, Banker und Politiker. Das waren alles Ereignisse, die tief berühren.

**Im Rückblick: Hätten Sie in einer bestimmten Situation – mit dem Wissen von heute – anders entschieden?**

Ja. Als der Berliner CDU-Oppositionsführer Peter Lorenz 1975 von Terroristen entführt und im Gegenzug die Freilassung von mehreren terroristischen Verbrechern gefordert wurde, war ich krank, wurde vom Arzt mit Spritzen fit gemacht. Ich habe der Freilassung zugestimmt. Aber schon am nächsten Morgen, als ich wieder einen einigermaßen klaren Kopf hatte, bin ich zu der Erkenntnis gekommen: Um Gottes willen, das darf man nie wieder tun! Jene Entscheidung habe ich also schon am nächsten Tag bereut.

**Anlässlich der Verleihung der Hamburger Ehrenbürgerschaft an die Schauspielerin Ida Ehre haben Sie 1985 geschrieben: »Beharrlichkeit im Willen, die Menschen zu bewegen, sie nachdenkend zu machen, sie zu erschüttern, sie zu trösten, sie lachen zu machen, sie zu unterhalten, sie in den Spiegel schauen zu lassen, ihnen das Leben zu zeigen, ihnen das schreckliche Leben zu zeigen, das gute Leben, die Süße und die Trauer des Lebens, die Komödie und die Tragödie, die Posse, das Drama – und die Lyrik des Lebens gleichermaßen. In einem Wort: Theater.« Ist Ihr Leben nicht auch Theater in diesem Sinne gewesen?**

Das kann man so sagen. Bei mir war auch viel Drama, Tragödie und Posse enthalten. Und was das Leben auch noch ausmacht: Glück und Erfüllung.

**Haben Sie viel Glück erlebt?**

Ja, das habe ich. Ich habe aber auch Schlimmes erlebt.

**Überwog Glück in Ihrem Leben?**

Ich bin nicht sicher. Aber ich glaube, das Wort »überwiegen« ist hier ganz wichtig. Es hat auch unglückliche Zeiten und Erlebnisse gegeben, aber die glücklichen haben überwogen, wie Sie sagen. Das würde ich bejahen.

**In Ihrem Buch schreiben Sie, dass Sie »das Gefühl haben, mit 95 abzutreten«. Sie klingen nüchtern und emotionslos.**

Ziemlich emotionslos, ja. Was wäre Ihnen lieber? Ich würde weinen und heulen oder ich würde schwarzmalen?

### Ist das die Gelassenheit des Alters?

Da haben Sie bei mir einen schwachen Punkt erwischt. Ich halte Gelassenheit für eine ganz wichtige Tugend und ich habe mich bemüht in meinem Leben, immer dieser Tugend zu folgen. In schwierigen Situationen und in anderen auch. Es ist mir nicht immer gelungen.

**Sie haben gesagt, dass Sie der Verlust von Loki sehr berührt hat und dass Sie seit ihrem Tod nichts außer Arbeit haben. Andererseits gaben Sie in einem Interview mal zu, täglich an Ihre Freundin Ruth Loah zu denken.**

Das stimmt.

**Dann haben Sie doch noch mehr als nur Arbeit.**

Ja, da haben Sie recht! Frau Loah ist ein Glücksfall für mich.

**Wie wichtig ist Liebe im Leben?**

Sehr wichtig.

**Was ist die größte Last im Alter?**

Dass man körperlich schwächer wird. Ich habe immerhin das Glück, dass ich immer älter werde, aber das Gehirn trotzdem noch zuverlässig arbeitet. Ein gewichtiger Punkt. Aber ich kann seit 15 Jahren keine Musik mehr hören. Das sind für mich technische Geräusche. Das ist ein ganz schwerer Verlust. Man kann sagen, es ist eine Tragödie.

**Was empfinden Sie beim Klavierspielen?**

Ich kann es nicht hören. Aber wenn Frau Loah danebensitzt und ich sie hinterher frage, wie es geklungen hat, dann sagt sie: sehr gut!

Nach sechs Jahren höre ich mir noch einmal die Aufnahme unseres Gesprächs an. Ich höre ein gluckendes Geräusch und mir fällt ein, dass wir ihm zwei Flaschen Baileys mitgebracht haben und ich ihm sofort einschenken musste. »Ich habe auch viel Scheiße erlebt«, höre ich Schmidt plötzlich auf dem Tonband über sein Leben sagen. Ein Satz, der nicht druckreif ist. Aber so ist Schmidt eben auch, derb und direkt. Überhaupt ist Schmidt in Höchstform. Er spottet über Kollegen, tituliert einen US-Präsidenten als »Idioten« und einen deutschen Außenminister als »Hampelmann«. Seine Mitarbeiterin, der ein österreichischer Militärhistoriker aus dem 19. Jahrhundert (von Clausewitz) nicht auf Anhieb einfällt, bekommt zu hören: »Warum habe ich Sie eigentlich eingestellt?« Schmidt erzählt mit Befremden, dass sein *Zeit*-Verlag online expandiert. Und ich merke, dass Online-Redakteure für ihn nur Gedöns sind. Meine Kollegin sagt ihm, dass der Verlag, für den wir arbeiten, Geld mit Hundefutter und Datingbörsen verdient. Da schüttelt er nur belustigt den Kopf.

Helmut Schmidt hat sich geirrt, als er glaubte, er würde mit 95 abtreten. Er stirbt erst kurz vor seinem 97. Geburtstag am 10. November 2015. Es ist ein Dienstagnachmittag, kurz nach halb drei, fast im ganzen Land strahlt die Sonne, nur der Norden versinkt unter Wolken und der Himmel ist grau über Hamburg. Der ehemalige Bundeskanzler sei »friedlich entschlafen«, erklärt sein behandelnder Arzt Heiner Greten, und »ohne Schmerzen«. Er stirbt zu Hause, wie er es sich gewünscht hat, seine Liebsten sind an seiner Seite. Ruth Loah, die in einem Altersheim in der Nähe wohnt, verbringt die letzten Tage bei ihm im roten Klinkerbau im Stadtteil Langenhorn. Seine Tochter Susanne, 68, Finanzexpertin, die in London lebt, ist an die Elbe geeilt, um bei ihrem Vater zu sein.

Eingeschlafen, wenn man so will, ist Helmut Schmidt einen Tag früher. Er war da schon nicht mehr ansprechbar. Seine Kräfte schwinden, seit er mit den Folgen einer Notoperation wegen eines lebensbedrohlichen Blutgerinnsels im rechten Bein kämpft. Es ist ein Auf und Ab, immer wieder muss er zurück in die Klinik. Irgendwann will er nicht mehr, selbst seine geliebten Mentholzigaretten gibt er auf.

Dabei hat das Jahr gut begonnen. Frisch aus dem Urlaub zurück von einer Hurtigruten-Reise, geht er wieder regelmäßig ins Büro. Schmidt plant, den russischen Schriftsteller Daniil Granin, ebenfalls 96, zu treffen. Und er fährt wieder in den Urlaub, für eine Woche nach Mallorca, wo er jedes Jahr weilt. Im April tritt Schmidt bei Sandra Maischberger in deren *ARD*-Sendung auf. Er wirkt aufgeräumt, humorvoll, gleichzeitig auch nachdenklich. Das Alter sei ihm lästig, sagt er. »Ich will nicht 100 Jahre alt werden, ich will es aber auch nicht verhindern.« Es ist sein letzter Fernsehauftritt.

Dann im Spätsommer mehrere Krankenhausaufenthalte und Schmidts Entlassung am 17. September. Jammern ist nicht seine Sache, er trägt die Last stets mit hanseatischer Würde. Es gibt ein Bild von 1981: der damalige Bundeskanzler nach einer Herzschrittmacher-OP im Bundeswehrzentralkrankenhaus in Koblenz. Er sitzt am Schreibtisch, trägt Morgenmantel und Brille, vor sich Kaffee, Mineralwasser – und Akten, die er studiert. Es ist wahrscheinlich der einzige Ort, wo er keine Kippe rauchen durfte.

# FREDERICK KROESEN, US-GENERAL,

# ... UND JÜRGEN VIETOR, CO-PILOT

## DER *LANDSHUT*

Frederick J. Kroesen (geb. 1923) ist ein ehemaliger Viersternegeneral der US-Armee. Kroesen war von 1979 bis 1983 Oberbefehlshaber der US-Truppen in Europa und zuvor Stellvertretender Generalstabschef der US-Armee. Kroesen überlebte 1981 ein Attentat der Roten Armee Fraktion (RAF) in Heidelberg. RAF-Terrorist Christian Klar hatte mit einer Panzerfaust auf ihn geschossen. Kroesen wurde nur leicht verletzt. Mit dem US-General spreche ich 2007, er ist 84 Jahre alt.

Jürgen Vietor (geb. 1942) war der Co-Pilot der Lufthansa-Maschine *Landshut*, die im Oktober 1977 auf dem Weg von Mallorca nach Frankfurt von palästinensischen Terroristen entführt wurde. Mit der Geiselnahme versucht das Terrorkommando, in Deutschland inhaftierte RAF-Terroristen freizupressen. Sie findet zeitgleich mit der Entführung von Arbeitgeberpräsident Hanns Martin Schleyer durch die RAF statt und ist Teil des sogenannten »Deutschen Herbstes«. Während der Geiselnahme ermorden die palästinensischen Terroristen Jürgen Schumann, den Flugkapitän der *Landshut*. Die Maschine landet nach einer Odyssee über Rom, Zypern, Dubai und Aden in Mogadischu in Somalia, wo die Maschine von der Eliteeinheit GSG9 gestürmt wird. Alle Passagiere und die Crew überleben, drei der vier Attentäter werden erschossen. Nach der geglückten Befreiung verüben die Topterroristen der RAF Selbstmord im Gefängnis in Stuttgart-Stammheim. Kurz darauf wird Hanns Martin Schleyer von seinen Entführern erschossen. Mit dem 64-jährigen Vietor spreche ich ebenfalls 2007.

\* \* \*

Es ist eine Kreuzung wie so viele andere, scheinbar ohne Bedeutung, mit Ampeln, einer Nebenstraße, die zufällig Hauptstraße heißt und in eine Bundesstraße mündet, mit Abbiegespuren, Bushaltestelle und Litfaßsäule. Ein typischer Ort am Rand einer deutschen Altstadt, abgesehen davon, dass mittendrin das Karlstor steht, ein altes Stadttor aus dem 18. Jahrhundert. Dort am Ende der östlichen Altstadt von Heidelberg passieren täglich Tausende Pkw und Fußgänger diesen Ort zwischen Schlossberg und Neckar. Nur die wenigsten von ihnen wissen, dass an dieser Stelle die RAF ein perfides Attentat verübt hat. Es gibt keine Hinweistafel, keinen Gedenkstein. Man könnte nun zynisch einwerfen: Warum auch? Schließlich stirbt niemand damals am 15. September 1981, als der RAF-Terrorist Christian Klar mit einer Panzerfaust Frederick Kroesen, Oberbefehlshaber der US-Truppen in Europa und Viersternegeneral, ermorden will. Kroesen und seine Frau, die neben ihm auf dem Rücksitz sitzt, bleiben nahezu unverletzt. Sie haben riesiges Glück; die Granate verfehlt das Ehepaar nur knapp, schlägt im Kofferraum ein und tritt neben dem Tankdeckel wieder aus dem Auto aus.

Auf Schwarz-Weiß-Bildern vom Tag des Anschlags sieht man den vor einer Ampel stehenden Mercedes mit dem Kennzeichen HD-MS 38. Die Heckscheibe ist zersprungen, die Kofferraumhaube aufgesprungen und völlig zerbeult. Ein riesiges Loch klafft neben dem Tankdeckel. Auf der Straße liegen Lacksplitter herum. Soldaten und Polizisten stehen auf der Straße. Im Hintergrund sieht man das von einem Baugerüst eingezäunte Karlstor und den Beginn des Schlosswalds, aus dem etwas oberhalb im Dickicht Christian Klar mit einer Panzerfaust des Typs RPG-7 auf die Limousine des US-Generals gezielt hat. Kleine Anekdote am Rand: Die Waffe, mit der der ehemalige Topterrorist geschossen hat, ist mehr als 30 Jahre später in der Ausstellung »RAF-Terror im Südwesten« im Haus der Geschichte in Stuttgart zu sehen – und zwar schön zur Schau gestellt in einer Vitrine auf weißem Untergrund.

Da ist Frederick Kroesen schon längst wieder zurück in den Vereinigten Staaten. Zwei Jahre nach dem Anschlag kehrt er Deutschland den Rücken, verlässt die Armee und macht sich selbstständig. 1987 gründet er eine militärische Beraterfirma, die er 2000 verkauft. Der hochdekorierte Kroesen wird unter anderem mit dem Großen Bundesverdienstkreuz mit Stern und dem »Purple Heart« ausgezeichnet. Mit seiner Frau Rowene lebt er in Alexandria im US-Bundesstaat Virginia.

Der Mann, der ihn umbringen wollte, wird 14 Monate später im Sachsenwald bei Hamburg verhaftet, wo sich ein RAF-Waffendepot befindet. Christian Klar leistet bei seiner Festnahme keinen Widerstand. Gemeinsam mit Brigitte Mohnhaupt, die als Mittäterin am Kroesen-Attentat beteiligt war, gilt er als Kopf der zweiten RAF-Generation. Klar ist unmittelbar als Täter oder als Mittäter unter anderem für die 1977 begangenen Morde an Generalbundesanwalt Siegfried Buback und Jürgen Ponto, Vorstandssprecher der Dresdner Bank, sowie die Entführung und Ermordung von Arbeitgeberpräsident Hanns Martin Schleyer verantwortlich – und eben für den versuchten Mord an US-General Kroesen. Das Oberlandesgericht Stuttgart verurteilt ihn wegen mehrfachen Mordes zu einer lebenslangen Freiheitsstrafe. 1998 entscheidet das Gericht, dass der ehemalige RAF-Terrorist mindestens 26 Jahre in Haft bleiben muss.

2003 stellt Christian Klar ein Gnadengesuch beim damaligen Bundespräsidenten Johannes Rau. Hat er zuvor öffentlich keine Reue gegenüber seinen Opfern und deren Angehörigen geäußert, so bekennt er nun erstmals: »Selbstverständlich muss ich eine Schuld anerkennen. Ich verstehe die Gefühle der Opfer und bedauere das Leid dieser Menschen.«

Vier Jahre später kocht in der Bundesrepublik die Debatte über das Gnadengesuch von Christian Klar hoch. Es gibt Befürworter und Gegner, Politiker und Angehörige der Opfer äußern sich. Frederick Kroesen verfolgt die Debatte um Begnadigung und mögliche Entlassung des Mannes, der versucht hat, ihn zu töten, entspannt zu Hause in Alexandria in den USA. Ich rufe den damals 84-Jährigen an.

**Es ist Sonntagvormittag. Störe ich?**

Nein, Golf spiele ich heute erst später. Mir geht's sehr gut, kann mich nicht beklagen. Ich habe mein Alter erschossen, müssen Sie wissen.

**Einmal Soldat, immer Soldat?**

In der Tat. Lebenslänglich. Als Soldat vergisst man keinen Krieg. Ich war im Zweiten Weltkrieg, im Koreakrieg und zwei Jahre in Vietnam. Ich sage immer, dass ich in vier Kriegen gekämpft habe, denn der Kalte Krieg kommt auch noch hinzu.

**Ist Ihr Rat noch gefragt?**

Ich glaube, man betrachtet mich inzwischen als Fossil. Natürlich wäre ich bereit, Tipps zu geben. Aber mein Wissen wird nicht mehr benötigt.

**Sie haben bestimmt daran zu knabbern.**

Ich bin nicht frustriert. Aber ich schreibe weiterhin Artikel für die Armeezeitung.

**Und schwärmen darin von früher?**

Im Zweiten Weltkrieg habe ich den Rhein bei Worms überquert, kam nach Mannheim und Schwäbisch Hall. Bis 1947 blieb ich und kam dann erst 1974 zurück, diesmal nach Frankfurt. Es war unglaublich,

wie Deutschland sich aus den Trümmern heraus zu einer aufstrebenden Nation entwickelt hatte. Ab 1979 war ich dann in Heidelberg
stationiert.

**Dann kam der 15. September 1981.**

Unser Fahrer holte uns am Morgen zu Hause ab, ich wollte ins Büro,
meine Frau zum Zahnarzt. Wir saßen im Fond des gepanzerten
Mercedes. Plötzlich hörte ich eine Explosion und eine zweite hinter dem
Auto. Unsere Bodyguards, hinter uns in einem separaten Wagen, wurden
mit einer MG aus einer anderen Richtung beschossen. Mein Fahrer gab
sofort Gas.

**Was war Ihnen passiert?**

Ich war am Kopf leicht verletzt, Blut rann an meinem Nacken entlang. Die Explosion zertrümmerte den Kofferraum und zersplitterte die
Heckscheibe. Ich hatte großes Glück.

**Nur wenige haben ein RAF-Attentat überlebt.**

Es war nicht das erste Mal, dass Deutsche auf mich schossen – und nicht
trafen. Das war schon im Zweiten Weltkrieg so. Daher feiere ich diesen
Tag auch nicht als meinen zweiten Geburtstag. Ich war froh, dass die
RAF eine russische Panzerfaust benutzte und keine amerikanische Waffe.

**Hat Ihre Frau genauso cool reagiert?**

Den ganzen Tag über hat sie sich nichts anmerken lassen. Aber in der
Nacht nach dem Anschlag konnte sie nicht einschlafen und zitterte stän-
dig. Ich schlief tief und fest. Als sie mich aufweckte, sagte ich zu ihr:
»Rowene, das war heute dein erster Tag im Gefecht.« Sie leidet heute
noch an Tinnitus. Wir glauben, dass die Ursache die Explosion der
Granaten war.

**Von den Tätern ist nun Brigitte Mohnhaupt frei und Christian Klar
könnte bald folgen.**

Ich bin natürlich daran interessiert, was mit den beiden geschieht. Aber ich bin nicht dazu berufen, Richter zu spielen. Die Entscheidung liegt allein bei den deutschen Gerichten und beim Bundespräsidenten. Sollten beide bald frei sein: So ist halt das Business.

**Wären Sie zu einem Treffen mit ihnen bereit?**

Es würde mich sehr wundern, wenn sie mich anrufen würden. Ich werde auf keinen Fall versuchen, ein Gespräch zu arrangieren. Ich freue mich mehr über ein Treffen mit meinen zehn Enkeln und vier Urenkeln. Leider ist meine Familie über zwei Kontinente verstreut, da sehe ich die meisten nur einmal im Jahr zu Thanksgiving. Ich selbst verreise nicht mehr.

**Haben Sie auch gute Erinnerungen an Deutschland?**

Ich mochte Deutschland immer, die Vorfahren meiner Mutter kamen aus dem Schwarzwald. Ich liebe das deutsche Essen, vor allem Bratwürste und Sauerkraut. Ein Klischee, ich weiß. Aber ich komme daran nicht vorbei. Hier in Virginia müssen Sie erst einmal gute Bratwürste finden!

Frederick Kroesen klingt am Telefon, als ob er mit sich im Reinen ist. Mir bleibt seine tiefe, sonore Stimme mit Ostküstenakzent im Gedächtnis. Und der Spott, den er auch Jahre später noch für die von dem RAF-Terroristen benutzte russische Waffe übrighat. Für den Fotografen, der ihn kurz darauf besucht, zieht Kroesen einen Anzug an und lässt sich beim Puzzeln am Esstisch ablichten.

Kurz darauf wird das Gnadengesuch Klars vom damaligen Bundespräsidenten Horst Köhler abgelehnt. Doch ein paar Monate später, im Dezember 2008, ist es soweit: Christian Klar wird nach der Mindestverbüßungsdauer von 26 Jahren auf Bewährung aus der Haft entlassen. Ich rufe Frederick Kroesen noch mal an, er geht direkt ans Telefon und sagt sofort: »Ich weiß, warum Sie sich wieder melden!« Was fühlt er denn nun? Kroesen antwortet ruhig: »Wenn die deutschen Behörden glauben, dass Herr Klar genug gebüßt hat, dann akzeptiere ich die Entscheidung.«

Kroesen hätte nun auch laut rufen können: Dieser Scheißkerl ist mir völlig wurscht, zur Hölle mit ihm! Doch der General bleibt höflich im Ton und kann sich sogar vorstellen, mit Christian Klar einmal persönlich zu sprechen. »Wenn er anruft, würde ich mich einem Gespräch nicht verweigern. Ich hoffe, er spricht Englisch, denn mein Deutsch reicht nicht mehr aus«, sagt er. Er macht eine Pause und meint schließlich: »Ein ehemaliger Mitarbeiter ruft uns jedes Jahr am 15. September an, um uns daran zu erinnern, dass wir noch leben.«

Vielleicht ist sein bemerkenswertes soldatisches Leben der Grund dafür, dass Frederick Kroesen derart gelassen ist. Wer den Zweiten Weltkrieg als Soldat erlebt und in Korea und Vietnam gekämpft hat, weiß vielleicht eher mit einem erlebten Attentat umzugehen als so manch anderer. Äußert er sich womöglich auch derart abgeklärt, weil er und seine Frau heil aus der Sache herausgekommen sind, sieht man einmal ab von seiner leichten Kopfverletzung und dem Tinnitus seiner Frau? Aber es sind ja nicht nur Ponto, Buback und Schleyer, die einem Attentat der Rote Armee Fraktion zum Opfer fallen, sondern noch viele andere, darunter Alfred Herrhausen, Vorstandssprecher der Deutschen Bank, Treuhandchef Detlev Karsten Rohwedder, MTU-Chef Ernst Zimmermann, Siemens-Manager Karl Heinz Beckurts und Ministerialdirektor Gerold von Braunmühl.

Frederick Kroesen ist also mit Mitte 80 ziemlich relaxt, was die Haftentlassung Christian Klars betrifft. Jürgen Vietor dagegen ist wütend. »Ich bin enttäuscht und verbittert«, schreibt der pensionierte Lufthansa-Pilot dem damaligen Bundespräsidenten Horst Köhler – und schickt empört sein Bundesverdienstkreuz gleich mit.

Jürgen Vietor war Co-Pilot der 1977 von arabischen Terroristen auf dem Flug von Mallorca nach Deutschland entführten Lufthansa-Maschine *Landshut*. Fünf Tage lang entführen palästinensische Terroristen, darunter Souhaila Andrawes, das Flugzeug, um Gesinnungsgenossen und die Köpfe der RAF freizupressen. Die Maschine landet nach einem Irrflug über Rom, Zypern, Bahrain, Dubai und Aden in Mogadischu. Dort werden die Geiseln von der deutschen Eliteeinheit GSG9 befreit. Drei der vier Entführer werden getötet; Jürgen Schumann, den Kapitän der *Landshut,* haben die Terroristen zuvor in Aden erschossen. Fünf Tage lang erlebt Vietor den Terror, den Mord, den blanken Hass der Täter, die Willkür, die Brutalität hautnah mit. Seine Handynummer habe ich, doch er geht nicht ans Telefon. Nach mehreren Versuchen dann endlich ein »Ja, bitte« mit weicher Stimme am anderen Ende der Leitung. »Sie müssen entschuldigen, aber ich bin Rentner und viel unterwegs. Ich komme gerade von einer dreiwöchigen Reise mit dem Wohnmobil durch Schleswig-Holstein zurück«, sagt der 64-Jährige.

**Herr Vietor, denken Sie noch manchmal an die Entführung zurück?**

Selten. Das ist lange her. Natürlich erinnere ich mich an die Ermordung von Kapitän Jürgen Schumann und die mir angedrohte Erschießung. Und an die psychischen und physischen Qualen: 90 Menschen waren fünf Tage lang fanatischen Terroristen ausgesetzt.

**Auf einem Flug quer durch den Nahen Osten.**

Horror war vor allem die Strecke Aden–Mogadischu: ein toter Kapitän an Bord, ein Flugzeug, über dessen Zustand nach der Notlandung in Aden nichts bekannt war, ein Gebiet, in dem am Boden Krieg herrschte, tropische Gewitter – und ich mutterseelenallein im Cockpit. Als Co-Pilot »half« mir der Anführer Akache …

**… der Sie zweimal erschießen wollte.**

Ja. Das erste Mal in Bahrain, das zweite Mal in Dubai, wo er Anstoß an meiner Junghans-Armbanduhr nahm, die als Logo ein »J« in einem stilisierten Zahnrad hatte. Es sah – zugegeben – einem Davidstern sehr ähnlich. Er dachte, ich sei Jude. Ich habe um mein Leben gefleht und gebettelt. Übrigens kamen diese Erlebnisse in Albträumen immer wieder vor.

**Wie haben Sie die Ereignisse verarbeitet?**

Uns standen nach der Befreiung Psychologen zur Seite, doch deren Hilfe habe ich nicht angenommen.

191

**Sie haben also die Ereignisse eher verdrängt. Warum?**

Für mich gab es keine andere Möglichkeit. Eventuell war das nicht richtig. Erst während des Prozesses 1996 gegen Souhaila Andrawes – einzige Überlebende des Kommandos – konnte ich alles wirklich verarbeiten.

**Welche Gefühle hegen Sie für Andrawes?**

Sie war die Brutalste, schlug die Geiseln, fesselte sie extrem stramm und übergoss sie mit Alkohol –»damit sie besser brennen«. Ich empfinde aber keinen Hass ihr gegenüber. Frau Andrawes ist bestraft worden, sicherlich mild, aber verletzungsbedingt wird sie bei jedem Schritt ihrer schmerzenden Beine an ihre Untaten erinnert. Das ist schlimmer als der schnelle Tod der drei anderen Täter.

**Sie sind bis zum Vorruhestand geflogen.**

Sechs Wochen nach der Entführung saß ich wieder im Cockpit. Die Lufthansa hatte meinen weiteren Einsatz befürwortet und ich selbst fühlte mich in der Lage dazu. Die Stewardessen gaben ihren Beruf auf.

**Sind Sie je wieder in Mogadischu gewesen?**

Nein. Kanada ist viel schöner. Fünf Monate mit meiner Partnerin im eigenen Wohnmobil durch British Columbia, Alberta und Yukon – das ist Leben.

Jürgen Vietor hat in seinem Leben viel erlebt und gesehen. Nach einer Lehre als Elektromechaniker absolviert er eine See-Offiziersausbildung. Er fliegt als Kommandant einen U-Boot-Jagd- und See-Fernaufklärer. 1974 wechselt Vietor zur Lufthansa, zunächst als Erster Offizier, später bis 1999 als Kapitän von B-737-Maschinen. Vietor, der besonders stolz auf die Tapferkeitsmedaille der britischen Pilotenvereinigung ist, lebt bei Hamburg und hat zwei erwachsene Kinder.

Die Entscheidung, Christian Klar freizulassen, kann er juristisch nachvollziehen.»Aber mich hat total gestört, dass sich immer nur alles um die Täter dreht und nie die Opfer im Mittelpunkt stehen«, sagt er. Mit der Rückgabe des Bundesverdienstkreuzes, das ihm der damalige Bundespräsident Walter Scheel kurz nach der *Landshut*-Befreiung verliehen hat, wollte er ein Zeichen setzen. Doch ähnlich wie Frederick Kroesen ist er mit sich im Reinen. »Ich genieße das Leben, verreise viel«, sagt er entspannt. Nach Kanada auswandern würde er gern, doch, so sagt er, »wollen die Kanadier keine Rentner, schade.« Mehrfach habe er aber mitgeholfen, einen Ferienort am Lake Powell inmitten fast unberührter Wildnis für die Sommersaison vorzubereiten. Sein Fazit über Kanada? »Das Land, die Menschen und die Natur sind ein Traum«, sagt Jürgen Vietor.

Was den US-General und den Lufthansa-Piloten ebenfalls eint: Sie empfinden keinen Hass auf die Täter. Auch Jürgen Vietor kann sich – unter Umständen – ein Gespräch mit der damals »brutalsten« (O-Ton Vietor) Ex-Terroristin Souhaila Andrawes vorstellen.

Doch die Täter schweigen.

Über Christian Klar ist nicht viel bekannt. Er lebt mutmaßlich in Berlin, hat als Kraftfahrer gearbeitet und taucht nur alle Jubeljahre in der Öffentlichkeit auf. 2011 wird er im Prozess gegen die ehemalige Komplizin Verena Becker als Zeuge vor das Oberlandesgericht Stuttgart geladen. Er erscheint mit Schiebermütze, Sakko und Sonnenbrille, bedeckt mit einer Tageszeitung sein Gesicht und verweigert die Aussage. Fünf Jahre später kommt eher zufällig heraus, dass Diether Dehm, Bundestagsabgeordneter der Linkspartei, Klar als freien Mitarbeiter für die technische Betreuung seiner Abgeordneten-Homepage engagiert hat. Bekannt wird die Arbeit Klars aber auch nur, weil Dehm versucht, für den ehemaligen RAF-Terroristen einen Hausausweis des Bundestags zu beantragen – was abgelehnt wird.

2017 dann Klars erster bewusster Auftritt in der Öffentlichkeit. Er sagt zwar wieder nichts, jedoch kann und will er vielleicht auch nicht verhindern, dass er fotografiert wird. Gemeinsam mit der ehemaligen RAF-Terroristin Eva Haule nimmt er an der Beerdigung von Heinz Kessler teil, dem ehemaligen Verteidigungsminister der DDR. Klar befindet sich in der vierten Reihe der Trauerhalle des Treptower Friedhofs in Berlin. Die Plätze vor, neben und hinter ihm bleiben frei. Klar und seine ehemalige Komplizin sitzen wie auf dem Präsentierteller. Vielleicht ist es auch genauso gewollt von ihnen. Klars ehemals schwarze Haare sind grau geworden, er trägt ein dunkelblaues Sakko und ein schwarzes T-Shirt, unter dem sich ein Bauch wölbt. Als die DDR-Hymne »Auferstanden aus Ruinen« ertönt, erhebt er sich. Später auf dem Friedhof steht er vor Kesslers frisch ausgehobenem Grab, verharrt einen Augenblick und wirft eine rote Rose hinein.

Dass ehemalige DDR-Größen wie Ex-Staats- und Parteichef Egon Krenz an der Beerdigung des früheren Armeegenerals teilnehmen, ist verständlich. Doch warum ist Klar da? Er weiß, dass Fotografen anwesend sein werden. Oder kommt er gerade deswegen? Um ein Zeichen zu setzen? Was Kessler und Klar eint: Beide lehnen die politische Grundordnung der Bundesrepublik ab. Vielleicht kannten sich Kessler und Klar auch. Denn Christian Klar reist Anfang der Achtzigerjahre mehrfach in die DDR, organisiert den Ausstieg von Komplizen, die in der DDR ein neues Zuhause finden, und lässt sich militärisch schulen, unter anderem an der Panzerfaust.

Ich würde gern mit Christian Klar sprechen und maile Ende September 2018 eine offizielle Anfrage an Diether Dehm mit der Bitte um Weitergabe meiner Nachricht an Herrn Klar. Kurze Zeit später die Antwort seines Büros: »Ihre Anfrage wird Herrn Klar selbstverständlich zur Kenntnis gegeben. Sollte er Interesse an einem Interview haben, wird er sich direkt bei Ihnen melden.« 21 Minuten später kommt noch eine Nachricht, diesmal lautet sie: »Ihre Anfrage wurde Herrn Klar selbstverständlich zur Kenntnis gegeben und er wird sich ggf. bei Ihnen melden.«

Doch Christian Klar antwortet nicht.

Souhaila Andrawes ist da schon etwas gesprächiger.

Die Palästinenserin ist die einzige Überlebende des Kommandos, das die *Landshut* entführt hat. Bei der Befreiung durch die GSG9 wird sie von Schüssen in Beine und Lunge getroffen. Ein Bild, das kurz danach entstand, geht 1977 um die Welt: Die Terroristin liegt blutüberströmt auf einer Trage und macht das Victory-Zeichen – und schreit auf Englisch wiederholt:»Kill me!«

In Somalia wird Souhaila Andrawes zu 20 Jahren Haft verurteilt, kurz darauf aber in den Irak abgeschoben. Sie lebt unbehelligt in Beirut und Damaskus und ab 1991 in Norwegen, wo sie politisches Asyl erhält. Dort wird sie drei Jahre später festgenommen und an die Bundesrepublik ausgeliefert. 1996 verurteilt sie das Oberlandesgericht Hamburg wegen Mittäterschaft an Mord, Geiselnahme und Flugzeugentführung zu zwölf Jahren Haft. Ihre Reststrafe darf sie ab 1997 in ihrer neuen Heimat Norwegen verbüßen. Aufgrund ihrer seit der Erstürmung des Flugzeugs schlechten Gesundheit und chronischer Schmerzen wird sie 1999 vorzeitig aus der Haft entlassen.

Vor Gericht und auch im Film »Todesspiel« von Heinrich Breloer äußert sie Bedauern über ihre Beteiligung an der Tat.

Andrawes wohnt mit ihrem Ehemann Abu Ahmed Abu-Matar in Oslo. Die ehemalige Terroristin zu finden, ist nicht schwierig: Sie steht im Telefonbuch. Anruf in Norwegen. Souhaila Andrawes spricht Englisch mit starkem Akzent und freundlicher Stimme. Geduldig hört sie sich mein Anliegen an. Dass ihr ehemaliges Opfer Jürgen Vietor keinen Hass gegen sie hegt, nimmt sie erfreut zur Kenntnis. Ihr gehe es gesundheitlich nicht gut, sagt sie. Ich dürfe mich aber gern in ein paar Tagen wieder melden. Beim nächsten Gespräch erzählt sie von ihren Schmerzen und schlägt vor, lieber E-Mails auszutauschen. Sie gibt mir ihre Adresse, dann beendet sie das Telefonat. Auch im darauffolgenden E-Mail-Verkehr dreht sich alles um ihre Gesundheit. Sie schreibt:»Ja, ich werde am Montag operiert, ich bete, dass es gut verlaufen wird.« In einer weiteren E-Mail wird sie nur unwesentlich konkreter:»Mir geht's gut, ich habe einige Operationen in den kommenden Monaten, daher glaube ich nicht, dass ich kommunizieren kann. Andererseits geht es mir soweit gut, ich nehme das Leben so, wie es kommt, jeden Tag aufs Neue.«

Frederick Kroesen sagt über Christian Klar:»Wenn er nicht reden will, dann will er nicht reden. Was soll's?« Und Jürgen Vietor meint über Souhaila Andrawes:»Es ist so lange her, das Leben geht weiter. Für mich wahrscheinlich besser als für sie …«

# 1980ER-JAHRE

# IMELDA MARCOS, FIRST LADY DER PHILIPPINEN

Imelda Marcos (geb. 1929) ist die Witwe von Ferdinand Marcos, dem ehemaligen Präsidenten und Diktator der Philippinen. Während seiner Amtszeit von 1965 bis 1986 ist sie die First Lady des Landes. Das Marcos-Regime gilt als äußerst korrupt, es unterdrückt und verfolgt die Opposition, lässt Gegner in Militärlagern inhaftieren, foltern und ermorden. Berühmt-berüchtigt ist Imelda Marcos für ihren opulenten Lebensstil und ihre immense Schuhsammlung (3 000 Paare). Nach einem Volksaufstand flüchtet das Ehepaar Marcos 1986 ins Exil nach Hawaii, wo der Ex-Diktator drei Jahre später stirbt. 1991 kehrt Imelda auf die Philippinen zurück und wird Mitglied des Repräsentantenhauses. 2018 verurteilt sie ein Gericht nach einem jahrzehntelangen Verfahren wegen Korruption zu mehr als 40 Jahren Haft, sie bleibt aber nach Hinterlegung einer Kaution auf freiem Fuß. Ich treffe die ehemalige First

Lady 2013 in ihrem Luxusappartement in Manila auf den Philippinen. Sie ist 84 Jahre alt.

\* \* \*

Sie gilt als kapriziös und unnahbar, ebenso als brutal. Ihre Lebensgeschichte flößt unwillkürlich Respekt ein. Als der Fotograf und ich aus dem Fahrstuhl steigen und vor ihrer Wohnung im 34. Stock des Pacific-Plaza-Hochhauses, einem der teuersten Wolkenkratzer von Manila, stehen, atmen wir noch einmal tief durch. Wir wissen nicht, was uns erwartet. Ein Bediensteter öffnet die Tür. Und Imelda Marcos guckt ihm sofort neugierig über die Schulter. Die ehemalige First Lady der Philippinen hustet und hält sich ein Taschentuch vor den Mund. Sie ist erkältet und ihre Laune scheint im Keller. Kritisch mustert sie uns von den Schuhen bis zum Haarschnitt, dann ringt sie sich zu einem »Welcome« durch.

Wie bloß das Gespräch in Gang bringen? Sie guckt missmutig und wittert Böses. Mein Blick fällt auf ein schönes Porträt von ihr im Eingangsbereich. Es zeigt sie als elegante junge Frau mit vollem dunklem Haar, ihr Teint und ihre Gesichtszüge sind vorteilhaft weich gezeichnet. Der Stil des Malers kommt mir bekannt vor. Bei Farah Diba-Pahlavi, der ehemaligen Kaiserin Persiens, hängt ein in ähnlichem Stil gemaltes Porträt im Wohnzimmer. Und die Ex-Kaiserin hatte mir auch den Namen des Künstlers verraten: Claudio Bravo Camus, ein zeitgenössischer chilenischer Maler aus Valparaíso.

Nun zeige ich auf das Porträt und frage mit gespielter Kunst-Kennermiene: »Frau Marcos, ist das nicht ein Porträt von Claudio Bravo?« Sie guckt erstaunt, ihre Miene hellt sich auf. »Woher kennen Sie den?« Ich verrate es ihr. »Ohh, Farah!«, flötet sie. »Die liebe Farah! Wir haben tolle Zeiten zusammen erlebt.« Sie erinnere sich vor allem an ihr Gipfeltreffen 1971 mit dem Schah-Ehepaar in Persepolis in der Wüste Irans, als dort zahlreiche Präsidenten und gekrönte Häupter den 2500. Geburtstag von Persien feierten. Imelda Marcos ist kaum zu bremsen, ihr Husten ist schon fast vergessen, und Reporter, die Claudio Bravo und Farah Pahlavi kennen, können ja überhaupt nichts Böses im Schilde führen.

Ziel erreicht, ihre Laune ist bestens. Die 84-Jährige umschmeichelt den Fotografen und mich mit Komplimenten für unser Äußeres. Vor allem mag sie unsere Größe, wir sind beide weit jenseits der 1,80 Meter. Zu uns guckt sie gern hoch.

Doch Imelda Marcos steckt noch immer tief in alten Verhaltensmustern. Sie kann einfach nicht aus ihrer Haut. Sie ist es, die bestimmt, was gemacht wird, niemand sonst. Nein, hinsetzen wolle sie sich nicht, sagt sie zum Wunsch des Fotografen, der ein Bild schießen möchte. Schließlich sei sie doch noch nicht alt und gebrechlich, das würde nur einen falschen Eindruck machen. Es braucht viel Überredungskunst, bis sich Imelda Marcos in ihrem Wohnzimmer fürs Fotoshooting endlich auf einen Stuhl niederlässt. Stuhl ist eine gnadenlose Untertreibung; er ist eine Art Thron mit grünem Samt, mit Blattgold überzogenen Lehnen und geschnitzten Götterfiguren. Vor allem ist er verdammt schwer, er hat zwar Rollen unter den Füßen, die haken aber. Anheben kann man das Prunkstück nicht, also ziehe ich es vorsichtig über den glatt polierten Parkettboden. Es knirscht. Die weißen Kratzspuren im Parkett bemerkt sie nicht. Oder sie sieht gönnerhaft über mein Missgeschick hinweg. Sie ist nicht zu durchschauen. Dann nimmt sie Platz. Sie guckt gelangweilt. Es ist der einzige Moment während des Besuchs, in dem die Diktatorenwitwe still sitzt, nichts sagt und nicht an ihrem Kleid zupft.

Sich den Anweisungen anderer zu fügen – das ist Imelda Marcos nicht gewöhnt. Früher wäre das undenkbar gewesen. Da ließ sich Imelda Marcos von niemanden etwas sagen. Da war sie die First Lady.

Imelda Marcos ist weltweit eine der umstrittensten politischen Figuren. An der Seite des philippinischen Diktators Ferdinand Marcos (1917– 1989) sorgt sie für Glanz und Glamour, lebt in Saus und Braus im Malacañang-Palast in Manila. Er, der Herrscher, steht für Raffgier, Korruption und Kriegsrecht, sie für Schönheit, Eleganz und dekadente Shoppingtouren. Noch heute wird die frühere First Lady gleichermaßen verehrt und verachtet. Auf den Philippinen ist Imelda Marcos eine Ikone. Ihre 3 000 Paar Schuhe sind legendär. 1986 muss das Präsidentenpaar die Heimat verlassen, ihr Mann stirbt drei Jahre später im Exil in den USA.

Schon in jungen Jahren setzt sich Imelda Marcos gekonnt in Szene. Mit 18 gewinnt sie einen Schönheitswettbewerb und wird zur »Rose von Tacloban« gekrönt. Doch die junge Imelda will höher hinaus. Sie nimmt an der Miss-Manila-Wahl teil – und muss eine herbe Enttäuschung erleben: Sie wird lediglich Zweite. Doch die aus einer reichen Oligarchenfamilie stammende Schönheit weiß schon früh Macht und Einfluss zu nutzen. Imelda wäre nicht Imelda, wenn sie diese Niederlage nicht nachträglich als Sieg verkaufen könnte. Sie nervt den Bürgermeister der Millionenstadt so lange, bis der sie zur »Muse von Manila« ernennt. Und Imelda ist um einen weiteren Titel reicher.

Über einen Cousin lernt sie im philippinischen Parlament Ferdinand Marcos kennen, einen aufstrebenden Politiker, der nach der Macht im Lande greift. Nur wenige Tage nach dem ersten Date heiraten die beiden – und prägen fortan über Jahrzehnte die Geschicke des Landes. 1965 wird ihr Mann Präsident, 1972 zum uneingeschränkten Herrscher, der das Kriegsrecht ausruft. Oppositionelle werden gefoltert und ermordet. Tausende verschwinden spurlos. Das Ehepaar rafft ein Milliardenvermögen aus Gold, US-Dollars, Schmuck und Kunstwerken zusammen und die Philippinen gelten nach Erkenntnissen von Weltbank und Transparency International weltweit als zweitkorruptester Staat, hinter dem Regime von Diktator Suharto von Indonesien und noch vor Mobutu Sese Seko aus der Demokratischen Republik Kongo.

Und Imelda, der stählerne Schmetterling, wie sie genannt wird, sonnt sich in der Macht. Gewissensbisse oder Unrechtsbewusstsein kennt sie nicht. »Ich wurde als Angeberin geboren«, hat sie einmal gesagt. Eine weitere Kostprobe ihrer Hybris: »Nicht einmal die britische Queen wird nur Elizabeth genannt, sondern Elizabeth die Zweite. Imelda gibt es aber nur einmal.« Sie glaube, dass »imeldific« eines Tages im Wörterbuch stehen werde – als Synonym für extravagant.

1983 läutet der Mord an Oppositionsführer Benigno Aquino das Ende der Marcos-Herrschaft ein. Aquino wird, nachdem er zum ersten Mal nach drei Jahren sein Heimatland betreten hat, noch auf dem Flughafen von Manila erschossen. Eine Welle des Protests und Widerstands folgt. Corazon Aquino, die Witwe Benignos, übernimmt 1986 die Macht, die Marcos verlassen in einem Hubschrauber der US-Armee das Land, mit neun Millionen US-Dollar an Bord. Sie hinterlassen ein verarmtes Land, das Jahre benötigt, um die Verbrechen der Marcos aufzuarbeiten.

Die ehemalige First Lady kehrt 1991 auf die Philippinen zurück, steht unzählige Male vor Gericht, unter anderem wegen Korruption, wird in unteren Instanzen verurteilt, dann wieder freigesprochen und muss nie ins Gefängnis. Von über 900 Gerichtsverfahren sind knapp zehn übrig geblieben. »Immer wenn ich das Land verlassen möchte, muss ich die Regierung um Erlaubnis fragen«, sagt sie. Diese Schmach hat sie sich in den vergangenen Jahren nur zweimal angetan: um sich wegen Diabetes und grünem Star in China behandeln zu lassen.

Imelda Marcos trägt ein traditionelles Gewand und Sandalen. Ihre pechschwarzen Haare glänzen und sind betonfest aufgetürmt. Madame ist stark geschminkt, trägt Lippenstift, versprüht Charme und kokettiert mit ihrem Äußeren. »Ich mache alles falsch, was man falsch machen kann. Ich esse zu viel, treibe keinen Sport und schlafe nachts nur zwei Stunden.« Ihre Augen wirken noch eine Spur kleiner als üblich. Sie hält ein Taschentuch in den Händen, die Klimaanlage brummt. Eigentlich habe sie das Interview kurzfristig absagen wollen, sagt sie. Doch sie genießt die Aufmerksamkeit um ihre Person.

Auf der Fensterbank stehen unzählige gerahmte Erinnerungsbilder aus dem Zenit ihrer Macht: sie mit Mao, der ihr die Hand küsst, sie mit Muammar al-Gaddafi, Fidel Castro, Saddam Hussein. War ihr Mann eigentlich nie eifersüchtig, wenn sie sich mit all diesen testosterongesteuerten Diktatoren traf? »Doch, sehr sogar«, sagt sie. Dabei schmunzelt sie. Auf dem Esstisch steht eine Schüssel mit Porzellanobst, in den Vitrinen Porzellanfiguren, daneben ein Schrein mit einer Büste ihres Mannes. Und an den Wänden hängen Werke von Pablo Picasso, Paul Gauguin, Michelangelo und Camille Pissarro – und die sehen allesamt sehr echt aus.

Es scheint, dass sie einiges von ihrem Reichtum über die Zeit retten konnte. »Ach«, sagt sie. Viele ihrer Sätze beginnen mit einem »Ach«, dann klingt sie genervt. »Der blaue Saphir an meiner rechten Hand ist Fake.« Und der Diamant an ihrer linken Hand? »Das ist mein Verlobungsring, er hat mehr als 30 Karat und ist der einzige wertvolle Gegenstand, den ich besitze.« Wie? Die ganzen Picassos, Michelangelos und Gauguins: unecht oder für Madame einfach nicht wertvoll genug? Sie kokettiert mit ihrer Armut oder doch mit ihrem Reichtum – was immer dieses Verwirrspiel bedeuten soll. »Madame würde sich niemals Kopien aufhängen«, raunt ihre Mitarbeiterin. Und ihr engster Vertrauter verkündet geradezu stolz bei der Besichtigung der einzelnen Räume: »Sehen Sie die Büste auf dem Klavier? Das ist die einzige Michelangelo-Skulptur außerhalb Italiens.« Als der Fotograf Imelda Marcos vor einem Gemälde Michelangelos fotografieren möchte, wehrt sie jedoch ab. »Muss das sein? Lieber nicht«, sagt sie. »Das wirft ein schlechtes Licht auf mich.«

Zwei Jahre zuvor hatte Imelda Marcos ihr Vermögen mit knapp 17 Millionen Euro angegeben. Im Vergleich zu den 7 500 Tonnen Gold im Wert von knapp 27 Milliarden Euro, die ihr Mann angeblich schon vor seiner Zeit als Präsident besessen hat, mag das wenig sein. Ihr ehemaliges Vermögen ist eingefroren, gesperrt oder an den Staat zurückgegeben worden. »Erst kürzlich hat der philippinische Präsident 10 Milliarden Euro aus unserem Besitz an die Kommunisten gegeben«, behauptet sie. Noch immer prozessiert sie um Millionen und Milliarden. Imelda Marcos macht eine Handbewegung zu einem ihrer Bediensteten, der ihr schnell einen Stapel Akten auf den Schoß legt. »Heute ist ein guter Tag, Sie haben mir Glück gebracht.« Schon zeigt sie auf einem Papier mit dem Finger auf eine Summe mit vielen Stellen vor dem Komma. »Wie viel steht da?« 247 000 Barren. »Okay, was ist der Wert?« 790 Millionen US-Dollar. »Das ist ein Teilerfolg vor Gericht. Das Papier beweist, dass mein Mann der rechtmäßige Besitzer des Goldes war.«

Früher war Imelda Marcos ein Weltstar, heute sitzt sie für ihre Heimatprovinz im Kongress. Erst kürzlich wurde sie wiedergewählt. Ein Abstieg? »Ach, ich war schon immer politisch aktiv, ich kann nicht anders. Und ich habe genauso viel Energie wie vor 40 Jahren.« Für viele Menschen ist sie nur die extravagante Frau an der Seite eines Diktators, während dessen Präsidentschaft die Menschenrechte mit Füßen getreten wurden. »Ach, gucken Sie doch einfach ins Internet. Da können Sie lesen, dass Ferdinand Marcos in den 20 Jahren seiner Regierungszeit 16 Wahlen gewonnen hat. Ein Diktator fragt sein Volk nicht nach dessen Meinung. Wir haben nicht einmal die Gesetze missachtet.« Bedauert sie etwas? »Nur, dass wir 1986 die Macht abgeben mussten.«

Wie wird die Ära Marcos in die Geschichte eingehen? »Die Wahrheit wird ans Licht kommen. Und manchmal kriechen Wahrheit und Gerechtigkeit sehr langsam ans Licht.« Und ihre exzessiven Shoppingtouren? »Alles Übertreibung. Das waren alles Einkäufe für die Menschen im Land. Aber eines ist sicher: Ich habe immer schöne Sachen gekauft, niemals hässliche.« Ihre Antworten sind kurz und knapp. Dabei redet sie schnell.

Man merkt, sie hat keine große Lust, sich zu verteidigen. Vielleicht klappt das ja bei einem anderen Thema. »Sagen Sie, Madame, haben Sie einen Schuhtick?« »Die Wahrheit ist, dass ich nie einen Schuhtick hatte«, sagt sie mit ernstem Gesicht. »Die lokalen Hersteller haben mir immer ihre neuen Schuhe geschenkt. 90 Prozent davon habe ich nie getragen.« Heute besitze sie sogar noch mehr Schuhe als damals. »Ich bekomme ständig welche geschenkt, ich weiß gar nicht, wohin damit. Die Menschen glauben wohl, dass ich überhaupt keine Schuhe mehr habe. Oder sie haben Angst, dass die ehemalige First Lady ohne schöne Schuhe herumlaufen muss.«

16 Kilometer weiter, im Schuhmuseum von Manila, stehen 800 ihrer zu Palastzeiten getragenen Paare fein säuberlich in mehreren Regalen aufgereiht. Ferragamo, Givenchy, Chanel, Christian Dior und Bally. Manche sehen aus wie neu, andere abgetragen. »Sehen Sie«, flüstert Zara Jane Ballesteros, Leiterin des Schuhmuseums, ergriffen, »vor allem die Schuhe von Garolini, René Caovilla, Beltrami, Charles Jourdan, Bruno Magli und Raphael Salato hat sie gern und oft getragen.« Sie zeigt behutsam auf die Logos der sündhaft teuren Marken im Fußbett, die fast nicht mehr zu entziffern sind. »Diese Schuhe hat sie geliebt«, schwärmt die Museumschefin mit Pathos in der Stimme.

Imelda Marcos kennt das Museum natürlich. »Ich habe sieben Mal täglich die Schuhe gewechselt«, sagt sie. Waren Blasen kein Thema? »Doch, meine Haut ist sehr empfindlich und dünn. Aber ich habe gar nicht so viele neue Schuhe getragen, vielmehr Leinenschuhe. Jemand hat mir erzählt, dass ich andernfalls sehr hässliche Füße bekommen würde und eine sehr dicke Hornhaut. Meine Füße waren Leder nicht gewöhnt. Ich habe wirklich sehr gut aufgepasst.«

Ein Jahr zuvor wurde bekannt, dass Hunderte Paar Designerschuhe von Imelda Marcos jahrelang unentdeckt in einer verschlossenen Halle des Nationalmuseums lagerten, von Schimmel überzogen, von Termiten zerfressen oder von Wasserflecken verformt. Zunächst lagen die Schuhe nach der Flucht der Familie im Keller des Präsidentenpalastes, wurden dann in 150 Kisten verfrachtet und ins Museum gebracht – wo sie in Vergessenheit gerieten und schutzlos der Feuchtigkeit ausgesetzt waren.

Nach einer Stunde Gespräch will Imelda Marcos eine Pause machen. Sie steht auf und bittet nach nebenan ins Esszimmer. Während Bedienstete ein Video mit historischen Aufnahmen ihrer Gipfeltreffen vorführen, lässt sich Madame Hamburger und kalte Pommes frites von »Jollibee«, einer billigen philippinischen Fast-Food-Kette, schmecken. Die kalten Pommes werden uns in Plastikschälchen serviert. Und wer greift als Erstes mit patschigen Händen herzhaft zu und lässt die Gabel links liegen? Genau, Imelda. »Und die müssen Sie auch probieren«, sagt sie mit vollem Mund und zeigt auf Teigtaschen mit Mangofüllung. Mit dem Kuchenheber balanciert sie ein Teilchen auf meinen Teller. »Und die kleinen Torten sind auch hervorragend und den Kaviarkuchen sollten Sie sich auch nicht entgehen lassen.« Man hat keine Chance, Nein zu sagen. »Ich dachte, Sie sind Deutscher und essen mehr.«

Kaviarkuchen und Billigfritten – auf diese Kombination muss man erst einmal kommen.

Wahrscheinlich waren die Beatles die einzigen Menschen, die ihr jemals einen Korb gegeben haben. 1966 lehnt es die wohl berühmteste Popgruppe ab, vor einem Konzert in Manila zum Empfang in den Präsidentenpalast zu kommen. Die Marcos rächen sich auf ihre Art. Die Musiker werden bei ihrer Abreise am Flughafen schikaniert, sind der aufgebrachten Menge schutzlos ausgesetzt, haben Todesangst, und das ist mit ein Grund, warum die Beatles nicht lange danach keine Konzerte mehr geben werden. Fast ein halbes Jahrhundert später bittet nun Imelda Marcos um Entschuldigung: »Es tut mir sehr leid, dass das hier passiert ist, aber ich hatte nichts damit zu tun. Ich entschuldige mich für die Reaktion der philippinischen Menschen, dass die Beatles verletzt und beleidigt wurden.« Als sie von den Ausschreitungen gehört habe, sei sie sogar zum Flughafen geeilt, um sie unter Kontrolle zu bekommen. »Da sind sehr unschöne Sachen vorgekommen«, erinnert sie sich, »es hätte niemals passieren dürfen, wir hätten das im Griff haben müssen, aber wir hatten keine Kontrolle über diese Situation.« Und noch etwas will sie loswerden: »Ich liebe die Beatles, bin ein großer Fan von ihnen. Sie waren jung, die Musik war neu. Ihre Lieder habe ich alle gemocht.«

Kurz vor dem Abschied drückt sie mir ihre Visitenkarte in die Hand – ein dünnes Stück Papier mit farbigem Konterfei, E-Mail-Adresse, Festnetz- und Handynummer. Die Karte ähnelt der eines billigen Massagesalons in Manila und spiegelt so ziemlich das Gegenteil von dem wider, was die exzentrische Ex-First-Lady verkörpert. Oder täusche ich mich komplett in ihr und Imelda Marcos kann trotz Saus-und-Braus-Attitüde und Millionen-Dollar-Gerede auch unprätentiös sein? Von den Visitenkarten scheint sie noch ein paar übrig zu haben, denn sie drückt mir gleich noch eine zweite in die Hand.

Dass das Ehepaar einst viel Macht besaß und noch immer von vielen verehrt wird, zeigt sich 2016 deutlich. Nach einer Entscheidung des Obersten Gerichtshofs am 8. November darf Imelda Marcos zehn Tage später den Leichnam ihres verstorbenen Mannes auf dem Heldenfriedhof in Taguig City im Großraum Manila beerdigen. Tausende säumen den Weg und jubeln der Witwe zu, die in einer Mischung aus Stolz und Trauer den letzten Weg ihres Mannes begleitet. Jahrelang hat die resolute Frau für ein Staatsbegräbnis gekämpft, mehrere Staatspräsidenten und Gerichte bemüht, um den 1993 von Hawaii auf die Philippinen zurückgebrachten Sarg mit dem Leichnam Ferdinand Marcos' angemessen zu bestatten. Wieder einmal triumphiert sie. Wieder einmal bestimmt sie die Schlagzeilen. Dabei hat das Jahr für Imelda Marcos nicht gut begonnen. Die Antikorruptionsbehörde des Landes versteigert einen Großteil ihres Schmucks und stellt ihre Preziosen ins Internet. So sieht man auf Facebook und Twitter unter anderem ein antikes Halsband aus Saphiren und Diamanten in Silber und Gold von 1880 sowie ein mit Diamanten besetztes Diadem aus der Belle-Époque-Zeit.

Das Porträt von Claudio Bravo ist auf jeden Fall ihr Eigentum. Das nimmt ihr keiner weg. Als wir gehen, blickt Imelda Marcos noch einmal zu ihrem gemalten Konterfei und seufzt: »Farah war während unserer Flucht die Einzige, die uns angerufen hat. Die Einzige, die uns während unseres Asyls auf Hawaii moralisch unterstützt hat.« Ob ich ihr nicht behilflich sein könne, ein Telefonat mit ihr zu vermitteln?»Geben Sie Farah doch bitte meine Handynummer.«

Zurück in Deutschland, rufe ich Farah Pahlavis Vertrauten Kambiz Atabay in New York an. Kurz danach die Rückmeldung: Auch Farah Pahlavi hat großes Interesse an einem Gespräch. Ein paar Tage später meldet Mister Atabay Vollzug: Die beiden Damen hätten über eine Stunde miteinander telefoniert. Worum es ging? Da schüttelt der treue und verschwiegene Sekretär hörbar am Telefon den Kopf. Zu gern hätte man gewusst, worüber sich die beiden legendären Diktatoren-Gattinnen unterhalten haben …

2018 gibt Imelda Marcos im Alter von 89 Jahren (!) offiziell ihre Kandidatur für das Amt der Gouverneurin in Ilocos Norte, ihrer Heimatprovinz, bekannt. Die Stelle wird frei, weil sich ihre Tochter Imee, die dort aktuell Gouverneurin ist, 2019 für einen Sitz im Senat bewirbt. Die Chance, dass Imelda gewählt wird, ist hoch, gilt doch Ilocos Norte traditionell als Machtbasis des Marcos-Clans. Doch kurz darauf holt Imelda Marcos ihre dunkle Vergangenheit ein, der sie sich nicht entziehen kann. In einem jahrzehntelangen Verfahren wird sie nun wegen Korruption zu über 40 Jahren Haft verurteilt. Sie hinterlegt jedoch bei Gericht eine Kaution in Höhe von 2 500 US-Dollar und bleibt auf freiem Fuß. Sie sieht bei diesem Termin wie eine Wachsfigur aus, die Mundwinkel hängen tief, Verachtung liegt in ihrem Gesichtsausdruck. Welch undankbares Volk, mag es ihr durch den Kopf gehen. Imelda Marcos lebt schon seit Jahrzehnten in ihrer eigenen Welt. Und mit ihrer eigenen Wahrheit.

Ein paar Tage später zieht sie ihre Kandidatur zur Gouverneurin zurück.

# Lech Walesa, Präsident Polens und Friedensnobelpreisträger

Lech Walesa (geb. 1943) war von 1980 bis 1990 Vorsitzender der polnischen Gewerkschaft »Solidarność« (Solidarität) und von 1990 bis 1995 Staatspräsident Polens. Weltweit bekannt wird er im August 1980 als Streikführer auf der Danziger Lenin-Werft. Für seinen gewaltfreien Widerstand gegen das damalige kommunistische Regime in Polen erhält der Elektriker 1983 den Friedensnobelpreis. Walesa gilt als Symbolfigur des friedlichen Wandels in Osteuropa. Ich besuche den Ex-Präsidenten 2004 in seinem Büro in Danzig. Walesa ist 60 Jahre alt.

\* \* \*

Wer am Flughafen in Danzig landet, die Haupthalle verlässt und sich noch einmal umdreht, dem fällt das meterhohe Logo des Airports an der Außenwand des Terminals auf – es ist die Unterschrift des Namensgebers:

Lech Walesa. Die polnische Stadt ist stolz auf ihren berühmtesten Sohn. Seit 2004 trägt der Airport den Namen der Freiheitsikone.

Die Beziehung zwischen Lech Walesa und seiner Heimatstadt ist nicht immer einfach gewesen. 1967 beginnt Walesa als Elektriker auf der Danziger Lenin-Werft. Ein einfacher Arbeiter, der sein Handwerk auf einer elektrotechnischen Berufsschule erlernt hat. Damals ahnt noch niemand, dass der junge Walesa später einmal die Werft, Polen und den gesamten kommunistischen Ostblock verändern wird. Doch bereits drei Jahre später ist Lech Walesa Mitglied eines illegalen Streikkomitees, kommt erstmals in Haft und verliert erstmals seine Arbeit. Der junge Walesa gilt in den Augen der diktatorischen Staatsmacht als renitent, als Querulant, zudem auch als charismatisch und mitreißend – und somit als gefährlich für die herrschende Elite.

Zu Weltruhm gelangt Lech Walesa im Sommer 1980, als er zum Streikführer avanciert, mit Tausenden Arbeitern die Lenin-Werft besetzt und später die erste unabhängige Gewerkschaft »Solidarność« gründet. Als der damalige polnische Staats- und Parteichef Wojciech Jaruzelski im Dezember 1981 das Kriegsrecht verkündet, wird Walesa inhaftiert und für Jahre unter Hausarrest gestellt. 1983 erhält Walesa den Friedensnobelpreis. Zur Verleihung nach Oslo reist allerdings seine Ehefrau mit einem gemeinsamen Sohn; Walesa hat Angst, bei einer Ausreise nicht wieder nach Polen zurückkehren zu können. Im Wendeherbst 1989 initiiert er als Gewerkschaftsführer den sogenannten »Runden Tisch«, an dem Regierung und Opposition gemeinsam verhandeln. Nach der demokratischen Revolution wird Lech Walesa 1990 für fünf Jahre Staatspräsident Polens.

Vom Elektriker zum Staatspräsidenten, vom illegalen Streikführer zum Friedensnobelpreisträger – Lech Walesa hat einen beeindruckenden Weg hinter sich.

Und wie geht Danzig, seine Heimatstadt, mit dem charismatischen Politiker um? Sie verleiht Lech Walesa die Ehrenbürgerwürde und stellt ihm ein Büro in bester Lage in der historischen Altstadt zur Verfügung – und zwar im Grünen Tor. Die Bezeichnung »Tor« ist allerdings eine kolossale Untertreibung, denn das Stadttor aus dem 16. Jahrhundert gleicht eher einem flämischen Palast. Das Gebäude mit den vier Torbögen begrenzt den Langen Markt, den von historischen Kaufmannshäusern gesäumten, vielleicht schönsten Platz Danzigs. Doch nur die wenigsten Passanten beachten das Messingschild an dem Gebäude mit der Aufschrift »Büro Lech Walesa«. Unterm Dach des historischen Wahrzeichens und über den Torbögen arbeitet der legendäre polnische Gewerkschaftsführer. Der zu diesem Zeitpunkt 60-jährige Lech Walesa kommt mit ausgestreckter Hand auf mich zu und sagt herzlich: »Dzień dobry. Witaj!« Das heißt »Guten Tag. Willkommen!«

Auf dem Schreibtisch stehen ein Bild seiner Frau Danuta und die amerikanische Flagge. Lech Walesa trägt eine schwarze Lederweste über seinem blauen Hemd und eine Silberuhr mit Solidarność-Emblem. »Die hat nur zehn Euro gekostet«, grinst er. Zwei Leibwächter passen auf ihn auf – einer im Büro, der andere wartet vor der Tür. Walesa ist gut gelaunt. »Was wollen Sie wissen?«, fragt er und ermuntert mich: »Es gibt keine dummen Fragen.«

**Herr Präsident, was sind Sie nun eigentlich – Elektriker, Politiker, Professor oder Rentner?**

Von allem etwas. Ich bin auch noch Vater von acht Kindern. Ich habe drei Leben gelebt und mich nie bestechen lassen. Ich hatte nie Angst vor irgendwem. Man kann mich umbringen, aber nicht besiegen. Ich bin ein politischer Zehnkämpfer.

Ich spreche Lech Walesa auf General Jaruzelski an, der 1981 das Kriegsrecht ausrief und ihn verhaften ließ. Ich zitiere Jaruzelski mit den Worten, mit denen er sich zeitlebens gerechtfertigt hat, dass das Kriegsrecht das kleinere Übel gewesen sei und die Alternative nur eine Intervention von sowjetischen Truppen wie beim Prager Frühling 1968 hätte sein können. Lech Walesa unterbricht mich sofort und wird scharf im Ton. »Nein«, sagt er knapp, »wie kann man nur das Kriegsrecht gegen seine eigenen Landsleute einsetzen?« Da ballt er die Faust.

Lech Walesa ist noch immer in seinem Element. Ein Kämpfer durch und durch. Als amtierender Präsident Polens verliert er 1995 in der Stichwahl knapp gegen den ehemaligen Kommunisten Aleksander Kwaśniewski.

Doch die größte Schlappe steht ihm noch bevor: Im Jahr 2000 tritt er wieder an – und erhält lediglich ein Prozent der Stimmen im ersten Wahlgang. Eine Demütigung. Dennoch hat er nun angekündigt, bei der kommenden Präsidentenwahl erneut anzutreten. Kann da jemand nicht loslassen? Ist es Verbohrtheit? Oder Realitätsverlust? Also, Herr Walesa, warum nur?»Polen ist ab Mai Mitglied der Europäischen Union und wird dann schnell wieder austreten wollen«, sagt er.»Ich werde mich dem entgegensetzen. Polen muss in der EU bleiben.« Er fügt hinzu, dass Deutschland eine Großmacht sei und von Deutschland die Beziehungen auf dem ganzen Kontinent abhingen.»Wir brauchen die Vereinigten Staaten von Europa. Das ist meine Vision.«

**Herr Walesa, wie beurteilen Sie denn das deutsch-polnische Verhältnis?**

Es könnte besser sein, aber wir müssen auch die Deutschen verstehen. Deutschland hat noch viele Probleme, die mit der Wiedervereinigung zusammenhängen. Doch die deutsch-polnischen Beziehungen werden in der Zukunft besser sein als die deutsch-französischen. Da bin ich mir sicher. Aber bis dahin werden wir uns nicht nur einmal streiten.

**Die Deutschen jammern gern. Können Sie das verstehen?**

Ja, natürlich. Sie merken, dass ihr Lebensstandard schwindet. Aber wenn die Deutschen Angst haben, dass sie arm werden, ist das ein Irrtum. Die Deutschen jammern auf einem anderen Level als wir Polen.

**Wie fühlt man sich als polnische Legende?**

Ich denke darüber nicht nach. Wenn ich zu sehr im Mittelpunkt stehe, kann ich mich ja gar nicht mehr hinterm Ohr kratzen. Ich werde wütend, wenn mich jeder anschaut, möchte viel lieber unbemerkt bleiben. Na ja, andererseits, wenn mich keiner beachtet, bin ich sauer, dass ich so unbekannt bin.

**Sie sind sehr gläubig …**

Ich weiß nicht, was ich ohne Glauben wäre. Ich wäre wahrscheinlich ein gefährlicher Mensch.

**Haben die Preise und Auszeichnungen den Menschen Lech Walesa verändert?**

Überhaupt nicht. Ich bin immer derselbe geblieben. Wie Sie sehen, bin ich nicht besonders gut angezogen. Ich achte nicht darauf.

**Gibt Ihnen Ihre Frau Danuta denn keine Ratschläge?**

Meine Entscheidungen treffe ich immer selbst. Der Blick meiner Frau auf die Welt ist schon interessant – aber er unterscheidet sich von meinem, ist einfach anders. Mit einer anderen Frau hätte ich es nicht so viele Jahre ausgehalten. Danuta ist genau die Richtige für mich. In manchen Dingen bewundere ich sie.

**Zum Beispiel?**

Sie ist sehr hartnäckig und besteht auf ihrem Recht. Sie ist auch sehr fleißig, ehrlich und eine gute Köchin. Wir haben keine Hausangestellten, machen alles selbst. Wir wollen einfach keine fremde Person in unserem Haus haben. Es ist ein stärkeres Familiengefühl, wenn wir alles allein machen.

**Helfen Sie in der Küche?**

O ja! Ich bringe den Müll weg, wasche ab und werfe schmutzige Wäsche in die Waschmaschine – kein Problem! Ich kann aber nicht kochen, höchstens Tee …

**Haben Sie die Geburtstage Ihrer acht Kinder im Kopf?**

Nein, dafür habe ich meinen Terminkalender. Die Politik beansprucht mich so sehr, dass ich nicht alles behalten kann.

**In Deutschland sind Polenwitze sehr populär. Können Sie darüber lachen?**

Natürlich! (Er lacht) Aber ich kenne nur einen, den hat mir mal ein Freund erzählt, und der geht so: In einem Touristenbüro in Deutschland hängt ein Schild mit dem Hinweis:»Wenn Sie nach Polen fahren, denken Sie bitte daran, dass Ihr Mercedes schon längst in Polen steht.« Ich habe meinem Freund geantwortet:»Der Deutsche muss sich aber beeilen, wenn er seinen Wagen in Polen wiederhaben will. Denn morgen steht er schon in Moskau.« Übrigens, bei uns sind Witze über die Deutschen sehr beliebt.

**Erzählen Sie einen!**

(Er überlegt.) Hm. Ich höre sie zwar gern, aber mein Gedächtnis lässt nach, mir fällt keiner ein. Aber geben Sie mir Ihre E-Mail-Adresse, dann schicke ich Ihnen einen böswilligen über die Deutschen zu.

**Sie können mit dem Computer umgehen?**

Auf jeden Fall! Ich bin Elektriker, kenne mich mit Kabeln, Strom und Spannung gut aus. Alle Computer, die Sie hier sehen, habe ich installiert. Bis ins kleinste Detail habe ich alles selbst gemacht. Das Zusammenbasteln ist nicht so schwierig.

**Chatten Sie auch im Internet?**

Sehr gern. Und einmal passierte es, dass sich jemand als Lech Walesa ausgegeben hat. Dem habe ich geschrieben:»Mann, red keinen Unsinn, ich bin der richtige Lech Walesa.« Und zurück kam die freche Antwort:»So ein Quatsch, du redest Mist. Ich bin der echte.« Das Schlimme war: Er konnte im Chatforum alle davon überzeugen, dass er der richtige sei. Ich konnte schreiben, was ich wollte – alle haben gedacht, ich sei der falsche.

**Herr Präsident, noch ein paar kurze Fragen zum Schluss: Haben Sie Zeit für Ihre Hobbys?**

Sehr wenig. Ab und zu gehe ich angeln.

**Es heißt, dass Sie auch gern malen ...**

Äußerst selten. Aber von Malen kann keine Rede sein. Das ist eher ein Schmieren. Deswegen hänge ich die Bilder auch nicht zu Hause auf.

## Lech Walesa ohne Schnauzbart ist wie ...

(Er lacht.) Letztes Jahr hatte ich ihn für kurze Zeit abrasiert. Ich hatte zwei Wochen frei, wollte wegfahren. Da dachte ich mir: Nun gönnst du deiner Haut mal eine Erholung, niemand wird dich sehen. Leider musste ich dann kurzfristig eine Delegation aus Afrika treffen – ohne Schnauzbart. Das Interesse war so groß, dass ich eine Pressekonferenz geben musste.

**Sind Sie eifersüchtig auf Michail Gorbatschow, der in Deutschland noch beliebter ist als Sie?**

Nein. Aber diese Popularität hat Gorbatschow nicht verdient. Er ist immer noch Kommunist, wollte keine deutsche Wiedervereinigung. Ich wundere mich, dass ihr ihn so liebt. Aber Gorbi kann sich freuen ...

**Wie hoch ist Ihre Rente?**

650 Euro Präsidentenpension. Das ist eines Präsidenten nicht würdig. Aber man muss davon leben, das Land ist arm.

Der Bodyguard, der draußen vor der Tür gewartet hat, kommt ins Büro herein und mahnt zum Aufbruch. Lech Walesa steht auf, zieht sich seinen grauen Wintermantel an und setzt die schwarze Schiebermütze auf. Er schlägt vor, dass wir noch kurz gemeinsam über den Langen Markt spazieren. Draußen weht ein kräftiger Ostwind, der historische Platz ist halb vom Schnee geräumt. Der Dolmetscher verabschiedet sich. Lech Walesa und ich gehen nebeneinander. Wir schweigen. Walesa spricht kein Englisch, ich kein Polnisch. Er grinst und zuckt mit den Achseln. Wir gehen gemächlich über den gefrorenen Boden, die Bodyguards stapfen hinterher. Er drückt mir die Hand, mein »Thank you« erwidert er mit einem freundlichen Nicken. Dann verschwindet er mit seinen Begleitern in einer Seitengasse, an deren Ende seine Limousine wartet.

Ein Jahr später tritt Lech Walesa dann doch nicht zur polnischen Präsidentenwahl an. Ist es Vernunft? Ist die Schmach von der vergangenen Wahl doch zu groß gewesen? Oder ist es das stille Eingeständnis, dass die Polen ganz gut zurechtkommen ohne ihn, die Freiheitsikone?

Aus dem politischen Tagesgeschäft hält sich Lech Walesa dennoch nicht heraus, er kann gar nicht anders. Natürlich juckt es ihn, seine Meinung kundzutun, neuerdings auch auf Facebook und Twitter. Doch es gibt zwei Walesas: auf der einen Seite den Street Fighting Man in seinem Heimatland, der gern provoziert und sich mit (fast) jedem anlegt. Und auf der anderen Seite den Elder Statesman und Vortragsreisenden im Ausland, der das Ansehen genießt, das ihm entgegengebracht wird.

2017 ist kein gutes Jahr für Lech Walesa. Im Januar stirbt einer seiner Söhne mit 43 Jahren an seiner Alkoholsucht. Walesa trauert in Stille und veröffentlicht lediglich auf Facebook ein kurzes Statement: »Danke an alle, die unsere Trauer geteilt haben in dieser für uns schwierigen Zeit.« Im Sommer wird er mit Herzproblemen ins Krankenhaus gebracht. Ein paar Tage zuvor sitzt er auf Einladung von US-Präsident Donald Trump bei dessen Rede in Warschau in der ersten Reihe – sehr zum Missfallen der regierenden nationalpopulistischen Partei Recht und Gerechtigkeit (PiS) von Walesas ehemaligem Mitstreiter und nun erbittertem Feind Jaroslaw Kaczynski. Trump dankt Walesa demonstrativ und ausführlich. Doch als Walesa aufsteht und sich in Richtung des US-Präsidenten verbeugt, buht ihn ein Teil des Publikums aus.

2018 engagiert sich Lech Walesa bei der polnischen Kommunalwahl und positioniert sich in aller Deutlichkeit gegen die PiS, die ihn seit Jahren als Verräter und Kollaborateur des ehemaligen kommunistischen Regimes bezeichnet. Doch Walesa ist hart im Nehmen und lässt sich an der Wahlurne grinsend im weißen Sweatshirt mit der Aufschrift »Konstitution« fotografieren. Kurz darauf feiert er seinen 75. Geburtstag im Theater in Danzig. Donald Tusk, sein Landsmann und EU-Ratspräsident, überreicht ihm ein Glückwunschschreiben aller Regierungschefs der Europäischen Union. Die Unterschrift des polnischen Präsidenten und PiS-Politikers Andrzej Duda fehlt allerdings ...

Walesa, der gläubige Katholik, lebt nun mit einem Herzschrittmacher. Er ist bereit zur Versöhnung mit Jaroslaw Kaczynski und bittet in Tweets, direkt gerichtet an seinen politischen Gegner, um Vergebung für die Fehler, die er gemacht hat. Beide, so schreibt Walesa, gingen bald in Richtung Ewigkeit, und er wolle vorher seine Dinge geregelt wissen. Eine Antwort seines Erzfeindes bleibt aus. Die Sprecherin der PiS-Partei teilt lediglich mit: »Er kann nicht mehr ernst genommen werden.« Wochen später sehen sich die beiden Antipoden in einem Diffamierungsprozess vor Gericht. Eine Schlichtung scheitert ...

Besser läuft die Versöhnung mit General Jaruzelski. Als dieser an Krebs erkrankt, besucht Walesa seinen alten Gegenspieler im Krankenhaus. Auf einem Foto aus dem Jahr 2011 liegt Jaruzelski im Pyjama im Bett, Walesa steht an der Bettkante – und reicht ihm die Hand.

# HANS-DIETRICH GENSCHER,
## INNENMINISTER

Hans-Dietrich Genscher (1927–2016) war von 1969 bis 1974 Innenminister und von 1974 bis 1992 Außenminister und Vizekanzler der Bundesrepublik Deutschland. Er arbeitete unter den Kanzlern Willy Brandt, Helmut Schmidt und Helmut Kohl und ist mit über 22 Jahren Amtszeit der am längsten amtierende Bundesminister in der Geschichte der Bundesrepublik. Zudem war Genscher von 1974 bis 1985 Vorsitzender der FDP. Berühmt wird seine Rede auf dem Balkon der Prager Botschaft, als er zu Tausenden geflüchteten DDR-Bürgern spricht: »Wir sind zu Ihnen gekommen, um Ihnen mitzuteilen, dass heute Ihre Ausreise …« Hans-Dietrich Genscher gilt neben Helmut Kohl als Architekt der deutschen Einheit. Genschers Markenzeichen ist ein gelber Pullover. Ich treffe den FDP-Politiker mehrfach zum Gespräch: im Urlaub in Berchtesgaden, auf einer Gala in Potsdam und mehrmals zu Hause in Wachtberg-Pech in der Nähe von Bonn, dort zuletzt fünf Monate vor seinem Tod. Genscher ist 88 Jahre alt.

\* \* \*

Es ist sein erstes Mal. Und es ist ein besonderer Moment. So herrlich komisch, so unfreiwillig witzig. Hans-Dietrich Genscher ist 88, als ich ihn um ein Selfie bitte. Der legendäre Politiker ist für seinen Witz und Humor bekannt, ich kenne ihn von zahlreichen Interviews und Begegnungen in den vergangenen Jahren. Niemals hätte ich mich getraut, Helmut Schmidt während eines Interviews nach einem Selfie zu fragen. Der Ex-Kanzler konnte schneidend sein und »Schmidt Schnauze« war gefürchtet. Er hätte ein Selfie wahrscheinlich als wenig zielführend abgetan, als Tinnef. Hans-Dietrich Genscher war hingegen in der Regel jovial und charmant, für einen Spaß immer zu haben und imitierte gern Konrad Adenauer und Papst Johannes Paul II. Kurzum: Er war nahbar.

Aber er konnte auch anders. Genscher war knallhart als Politiker, wenn es darauf ankam. Wenn ihm etwas nicht passte, zeigte er sich ungeduldig und hart im Ton. Ich erinnere mich an den Abend einer Bambi-Veranstaltung in Potsdam. Genscher soll dort am Ende mit dem Ehrenpreis »Millennium-Bambi« ausgezeichnet werden. Am selben Abend hält er zuvor eine Rede auf dem Finanzforum der Sparkasse in Lemgo. Genscher schließt dort überpünktlich, bereit zur Weiterreise. Ein Fahrer bringt uns von der Lipperlandhalle zu einem nahe gelegenen Fußballplatz in Walkenfeld, wo auf dem Rasen der Helikopter wartet, der uns nach Potsdam bringen soll.

Weil die Piloten einen kleinen Menschenauflauf von Neugierigen fürchten, lassen sie das Flutlicht aus. Der Fahrer findet in der Dunkelheit aber den Hubschrauber nicht. Hektischer Anruf in Potsdam. Doch, so heißt es, der Heli steht auf dem Sportplatz, bereit zum Abflug. Wir fahren einen Landwirtschaftsweg auf und ab, sehen aber nur Büsche, Bäume und das Vereinshaus des TuS Brake-Walkenfeld. Die Zeit drängt, die Bambi-Veranstaltung, live im TV, hat bereits begonnen. »Finden wir ihn heute noch?«, fragt Genscher aus dem Fond des Wagens. Er fragt ohne Ironie in der Stimme. Er sagt nicht mehr, aber so, wie er es sagt, hat er vor, mich gleich einen Kopf kürzer zu machen. Gedanklich ist er schon so weit. Der

Fahrer und ich schwitzen, seine Ehefrau Barbara ist es, die versöhnlich bemerkt: »Wir werden das Ding schon finden.« Dann, endlich, sehen wir die Maschine. Wir laufen über den nassen Rasen und steigen in den Helikopter ein. Die Rotorblätter beginnen sich zu drehen, schon heben wir ab. Genscher lehnt sich zurück, guckt auf die Uhr. Er sieht wieder zufrieden aus. »Machen Sie mal ein Foto von mir und meiner Frau«, sagt er zum anwesenden Fotografen. Da ist der Ärger schon passé.

Nun also mein Selfie-Wunsch an Genscher. Ob er ihn als Tüddelkram abtut? Er hält kurz irritiert inne und fragt: »Was soll ich machen?« Ich erkläre es ihm und zeige ihm anhand eines Selbstversuchs, was ich von ihm will. Er nickt. Seine Mitarbeiterinnen im Bonner Büro haben ihm jahrelang, erst vergeblich, dann mit lieber Mühe erklärt, wie ein Faxgerät funktioniert. Und nun schon wieder was Neues! Der Politiker nimmt mein Handy, dreht es ungelenk und ist überrascht, dass er sich plötzlich selbst sieht. Seine Augen wandern über den Bildschirm, er mustert sein dunkles Sakko, sein helles Hemd und seine rot-weiße Krawatte. Genscher hält das Handy wacklig mit seiner linken Hand und sucht den Auslöser mit der rechten. Ich weise ihn dezent auf den weißen Kreis hin. Er guckt angestrengt dorthin, das Handy wackelt. Dann drückt er den Punkt.

Das Ergebnis will er sofort sehen. Er ist zufrieden. »Sieht ein bisschen schräg aus«, kommentiert er trocken, »ist mir aber ganz gut gelungen.« Auf dem Foto sieht man den legendären Politiker konzentriert an der Kamera vorbei auf den weißen Kreis gucken. Aber er ist scharf zu sehen, trotz Wackelei.

Hans-Dietrich Genscher war ein großer Deutscher: fünf Jahre Innenminister, 18 Jahre Außenminister, elf Jahre FDP-Chef. Er gehört quasi zum Inventar der Bundesrepublik Deutschland und ist schon zu Lebzeiten eine Legende. Für viele ist der Liberale schlicht »Genschman«, dessen Marotte, ein gelber Pullover, jeder kennt. Wie es zu seinem Markenzeichen kam? Genscher schüttelt einmal bei einem Gespräch den Kopf und sagt: »Das weiß kein Mensch mehr.« Doch Barbara Genscher, seine Ehefrau, fällt ihm ins Wort und erinnert sich: »Mein Mann ist ja oft bei der UNO in New York gewesen. Und dort gibt es in jedem Raum eine Klimaanlage. Er fühlte sich in den oft langen Sitzungen unwohl, sodass er zu mir gesagt hat: ›Das nächste Mal muss ich mir einen Pullover oder eine Weste mitnehmen.‹ Und zufällig war die erste Weste, die ich ihm gekauft habe, gelb. Und die war fortan immer im Gepäck. Aber die Farbe, das berühmte Genscher-Gelb, war keine Absicht. Vielleicht war es schlicht Intuition.«

Hans-Dietrich Genscher war ein Staatsmann, der mit diplomatischem Geschick den Weg zur deutschen Einheit ebnete. Unvergessen sein Auftritt 1989 auf dem Balkon der Prager Botschaft: »Wir sind heute zu Ihnen gekommen, um Ihnen mitzuteilen, dass heute Ihre Ausreise …« Weiter war er nicht zu vernehmen, den Rest des Satzes verschluckte der ohrenbetäubende Jubel der im Matsch ausharrenden 4 000 DDR-Bürger. »Für mich der emotionalste Moment in meinem Leben – im positiven Sinne«, sagt Genscher.

Der Spitzenpolitiker ist sich bewusst, dass er Geschichte geschrieben hat. Als die Mauer fällt, ist er politisch gefordert wie noch nie, aber gesundheitlich äußerst angeschlagen. Das Ehepaar Genscher erinnert sich wie folgt an die bewegenden Tage und Stunden:

Hans-Dietrich Genscher: Am 20. Juli 1989 hatte ich einen Herzinfarkt.

Barbara Genscher: Das Schlimme war: Er hatte überhaupt keine Zeit, sich zu schonen. In der letzten Septemberwoche war mein Mann in New York bei der UNO. Zwei Kardiologen waren zur Vorsicht mitgeflogen. Am 30. September sind wir nach einem Nachtflug frühmorgens in Bonn angekommen …

Hans-Dietrich Genscher: … nach Hause gefahren, ich habe geduscht, gefrühstückt und bin dann gleich weiter nach Prag zur deutschen Botschaft, wo Tausende Flüchtlinge ausharrten.

Barbara Genscher: Und ich saß hier allein zu Hause im Kaminzimmer vor dem Fernseher und habe um meinen Mann gebangt. Ich hab mir große Sorgen um ihn gemacht, nicht nur an diesem Tag, sondern die ganze Zeit. Ich war sehr unruhig und immer froh, wenn er wohlbehalten nach Hause kam.

Hans-Dietrich Genscher: Was blieb mir anderes übrig? Es waren bewegende Wochen, ich musste funktionieren. Auf dem Balkon der Botschaft in Prag hatte ich schwere Herzrhythmusstörungen. Ich war froh, dass ich mich während meiner Ansprache an die DDR-Flüchtlinge an der Steinmauer des Balkons festhalten konnte. Das hat aber niemand bemerkt, weil es so dunkel war.

Barbara Genscher: Kurz nach seinem Auftritt rief er mich an. Wir waren gerührt, fassungslos. Ein überwältigendes Gefühl, Gänsehaut pur. Mein Mann war besonders emotional. Er kam dann noch am gleichen Abend nach Hause. Wir haben uns zum Schlafen hingelegt und wurden morgens um vier Uhr schon wieder vom Telefon geweckt.

Hans-Dietrich Genscher: Ein Mitarbeiter sagte mir, dass die ersten Flüchtlinge in Hof angekommen seien. Mir fiel ein großer Stein vom Herzen. Und dann haben wir erst mal ein Gläschen getrunken. Die Menschen in der Botschaft wollten ihr persönliches Schicksal in die Hand nehmen. In Wahrheit haben sie Geschichte geschrieben.

Hans-Dietrich Genscher war zeitlebens ein leidenschaftlicher Europäer. Die Sorge um Europa trieb ihn um. Deutschland als Land in der Mitte, als größtes Land, als Land mit den meisten Nachbarn, trage eine besondere Verantwortung für die Zukunft Europas, sagte er mir einmal. »Die europäische Einigung hat die europäischen Irrwege der Vergangenheit überwunden und Europa zu einer Insel politischer und wirtschaftlicher Stabilität und zu einem globalen Akteur gemacht. Eine Rolle, die Deutschland allein nie einnehmen könnte. Für die Welt ist Deutschland zu klein, für einen Alleingang in Europa sind wir zu groß. Das würde die innere Ausgewogenheit des Zusammenlebens auf unserem kleinen Kontinent erneut belasten.« Er stimme Helmut Kohl »ohne Einschränkung« zu, der gesagt hatte, die Einheit Europas bleibe eine Frage von Krieg und Frieden. Ohne die europäische Einigung, so Genscher, hätten wir immer wieder mit der alten Rivalitätspolitik in Europa zu tun gehabt, die die Europäer in so viele unheilvolle Kriege verstrickt hat. Hitlers Vernichtungskrieg sei besonders verwerflich und besonders schrecklich gewesen. Das europäische Deutschland sei Teil unserer Identität. »Ein Deutschland des Alleingangs wäre eine andere Republik«, sagte er.

Sein großes Engagement für Europa hat auch mit den Erfahrungen aus der Kriegszeit zu tun. Als Heranwachsender erlebt er den Zweiten Weltkrieg. »Als jemand, der mit 15 Jahren Luftwaffenhelfer werden musste und nach mehr als zwei Jahren mit gerade 18 Jahren in Kriegsgefangenschaft kam, war ich eine Art Kindersoldat. Damals habe ich mir vorgenommen, alles zu tun, damit das nie wieder geschehen kann.«

2010 bekommt Genscher den »Millennium-Bambi« verliehen. Es ist der Abend, an dem wir auf dem Fußballplatz in Lemgo den Helikopter nicht finden. Es stürmt und regnet und schaukelt stark. Seiner Frau wird im Helikopter übel, er bleibt cool. Guido Westerwelle, der damalige Außenminister, hält die Laudatio auf seinen Förderer. Und Genscher spricht in seiner bewegenden Dankesrede natürlich über Europa. Er sagt: »Und vergesst es nie, wenn wir an Europa zweifeln: Europa ist unser aller Zukunft. Wir haben keine andere.« Das Publikum applaudiert ihm stehend.

Auch als Außenminister a. D. ist Genscher noch immer einer der beliebtesten Politiker der Bundesrepublik. Hat er eine Erklärung dafür? »Ich habe jahrzehntelang für die Einheit Deutschlands, die Einigung Europas und für den Frieden gearbeitet«, sagt er. »Ich empfand das als Verantwortung und als Pflicht meiner Generation. Meinen Kindern und Enkeln möchte ich das ersparen, was ich selbst als Jugendlicher erlebt habe.« Ob seine Popularität nicht vielmehr damit zu tun habe, dass sich die Deutschen nach Erfahrung und Autorität sehnen? »Wenn es so wäre, wäre es nicht überraschend«, antwortet er. »Aber auch wenn es so nicht wäre, so sehnen sie sich ganz sicher auch nach neuem Denken, neuen Ideen. Erfahrung und neues Denken machen ein Land zukunftsfähig.«

Hans-Dietrich Genscher ist ein Stehaufmännchen gewesen, privat sowie in seiner Karriere. In den Jahren vor seinem Tod hat er immer größere gesundheitliche Probleme, doch unterkriegen lässt er sich nicht. Ihm wird eine Herzklappe eingesetzt, danach leidet er an einer schmerzhaften Wundrose. Aber er will kein großes Brimborium darum machen. Man werde im Alter gelassener und dankbarer, sagt er. Einmal erkundige ich mich am Telefon nach seinem Befinden und er antwortet mit tiefer, rauer Stimme: »Ich bin haarscharf am Ende vorbeigeschrammt.« Dann zählt er auf: »Bruch des zwölften Brustwirbels, drei Wochen Intensivstation, insgesamt sechs Wochen im Krankenhaus.«

Als ich ihn im Oktober 2015 in seinem Haus in Wachtberg-Pech treffe, ahne ich noch nicht, dass es das letzte Mal sein wird. Auf den ersten Blick sieht sein Bungalow in einem Vorort von Bonn wie ein typischer Siebzigerjahrebau aus. Doch beim genauen Hinsehen entdeckt man zentimeterdicke Fenster und Türen aus schusssicherem Glas – unfreiwillige Erinnerungen an seine Ministerjahre, während derer er als einer der gefährdetsten Politiker gilt und auf der Todesliste der Rote Armee Fraktion (RAF) steht. Im Regal des Treppenhauses glänzen zwei Bambi-Trophäen und auf der Gästetoilette hängen unzählige Karikaturen über den Hausherrn. Alles sieht wie immer aus. Doch es hat sich etwas verändert im Hause Genscher. Zum ersten Mal empfängt nicht er mich an der Eingangstür, sondern seine Frau Barbara öffnet die Tür. Im Flur steht ein Rollstuhl. Genscher sitzt bereits im Sessel im Obergeschoss, hinter ihm das Bücherregal, das vom Boden bis zur Decke reicht und mit politischen Biografien gespickt ist. Er bleibt sitzen und macht eine entschuldigende Geste. Genscher trägt Hemd, Krawatte und Sakko. Auf meinen Einwand, dass er sich nicht hätte in Schale werfen müssen, grinst er und sagt: »Das sieht aber staatsmännisch aus.« Er verspricht mir zum 90. Geburtstag ein Interview (»Ist hiermit fest zugesagt.«) und freut sich über die mitgebrachten Weißwürste von Feinkost Käfer aus München, die immer gut ankommen bei ihm. Er spottet über seine Einschränkungen (»Hab mir einen Treppenlift einbauen lassen.«), über seine gesundheitlichen Fortschritte und witzelt über das Alter seines Gesprächspartners (»Was? Sie sind schon 43? Dann müssen Sie sich beeilen. Ich war mit 42 schon Innenminister der Bundesrepublik.«).

Gespräche mit ihm gleichen Zeitreisen. Er schwelgt gern in Erinnerungen, schafft es aber, dabei nicht selbstverliebt und eitel zu wirken. Genscher stellt die erste Frage: »Was wollen Sie wissen?«

**Vor allem: Wie geht es Ihnen?**

Es war ein schwieriges Jahr. Da ich ein stets zuversichtlicher Mensch bin, hat mich das nicht verdrossen und ich sehe mit unverändertem Lebensmut in die Zukunft. Ich lag mit einer Lungenentzündung auf der

Intensivstation. Es war knapp. Aber jetzt geht's wieder zwei Schritte vorwärts und einenhalb zurück.

**Hatten Sie Angst vor dem Tod?**

Nein, ich bin Christ. Aber in meinem Alter beschäftigt man sich zwangsläufig damit – und eher mehr als weniger. Die Vorkehrungen sind getroffen. Aber Beschwerlichkeiten sind im Alter normal. Ich nehme meine Wehwehchen als neue Herausforderung an, mein Leben zu gestalten, und bleibe interessiert am aktuellen Geschehen.

**Sprechen wir über das große Thema: Erinnert Sie die aktuelle Flüchtlingssituation an Ihre eigene Flucht aus der DDR in den Westen?**

Mich erinnert das erst einmal an die unmittelbare Nachkriegszeit, als Millionen von Flüchtlingen aus den ehemaligen Ostgebieten Deutschlands gen Westen zogen. Und wenn ich jetzt die furchtbaren Bilder von den Flüchtlingsbooten auf dem Mittelmeer sehe, muss ich an die Dramen 1945 auf der Ostsee denken, zum Beispiel den Untergang der *Wilhelm Gustloff* mit Tausenden Toten. Und natürlich habe ich auch die Botschaftsflüchtlinge aus der DDR 1989 in Prag, Warschau und Budapest im Kopf – Menschen, die alles aufgegeben haben, um in Frieden und Freiheit zu leben.

**War Frau Merkels Entscheidung, die Flüchtlinge einreisen zu lassen, eine moralische Verpflichtung?**

Ich denke, dass sie sich der großen und schweren geschichtlichen Verantwortung bewusst ist, die jeder im Land trägt. Die zwölf dunklen Jahre setzen Maßstäbe. Ein Land des guten Beispiels zu sein, ist eine gute Antwort auf diese schlimme Zeit.

**Welche Voraussetzungen müssen Politiker mitbringen, um bestehen zu können?**

Ganz viele! Sie müssen verantwortungsbewusst und vertrauenswürdig sein. Und die Begabung mitbringen, sich öfter auf die Zunge zu beißen.

**Helfen Lügen?**

Nein.

**Haben Sie denn manchmal geschwindelt?**

Nee. Lügen helfen nicht weiter. Wenn die Sache kompliziert wurde, habe ich es lieber mit Humor versucht.

**Das müssen Sie erklären.**

Wenn in Verhandlungen alles stillstand und keiner mehr ein Wort sagte, half mir meine fröhliche Art. Ein Witz hat oft den Knoten lösen können.

**War Klatsch geeignet, um ein Gespräch in Gang zu bringen?**

Aber natürlich! Klatsch, wenn nicht bösartig, kann sehr menschlich sein und lustig dazu. Es gibt Menschen, die leben nur vom Klatsch. Das wäre mir allerdings zu wenig.

**Was war Ihr Erfolgsgeheimnis?**

Ich habe immer versucht, mein Gegenüber einzuschätzen und zu verstehen. Wenn ich ein Problem erklärt und dabei gespürt habe, dass mein Gesprächspartner nicht das geringste Verständnis dafür aufbrachte, dann habe ich mich immer gefragt: Ist das Bösartigkeit? Will er es nicht verstehen? Steht er unter Druck zu Hause?

**Aber Sie konnten auch knallhart sein ...**

Das gehört dazu. Um Entscheidungen durchzusetzen, blieb mir oft keine andere Wahl.

**In Erinnerung bleibt vor allem der nette Onkel im gelben Pullover, der als Außenminister keine unpopulären Entscheidungen treffen musste.**

Als Innen- wie als Außenminister wurde ich vor schwierige Fragen gestellt und hatte Entscheidungen zu treffen, die nicht von vornherein populär waren. Das gehört dazu und ist sozusagen in die Gehaltstabelle eingearbeitet.

**Sind Sie eitel?**

Nee.

**Helmut Schmidt hat mal zu mir in einem Interview gesagt: Alle Menschen sind eitel.**

Also gut: Jeder Mensch hat ein gewisses Maß an Eitelkeit. Wenn Biografien oder Memoiren von ehemaligen Kollegen oder Staatsoberhäuptern erscheinen, gucke ich immer hinten im Register nach, ob ich drinstehe. Der zweite Blick gilt dann der Frage, wie oft ich und wie oft meine Kollegen erwähnt werden. Und der dritte Blick gilt schließlich dem, was über mich geschrieben wurde.

**Und? Haben Sie sich schon mal beschwert?**

Das würde ich niemals tun! Ich habe die große Ehre gehabt, mit drei bedeutenden Bundeskanzlern zusammenarbeiten zu dürfen. Willy Brandt, Helmut Schmidt und Helmut Kohl hätten unterschiedlicher nicht sein können, aber sie waren alle bedeutend.

**Wem standen Sie näher?**

Generationsmäßig war ich eher Kohl näher. Mit Schmidt und Brandt war ich immer per Sie, mit Kohl per Du. Das lag auch daran, dass ich Helmut Kohl schon viel länger kannte. Aber ich kann diese drei großartigen Politiker nicht in Kurzform charakterisieren, das würde ihnen nicht gerecht werden, und ich würde mir das auch nicht anmaßen.

**Gab es Verletzungen in der Politik?**

Ja, schon. Aber ich empfinde heute so manches mit Abstand anders. Dann muss ich mir eingestehen, dass ich gewisse Handlungen oder Aussagen mir gegenüber als verletzend empfunden habe, die im Rückblick gar nicht so schlimm waren. Und ich erkenne, dass es vielleicht manchmal auch berechtigt, wenn auch nicht in allen Aspekten verständlich war, was andere Politiker mir angetan haben. Nachtragend bin ich nie gewesen. Und wenn es angebracht war, konnte ich mich auch entschuldigen.

**Haben Sie die RAF-Zeit und die damit verbundene Bedrohung als beklemmend empfunden?**

Beklemmend war es am stärksten für die Familie. Sie trug die Hauptlast. Ich habe meinen Angehörigen eine Menge zugemutet. Das hatte ich in dieser Form so nicht vorhergesehen.

**Stumpft man mit der Zeit ab?**

Nein, die Sensibilität bewahren Sie. Die Bedrohung gehörte irgendwie immer dazu und ich habe sie meiner Familie mit aufgezwungen.

**Wie blicken Sie auf Ihr Leben zurück?**

Mit großer Dankbarkeit. Ich denke oft daran, was wohl mein Vater gesagt hätte, hätte er mich länger erleben können. Ich war erst neun Jahre alt, als er starb. Das hat dann auch das Verhältnis zu meiner Mutter stark mitbestimmt. Es gab mal einen großen Empfang in Bonn: Ich war schon Vizekanzler und Außenminister und nahm meine Mutter mit. Als ein Kellner mit einem Tablett Biergläser auf uns zukam und ich zugreifen wollte, sagte meine Mutter zum Kellner: »Mein Sohn dankt.« Damit war für die Familie entschieden, dass dieses Bier nicht mehr getrunken wird.

**Schwelgen Sie gern in Erinnerungen?**

Ich blicke gern auf mein Leben zurück. Obwohl ich mit zunehmendem Alter leider feststelle, dass ich immer mehr Menschen kenne, die nicht mehr leben. Das ist keine sehr erfreuliche Erfahrung.

Wenige Wochen später stirbt Guido Westerwelle, der ehemalige FDP-Vorsitzende und Zögling Genschers, an akuter Leukämie. Herr Genscher könne sich zum Tod Westerwelles nicht äußern, teilt sein Büro auf

Anfrage mit, er sei überwiegend bettlägerig. Man hört im besorgten Tonfall, dass Genschers Kräfte schwinden. Dann, ein paar Tage später, die Todesnachricht. Sie ist eine dieser Meldungen, mit denen man rechnen muss, die man aber nicht wahrhaben will, wenn man sie hört.

Knapp ein Jahr nach seinem Tod besuche ich Genschers Witwe Barbara zu Hause in Wachtberg-Pech. Die Aktenordner türmen sich, dazwischen unzählige Mappen, manche vergilbt, kopierte Zeitungsartikel und Dokumente. »Mein Mann war ja ein Aktenfresser«, sagt Barbara Genscher. Sie sitzt auf einem Schemel vor der imposanten Bücherwand im Büro ihres Mannes im ersten Stock und sichtet dessen Hinterlassenschaft. »Die Arbeit lenkt mich gut von meiner Trauer ab. Und sie hält mich auf Trab.« Sie schlägt einen Ordner nach dem anderen auf – und sortiert Dokumente, manche davon mit dem Vermerk »geheim«, die zurück ans Auswärtige Amt gehen, und sortiert andere aus, die die FDP-nahe Friedrich-Naumann-Stiftung erhalten wird. »Beim Sichten der Akten kommen viele Erinnerungen hoch an Ereignisse, die ich schon längst vergessen hatte«, erzählt die 81-jährige Witwe.

Das Ehepaar Genscher war 47 Jahre verheiratet. Sie war seine Sekretärin, dann seine zweite Frau. »Ich bin dem Herrgott dankbar, dass er ihm trotz aller gesundheitlichen Probleme 89 Jahre geschenkt hat«, sagt sie. Ihr Mann war sich immer bewusst, was er an ihr hatte. »Meine arme Frau hat all meine Krankheiten mit geheiratet. Ohne sie hätte ich es nie gepackt«, sagte er einmal zu mir.

Einsamkeit habe sie als Politikergattin durchaus kennengelernt, sie sei aber immer sehr gut allein zurechtgekommen: »Mein Mann war trotzdem immer irgendwie da. Auch wenn er auf Dienstreisen rund um die Welt war, habe ich ihn ja in der Tagesschau erlebt und war telefonisch mit ihm in Kontakt. Doch nun ist es anders. Zu wissen, dass er nicht mehr zurückkommt, tut weh. Das ›Nie wieder‹ fällt schwer.« Sie müsse sich mit dem Gedanken helfen, »dass wir viele gemeinsame Jahre gehabt und sehr schöne, manchmal auch schwere Zeiten erlebt haben. Man muss einfach dankbar sein«, sagt sie.

Sie schweigt für einen kurzen Moment, dann meint sie: »Vielleicht ist es besser so, dass mein Mann vor mir gegangen ist. Eine Frau kommt einfach allein besser zurecht. Er wäre zu Hause sicher ziemlich hilflos gewesen.« Sie muss bei diesem Gedanken schmunzeln, dann sagt sie:»Ich habe es nie erlebt, dass mein Mann in der Küche einen Kaffee gekocht hat.« Er sei ein Vollblutpolitiker gewesen. Wenn er am Abend, meist sehr spät und gestresst, nach Hause kam, habe sie ihn nie zum Reden gedrängt.»Er fing dann von allein an zu erzählen. Ich wurde zwangsläufig an seiner Seite zur Diplomatin.«

Die Erinnerungen an ihren Ehemann und bedeutenden Politiker bleiben. Barbara Genscher denkt gern zurück an die Besuche vieler ausländischer Staatschefs und Minister bei ihnen zu Hause. Michail Gorbatschow, sowjetischer Präsident, sei mehrmals zu Besuch gekommen, ebenso Genschers Ex-Kollegen aus der Sowjetunion, den USA und Frankreich: Eduard Schewardnadse, James Baker und Roland Dumas.»Meinem Mann war es wichtig, im privaten Umfeld Vertrauen aufzubauen«, sagt sie. So sei der eigentlich todernste und verschlossene Russe Andrei Gromyko bei ihnen auf dem Sofa regelrecht aufgetaut und habe plötzlich ausgeplaudert, dass seine Enkelkinder gern mit seinem Geheimtelefon spielten.

Kürzlich saß Barbara Genscher vor dem Fernseher und sah ihren Mann in einer TV-Dokumentation. Sie habe sich gefreut, sagt sie, als sie »Dieter« sah.»Er ist sehr präsent. Überall.«

# 1990ER-JAHRE

# CHRISTO & JEANNE-CLAUDE,
## VERPACKUNGSKÜNSTLER

Christo (geb. 1935) und Jeanne-Claude (1935–2009) sind als Künstlerehepaar mit spektakulären Verhüllungsaktionen weltberühmt geworden. Gemeinsam verpacken sie die Kunsthalle Bern und die Pont Neuf in Paris. Die Verpackung des Reichstags 1995 in Berlin macht sie endgültig zu Superstars der Kunstszene. Als sie 2005 mit »The Gates« safranfarbene Tore im Central Park in New York City aufstellen, führe ich mit Christo und Jeanne-Claude ein Interview am Telefon. Vier Jahre später besuche ich die beiden 73-Jährigen in ihrem Wohnhaus und Atelier in SoHo zum persönlichen Gespräch.

\* \* \*

Eigentlich ist der Central Park auf den kleinen Nebenwegen für Autos gesperrt. Doch die silbergraue Maybach-Limousine hat Sondererlaubnis und VIP an Bord. Sie fährt im Schritttempo quer durch den Park und bahnt sich ihren Weg durch Menschen in Feiertagslaune. Die Seitenfenster des Luxusautos sind geöffnet und die Insassen gucken voller Stolz aus dem Fenster. »Thank you!« und »I love you!«, ruft die Menge. Doch in der Limousine sitzen nicht Michael Jackson oder die Stones, sondern das extrovertierte Künstlerehepaar Christo und Jeanne-Claude, die »The Gates«, ihr neuestes Kunstwerk in New York, inspizieren.

Christo und Jeanne-Claude werden spätestens, seit sie 1995 in Berlin den Reichstag verpackt haben, wie Popstars gefeiert. Fünf Millionen Menschen bestaunen damals das Kunstwerk, picknicken auf der Wiese davor und genießen das besondere Ambiente. Und das wiedervereinigte Deutschland legt – lange vor der Fußball-WM 2006 im eigenen Land – eine neue Leichtigkeit an den Tag. Tausende Besucher nehmen als Souvenir silberglänzende, viereckige Stoffmuster mit nach Hause, die von freiwilligen Helfern rund um den Reichstag verteilt werden. Mit dem verpackten Reichstag werden Christo und Jeanne-Claude zu Weltstars der Kunst.

Nach dem verpackten Reichstag sind »The Gates« 2005 ihr nächstes Megaevent. Kurz vor dem Start steht das Künstlerpaar unter Stress – und verlässt sein Loft in SoHo kaum noch. Er fertigt im Akkord Arbeitsskizzen an und arbeitet die halbe Nacht durch, sie hält Kontakt zu Hunderten Mitarbeitern und zur Kommandozentrale im Central Park. Anruf bei Christo & Jeanne-Claude zu Hause in ihrem Loft. Das Interview verläuft bizarr. Jeanne-Claude spricht am Hörer und ruft ihrem Ehemann meine Fragen zu. Christo antwortet aus der Ferne. Er ist schwer zu verstehen, hat keine Zeit, will seine Staffelei nicht verlassen, doch Jeanne-Claude wiederholt seine Antworten zum Mitschreiben. Wenn ihm etwas besonders wichtig erscheint, ist es zunächst still, dann hört man seine Schritte näherkommen, er nimmt seiner Frau den Hörer aus der Hand – und brüllt ins Telefon.

**Christo, Jeanne-Claude, »The Gates« ist Ihr erstes Heimspiel.**

Jeanne-Claude: Heimspiel? Was meinen Sie damit?

**Sie arbeiten in der Stadt, in der Sie leben.**

Ach so! Kommt der Begriff aus dem Sport? Im Sport kenne ich mich nicht aus.

Christo: Dies ist das erste Kunstwerk, zu dem wir mit der U-Bahn fahren können und bei dem wir keinen Jetlag haben. Sehr angenehm.

**Seit 26 Jahren planen Sie »The Gates«. Was war Ihnen so wichtig daran?**

Das ist eine Frage von Leidenschaft, sehr viel Leidenschaft. Wenn man so lange plant, so lange Überzeugungsarbeit leisten muss, ist es natürlich sehr spannend, wenn es endlich losgeht. Es ist wie bei einer Geburt: Endlich sehen wir unser Baby. Und wir haben bis zuletzt rund um die Uhr gearbeitet. Ich schlafe zwei bis drei Stunden in der Nacht, Jeanne-Claude nur zwei Stunden länger.

**Ihre Arbeiten haben ein schnelles Verfallsdatum ...**

Jeanne-Claude: ... und kosten keinen Eintritt. Normalerweise bleiben sie zwei Wochen. Aber weil wir New York so lieben, haben wir der Stadt zwei zusätzliche Tage geschenkt.

**Aber die Stadt hat Ihnen doch jahrelang die kalte Schulter gezeigt, Ihren Antrag abgelehnt. Warum dann unbedingt New York?**

Christo: Als ich Bulgarien verließ und nach abenteuerlicher Flucht in den Westen kam, war ich auf der Suche nach persönlicher und künstlerischer Freiheit. Ich kam 1958 nach Paris, habe aber schnell gemerkt, dass Paris von New York als Mekka der Kunst abgelöst worden war. So ging ich 1964 mit Jeanne-Claude nach New York. Wir kamen als illegale Einwanderer auf einem Schiff an. Als wir die Skyline von Manhattan sahen, waren wir tief beeindruckt. Die ersten drei Jahre haben wir illegal in der Stadt gelebt. New York ist unsere Heimat geworden. Wir haben der Stadt viel zu verdanken.

**Was war der Ausgangsimpuls zu »The Gates«?**

Zunächst hatten wir vor, zwei Hochhäuser zu verhüllen, bekamen aber keine Genehmigung. Dann wurde uns bewusst, dass wir etwas mit Fußgängern machen sollten. Ich bezeichne New York immer als die meistbegangene Stadt der Welt.

Jeanne-Claude: Am Anfang bin ich immer mit unserem kleinen Sohn Cyril, der heute 44 ist, im Central Park spazieren gegangen. Ich habe den Park lieben gelernt. Cyril ist auf die Felsen geklettert und ich habe den Müll aufgeräumt, der herumlag. Mit dem Central Park verbinden Christo und ich wunderschöne Erinnerungen an die erste Zeit in der Stadt, als uns noch keiner kannte. Christo und ich wurden häufig gefragt, warum wir »The Gates« ausgerechnet im Central Park verwirklichen müssten. Ich habe stets geantwortet: »Haben Sie die Frau geheiratet, die Sie lieben, oder irgendeine andere?«

**Der Central Park ist an sich schon ein Gesamtkunstwerk. Wie verbinden Sie Park, Projekt und Besucher?**

Einer der vielen Gründe für dieses Projekt war, dass wir eine Brücke von Arm zu Reich bauen wollten. Dass alle gemeinsam dieses Kunstwerk genießen können. »The Gates« reichen vom armen Harlem im Norden bis zu einer der reichsten Straßen der Welt, der 59. Straße im Süden des Parks.

**»The Gates« kostet 21 Millionen Dollar. Wie reich sind Sie?**

Wir haben jahrzehntelang ein karges Künstlerdasein gefristet, erst in Paris, dann in New York. Doch wie schon immer finanzieren wir auch hier mit dem Verkauf von Christos Original-Zeichnungen und Collagen unsere Kunstprojekte. Da bleibt nicht viel für uns übrig. Im vergangenen Jahr haben wir Werke für 15 Millionen Dollar verkauft, darunter viele, für die früher niemand Interesse zeigte und die wir über Jahrzehnte aufbewahrt haben. Seit dem 1. Januar sind weitere vier Millionen Dollar hereingekommen.

**Da fehlt noch ein bisschen was.**

Nein, wir haben das Geld schon zusammen, keine Bange. Wir haben ja auch 2003 etwa sieben bis acht Millionen Dollar verdient und werden in diesem Jahr noch mehr verdienen. Aber mit den Einnahmen mussten natürlich auch andere Projekte finanziert werden.

**»The Gates« ist ein Freiluftkunstwerk mitten im Winter. Hätten die Besucher im Sommer nicht mehr davon?**

Christo: Der Februar ist der einzige Monat, in dem die Bäume keine Blätter tragen und die Häuser rings um den Park gut sichtbar sind. Hinzu kommt, dass der Park dann nicht so bevölkert ist und wir auf diese Weise in Ruhe unser Werk aufbauen können.

Jeanne-Claude: Wenn wir uns von Mutter Natur ein bestimmtes Wetter wünschen könnten, dann zu Beginn leichten Regen, damit sich die Stoffe glätten, ein wenig Wind, damit die Nylontücher wehen. Danach Sonnenschein und ein bisschen Schnee wären auch nicht schlecht. Zu viel Schnee darf es aber auch nicht sein, den müssten wir dann wegräumen. Wir haben aber vorgesorgt: 125 Schaufeln stehen parat.

Zum Start von »The Gates« gibt das Paar im Metropolitan Museum of Art direkt neben dem Central Park eine Pressekonferenz. Christo ist schon zu Beginn auf Krawall gebürstet und schreit die versammelte Weltpresse an. Was einigen Journalisten eigentlich einfalle, seine Frau noch immer nicht in einem Atemzug mit ihm zu nennen?! Es gebe keinen Künstler »Christo«, es gebe nur »Christo & Jeanne-Claude«. Nur im Doppelpack, basta! Auch New Yorks Bürgermeister Michael Bloomberg wird zurechtgestutzt, obwohl der Multimilliardär einer der größten Befürworter von »The Gates« ist und das Projekt nach 26 Jahren Auseinandersetzung mit der New Yorker Stadtverwaltung überhaupt erst ermöglicht hat. Die Tore seien nicht orange-, sondern safranfarben, weist ihn Jeanne-Claude streng zurecht.

**Warum haben Sie sich für Safran als Farbe entschieden?**

Christo: Es ist eine sehr intensive Farbe, die bei unterschiedlichstem Wetter mal golden, mal gelb, mal dunkelrot erscheint. Wir mögen es.

Jeanne-Claude: Die Farbe wird wunderbar mit dem Silbergrau der blattlosen Äste harmonieren, da bin ich mir sicher.

**Die Wahl hat nichts mit Ihrer Haarfarbe zu tun?**

(Sie lacht.) Seit 1986 sind meine Haare rot gefärbt. Christo und ich waren damals gemeinsam beim Friseur. Christo hat die Farbe ausgesucht. Und ich mochte sie. Und um Ihre letzten Zweifel zu zerstreuen: Der Reichstag war ja auch nicht rot verpackt.

**Es gibt Kritiker, die sagen, dass Sie keine Kunst, sondern Kitsch schaffen ...**

Christo: ... wir sind glücklich, können uns überhaupt nicht beschweren, weil wir solche Menschen nicht treffen ...

**... und dass die Tore eher wie Duschvorhänge aussehen.**

Wie können die so etwas sagen über ein Kunstwerk, das sie noch gar nicht gesehen haben, das noch gar nicht existiert? Das ist sehr ignorant! Mit einem Maler diskutiert doch auch keiner ein Bild, das noch nicht gemalt worden ist.

**Viele kennen Sie nur als »Verpackungskünstler«. Stört Sie das?**

Jeanne-Claude: Und ob! Das ist wahrlich keine Auszeichnung. Wir haben doch so viel anderes gemacht. Viele kennen uns einfach nicht. 1975 – vor 30 Jahren! – hatten wir zuletzt die Idee, etwas zu verpacken. Das war die Pont Neuf, die älteste Brücke in Paris. Das Projekt realisierten wir 1985. Den Reichstag in Berlin haben wir zwar 1995 verhüllt, die Idee dazu hatten wir aber schon 1971. Seit zehn Jahren haben wir nichts mehr verhüllt und seit 30 Jahren haben wir nicht mehr vor, etwas zu verhüllen.

**Die Erwartungshaltung der Öffentlichkeit ist hoch. Ihre Arbeit wird an dem riesigen Erfolg des verpackten Reichstags gemessen.**

Christo: Wir haben niemals Druck verspürt. Aber der Reichstag war wirklich hundertmal schöner, als wir es uns jemals vorgestellt hatten.

**Sie sind seit 45 Jahren ein Paar. Haben Sie schon einmal an Scheidung gedacht?**

Jeanne-Claude: Christo und ich sind seelenverwandt. Die Liebe zur Kunst hält uns zusammen.

**Sind Sie immer einer Meinung?**

Christo: Ja.

**Schwer zu glauben.**

Na gut. Wir schreien uns ständig gegenseitig an. Wir sind Weltmeister im Anschreien. Jeanne-Claude behauptet, etwas sei zu kurz, ich behaupte, es ist zu lang. Dann geht es hoch her. Ich versichere Ihnen: Das ist sehr produktiv.

Die beiden sind herrlich kapriziös. Sie sind fast nie einer Meinung. Sagt er »ja«, sagt sie »nein«. Nicht immer ist klar: Was ist Show, was gespielte Empörung, was bitterer Ernst? 2009, vier Jahre später, besuche ich sie zu Hause. Ihr fünfstöckiges Haus mit gusseiserner Fassade hat reichlich Patina angesetzt. Es befindet sich in bester Lage in New York, im angesagten Stadtteil SoHo in Manhattan. Christo und Jeanne-Claude arbeiten dort seit 1964. Sie leben auf zwei Etagen, Christos Atelier ist im fünften Stock, Jeanne-Claude hat ihre Räume ein Stockwerk tiefer, es gibt keinen Fahrstuhl. Sie lässt ihn in seinem Atelier in Ruhe. Wenn sie etwas voneinander wollen, kommunizieren sie über Walkie-Talkie.

In die Wohn- und Ausstellungsräume des berühmtesten Künstlerpaares der Welt führt eine steile Treppe, daran befestigt ist ein kleiner Lastenaufzug. »Der ist für Koffer und Rotweinkisten«, sagt Jeanne-Claude. »Und wenn wir mal einen älteren Sammler empfangen, der etwas kaufen möchte«, ergänzt Christo. Gemeinsam setzen sich die beiden 73-Jährigen in eine Couchecke und machen es sich bequem. Jeanne-Claude bietet Brezelstücke eigentlich nur pro forma an, denn sie isst sie ohne Unterbrechung selbst. »Das sind deutsche Brezeln«, erklärt sie, »die kaufen wir in großen Plastiktüten.« Sie seien aber sehr trocken, sagt ihr Mann. »Und sie kosten nur die Hälfte, wenn sie gebrochen sind.«

## Christo, Jeanne-Claude ...

Jeanne-Claude: Moment, um eines gleich klarzustellen: Wir reden nicht über Politik und Religion.

**Kein Problem. Können wir über Sex reden?**

Christo: Natürlich.

Jeanne-Claude: Wir ziehen es vor, Sex zu praktizieren, nicht darüber zu reden.

**Hut ab, wenn Sie noch derart agil sind!**

Christo: Natürlich haben wir ein Sexleben, was denken Sie denn?

Jeanne-Claude: Und was heißt hier eigentlich noch? Wir sind erst 73 Jahre alt.

Christo: Wir finden unser Sexleben gut. Vielleicht würden andere Menschen denken, es ist nicht gut. Aber wir finden es gut.

**Europäer glauben, Amerikaner seien prüde.**

Jeanne-Claude: Sind sie ja auch.

Christo: Ich mag diese Prüderie nicht. In der Nähe von New York wurden eine Schule und die Eltern eines sechsjährigen Jungen von einer Frau verklagt, weil dieser Junge einem Mädchen einen Kuss gegeben hatte.

Jeanne-Claude: In Frankreich liegen oft Mütter mit ihren Kindern am Strand. Und die sagen dann zu ihren Jungen: »Schau dir das kleine hübsche Mädchen dort drüben an, geh hin und gib ihr ein Küsschen.«

Christo: Wir geben uns auch Küsschen.

**Sie sind seit 50 Jahren verheiratet.**

Jeanne-Claude: Das stimmt nicht, wir sind seit 50 Jahren zusammen. Aus Respekt vor unserem Sohn Cyril, der 48 Jahre alt ist, sprechen wir nicht darüber, wann wir geheiratet haben. Aber er war schon auf der Welt. Damals hielt man mich für ein schlechtes Mädchen.

Christo: Sie war ja mit einem anderen Mann verheiratet.

**Jetzt wird es interessant.**

Jeanne-Claude: Wir lebten damals in Paris. Christo war mein junger Liebhaber. Aber ich hatte das Gefühl, dass ich einen Mann heiraten sollte, der einen Job hat und gut Tennis spielt. Philippe war ein französischer Ingenieur, er konnte besser Bridge spielen und reiten als ich. 1959 heiratete ich ihn. Also dachte ich, ich müsste mein Verhältnis zu Christo beenden.

Christo: Wir hatten Krach. Du warst sauer auf mich.

Jeanne-Claude: Ich war nicht sauer auf dich. Christo ist ein toller Liebhaber, aber er konnte doch nicht mein Mann sein! Ich konnte doch den Reichtum nicht hinter mir lassen und in Armut leben.

Christo: Ich war sehr eifersüchtig und habe gelitten.

Jeanne-Claude: Darf ich weitererzählen? Danke! Also heiratete ich diesen Mann. Wir fuhren in die Flitterwochen nach Südtunesien und kamen drei Wochen später nach Paris zurück. Und was habe ich als Erstes gemacht?

**Ich bin gespannt.**

Als mein Mann ins Büro musste, habe ich einen Handwerker angerufen. Der hat dann das Türschloss meiner Wohnung ausgewechselt.

**Und am nächsten Morgen sind Sie zu Christo zurückgekehrt?**

Nein, er kam zu mir. Hätten meine Eltern davon etwas gemerkt, sie hätten mich umgebracht! Erst nach der Geburt unseres Sohnes sagte ich zu meiner Mutter: Ich habe einen Liebhaber.

Christo: Und Jeanne-Claudes Kerl dachte, er sei der Vater unseres Kindes.

**Gute Story!**

Jeanne-Claude: Wissen Sie, in der französischen Aristokratie ist man noch etwas flexibler im Kopf. Also sagte meine Mutter zu mir: Du bist nun geschieden, jung, wunderschön und gesund, da ist es normal, dass man einen Liebhaber hat. Aber ich hoffe, er ist großzügig zu dir. Du musst ihm sagen, dass du dir Diamanten wünschst ...

Christo: Ich war ein richtig armer Schlucker ...

Jeanne-Claude: ... und dass er dir ein Appartement kaufen soll. Ich antwortete ihr, das sei unmöglich, weil Christo mein Liebhaber sei.

**Ihre Mutter tut mir langsam leid.**

»Du bist eine Hure«, sagte sie. Zwei Jahre lang hat sie nicht mit mir geredet. Zwei Jahre lang!

**Wurden Sie ein guter Schwiegersohn?**

Christo: Das dauerte. Ich kannte ihre Mutter ja, weil ich sie gemalt hatte, um Geld zu verdienen.

**Wer hat bei Ihnen zu Hause das Sagen?**

Wir sind doch nicht beim Militär! Jeanne-Claude bringt Essen im Doggybag aus dem Restaurant mit, macht es warm und serviert einen Salat dazu. Ich spüle dann ab. Jeder tut das, was gerade zu tun ist. Ich kann nicht kochen.

**Was lieben Sie am anderen nach so vielen Jahren?**

Dass wir pausenlos miteinander diskutieren können. Wir schreien uns an, wir streiten.

Jeanne-Claude: Wir kritisieren uns ständig.

Christo: Das ist sehr wichtig für uns.

Jeanne-Claude: Ich nenne ihn dennoch Chéri, mon amour.

**Immer auf Französisch?**

Nein, ich sage auch Darling zu ihm. Zu Hause sprechen wir eine Mischung aus Englisch und Französisch. Unser Englisch war zu Beginn nicht so gut. Vor Jahren haben wir mal mit Eisenarbeitern in Colorado zusammengearbeitet. Ich hörte, wie einer sagte: »Hey, du, gib mir mal den fuckin' Hammer.« Ich glaubte dann, dass das Teil so heißt, und habe später zu Christo gesagt: »Gib mir mal den fuckin' Hammer.«

Christo: Und ich dachte: Was redet die denn da? Hat sie ihre gute Kinderstube in Paris zurückgelassen?

**Haben Sie keine Angst, dass Sie eines Ihrer geplanten Projekte nicht mehr erleben könnten?**

Sie sind sehr negativ! Sie fragten vorhin schon, ob wir noch Sex haben. Hey, wir sind doch nicht alt und klapprig, kommen die Treppe immer noch gut rauf und runter.

**Wissen Sie eigentlich, wie reich Sie sind?**

Christo: Nein.

Jeanne-Claude: Wir sind sehr reich, was unsere Arbeiten betrifft. Aber nur, wenn wir unsere Kunst verkaufen würden. Wir häufen keine Millionen an, verkaufen nur Kunst, wenn wir Geld für ein Projekt benötigen.

**Wovon bestreiten Sie Ihren Lebensunterhalt?**

Christo: Wir haben natürlich ein Privatkonto. Ich bekomme ein Gehalt von unserer Firma C.V.J., das sind 25 000 Dollar vor Steuern im Jahr. Und Jeanne-Claude bekommt 5 000 Dollar pro Jahr.

**Nicht gerade üppig.**

Hinzu kommen Vorträge. 15 000 Dollar für einen Vortrag in Brasilien, 20 000 Dollar in Harvard. In Harlem und in der Bronx sind sie honorarfrei.

**Kunst ist Business?**

Jeanne-Claude: Nein, das sagte Andy Warhol. Wir sagen das nicht.

Christo: Kunst ist Kunst.

Jeanne-Claude: Kunst ist Business für die Händler.

**Planen Sie, sich zur Ruhe zu setzen?**

Christo: Als Rentner würden wir doch verrückt werden. Wir haben einen tollen Job. Ärzte lieben vielleicht ihren Beruf genauso, vor allem die Frauenärzte. Aber als Konkurs- oder Scheidungsanwalt haben Sie ja ständig mit dem Leid der Menschen zu tun. Schrecklich!

**Neben Jeanne-Claudes roten Haaren wurde vor allem Ihr grauer Parka zum Markenzeichen.**

Diese Buschjacke schenkte mir 1969 ein Kunstsammler in Australien.

Jeanne-Claude: Sie hat 17 Taschen.

Christo: Die Jacke ist mein Büro, ich habe immer alles dabei: Stifte, Papier, Dokumente. Eine sehr praktische Jacke.

Nur wenige Monate nach diesem Interview stirbt Jeanne-Claude. Christo führt die gemeinsam geplanten Projekte allein fort. Er arbeitet an »The Mastaba«, einer Skulptur mit über 400 000 Ölfässern in der Wüste in den Vereinigten Arabischen Emiraten, und eröffnet 2018 eine Miniversion im Hyde Park in London. Doch seine kreative Sparringspartnerin fehlt ihm. Der Widerspruch, der Streit, die gegensätzlichen Meinungen. Ich erinnere mich an den Abschied von ihnen in ihrem Haus in New York. Wir stehen schon an der Treppe, als ich ihnen eine letzte Frage stelle: »Sie sagten einmal, New York sei keine Stadt für Faulenzer?«

Christo: »Das stimmt.«

Jeanne-Claude: »Stimmt nicht.«

# Epilog

## Knapp gescheitert ist auch für die Katz – Meine Erlebnisse mit Brigitte Bardot, Ingvar Kamprad (IKEA) und Doris Day

Es ist ein Bild wie aus einem Film. Wie sie da in einem Uralt-Auto mit zehn km/h über einen Feldweg tuckert, während auf dem Beifahrersitz einer ihrer Hunde mit den Vorderpfoten auf der Ablage sitzt und hechelnd aus dem Fenster guckt. Ich stehe neben dem Weg und staune. Brigitte Bardot hat sich schick gemacht, trägt eine rote Blume im Haar. Das Seitenfenster hat sie geöffnet, um ein wenig Abkühlung von der Frühlingswärme zu bekommen.

Brigitte Bardot war die Filmgöttin der Fünfziger- und Sechzigerjahre; mit ihrem langen blonden Haar, den Traumkurven und einem unwiderstehlichen Schmollmund eroberte sie Regisseur Roger Vadim und Playboy Gunther Sachs. Ihre Filme wie »Und immer lockt das Weib« und »Die Wahrheit« sind Legende. Dann, 1973, beendete sie abrupt ihre Filmkarriere, zog sich auf ihren Landsitz »La Madrague« ein paar Kilometer östlich von St. Tropez zurück und polarisierte fortan mit ihrem Einsatz für die extrem rechts stehende französische Partei »Front National« und mit ihrem unerbittlichen Kampf für den Tierschutz.

Und nun? Sitzt sie in ihrem gut 30 Jahre alten weißen Renault-Kastenwagen. Die Stoßstange eingedrückt, die Reifen abgewetzt, unzählige Roststellen und eine Beule am hinteren linken Kotflügel. Madame hat wahrscheinlich mehrmals einen Gegenstand im toten Winkel des antiquiert anmutenden Rückspiegels übersehen.

BB hat sicherlich viel zu erzählen. Ein Interview mit ihr wäre großartig, zumal sich ihr 80. Geburtstag ankündigt. Doch beharrlich blockt ihr Assistent uncharmant meine charmanten Versuche ab, sie zu treffen. Aber sie sei gern bereit, heißt es, schriftlich Stellung zu beziehen. Bereits ein paar Tage nach meiner E-Mail trudeln ihre Antworten ein. Woher rührt ihr Engagement für den Tierschutz? Brigitte Bardot: »Ich habe mein ganzes Leben dem Tierschutz gewidmet. Ich habe in allen, fast in allen meinen Filmen Tiere bei mir gehabt.« Schnell wird sie politisch: »Ich habe diese endlose stille Trauer der Tiere gespürt, eine Trauer, die niemanden kümmert, auf die keiner achtet. Also habe ich beschlossen, mein Leben ihrer Verteidigung zu widmen. Regierungen und Behörden bleiben gleichgültig. Für sie ist Tierschutz zweitrangig und er kommt nach der ›Ehe für alle‹ und ›Steuererhöhungen‹.« Und eines möchte sie auch noch loswerden: »Wenn unsere Schlachthöfe durchsichtige Wände hätten, würden wir alle Vegetarier werden. Es ist so entsetzlich, was da passiert!« Sie beendet ihre Mail höflich mit »Danke an Sie für alles.«

Aber kann das alles sein? Wäre es nicht viel spannender, sie persönlich zu treffen, mit ihr über ihr Engagement zu reden? Vielleicht überlegt sie es sich noch einmal, wenn man sie persönlich anspricht? Natürlich verstehe ich es, dass sie in Ruhe gelassen werden will. Aber vielleicht ergibt sich ja vor Ort eine Möglichkeit, mit ihr unverfänglich ins Gespräch zu kommen. Also fahre ich nach St. Tropez und gehe zu ihrem Haus. Die BB wohnt versteckt hinter einer Mauer direkt am Meer. Sie blickt auf die Bucht von St. Tropez. Zwei Steinmauern an den Seiten des Grundstücks führen tief ins Wasser und schützen vor Blicken. Nur von der Wasserseite aus ist ihr Grundstück einsehbar. Brigitte Bardot sagte einmal: »Das schlimmste sind die Boote voller Touristen, die 17 Mal am Tag hier vorbeifahren, um einen Blick auf das Haus der BB werfen zu dürfen. 17 Mal am Tag dröhnt aus den Lautsprechern in mehreren Sprachen: ›Vor Ihnen das Haus der Brigitte Bardot, die sich hinter dem Gebüsch versteckt. Wenn Sie sich nach vorne beugen, können Sie unter Umständen einen Blick auf sie erhaschen und sie fotografieren.‹«

Die Filmdiva, so heißt es, verschanzt sich lieber hinter ihren vier Wänden, mag es gern geregelt. Sie raucht täglich sieben bis acht Zigaretten und trinkt Cidre statt Champagner.

Von St. Tropez ist sie angewidert, sagte einmal: »Der Ort ist eine einzige Luxusboutique für Milliardäre geworden«. Sie lebt ein Einsiedlerleben im Paradies, mit sieben Katzen, drei Hunden und Fabien, der ihr im Haushalt hilft und das Frühstück zubereitet.

Fabien also. Könnte der nicht …? Er sieht mich vor dem Haus an dem öffentlichen Trinknapf für vorbeilaufende Hunde, wir plaudern. Er hat deutsche Verwandte, das ist dann schon einmal ein Ansatzpunkt. Natürlich weiß er sofort, dass er einen Journalisten vor sich hat, dennoch gibt er mir einen guten Tipp: Mittags gegen 12.30 Uhr, wenn ihre Haushaltshilfe kommt, verlässt die BB das Haus, um ein paar Kilometer weiter zu ihrem zweiten Wohnsitz »La Garrigue« zu fahren – ein vier Hektar großes Grundstück mit Haus und Kapelle. Dort leben 30 Tiere, die ihr über die Jahre zugelaufen sind, und die sie füttert: Esel, Pferde, Schafe, Ziegen, Hühner, Katzen und Hunde.

Am nächsten Tag erscheint pünktlich um 12.30 Uhr die Haushaltshilfe, öffnet das Tor und geht ins Haus. Fabien macht den klapprigen Renault startklar, der Motor läuft ein paar Minuten, dann kommt die BB, ruft nach einem ihrer Hunde, setzt sich hinters Steuer und ruckelt von ihrem Grundstück. Ich grüße sie freundlich, sie ignoriert mich, guckt stur geradeaus und fährt mir beinahe über den Fuß. Gerade noch rechtzeitig ziehe ich ihn zurück und schaue der Staubwolke hinterher. Für den Fotografen setzt sie einen Schmollmund auf, zieht das Seitenfenster zu und braust mit Tempo 30 auf die Hauptstraße – bloß weg von diesem Trubel …

Es gibt natürlich Schlimmeres, als in der Frühlingssonne in St. Tropez zu recherchieren, BB zumindest leibhaftig gesehen und ein paar schriftliche Antworten zu Hause auf dem Schreibtisch vorliegen zu haben. Doch wie schön wäre ein persönliches Gespräch mit der Filmgöttin gewesen! Oder zumindest ein ausführliches Telefongespräch! Der Frust verfliegt schnell mit einem Sprung von ihrem Nachbarsteg ins herrlich kühle Mittelmeerwasser. Ich schwimme weit hinaus und schiele in ihren Garten. Hinter einem Gebüsch regt sich was. Es ist nicht die BB, nur einer ihrer Hunde, der sein Geschäft macht.

\* \* \*

Brigitte Bardot ist leider kein Einzelfall. Es gibt viele ältere Prominente, die einfach nicht mit Journalisten reden wollen. Warum sollten sie auch? In der Regel müssen sie keine Werbung für eine CD machen oder einen Film promoten. Oft wollen sie einfach nur in Ruhe gelassen werden. Manchmal habe ich als Begründung für ein »Nein!« zudem den Satz gehört: »Es ist doch bereits alles gesagt und geschrieben worden. Gucken Sie ins Archiv!«

Es gibt auch ältere Herrschaften, mit denen man den Termin bereits im Sack hat, bei denen man wochen- und monatelang das Interview vorbereitet, alle bürokratischen Hürden gemeistert und die Armada von Assistenten, Sekretärinnen und Mitarbeitern überzeugt hat, ein Interview zu vermitteln. Sogar die Ehefrau oder der Ehemann hat Ja gesagt. Aber dann kommt eine Lungenentzündung, ein Oberschenkelhalsbruch oder ein Herzinfarkt dazwischen – und die Zeitzeugen haben größere Sorgen, als mir ein Interview zu geben. Verständlich.

Am schwierigsten ist es bei der Methusalem-Klientel, wenn sie auch noch unfassbar reich ist. Ist der Promi längst im Rentenalter und zudem Milliardär, dann will er in der Regel nur eines: in Ruhe gelassen werden.

Über 500 Kilometer nördlich von Brigitte Bardot, in der Schweiz am Genfer See, wohnte das »Phantom von Epalinges«. Es mied die Öffentlichkeit und trat kaum in Erscheinung. Es lebte ähnlich zurückgezogen wie die BB. Ingvar Kamprad (1926-2018), Multimilliardär und legendärer Inhaber von IKEA, gründete als 17-Jähriger die Firma. Heute macht sie 25 Milliarden Euro Umsatz im Jahr und beschäftigt 127 000 Mitarbeiter. Der Name IKEA setzt sich aus den Anfangsbuchstaben von Ingvar Kamprad, des elterlichen Bauernhofs Elmtaryd und seiner Heimatgemeinde Agunnaryd zusammen. Laut dem Schweizer Wirtschaftsmagazin Bilanz war der Möbelmann der reichste Unternehmer Europas mit einem geschätzten Vermögen von über 30 Milliarden Euro. Kamprad, einer der geheimnisvollsten Menschen der Welt, lebte seit den Siebzigerjahren mit seiner Frau Margaretha in Epalinges.

Ein Kollege steckt mir seine private Telefonnummer. Anruf bei Ingvar Kamprad, damals 86. Seine Frau nimmt den Hörer ab, reicht ihn weiter. Ein Moment Stille in der Leitung, dann sagt eine freundliche, kräftige

Stimme: »Hello, this is Ingvar!« Auch ich bin freundlich. Doch Mister IKEA vertröstet mich. Das geht über Monate. In regelmäßigen Abständen probiere ich es bei ihm. Und immer wieder das gleiche Prozedere. Seine Frau nimmt den Hörer ab, lacht, reicht ihn weiter, und Ingvar sagt »Hello, this is Ingvar!« Aber er vertröstet mich jedes Mal. Also bleibt nur eins: hinfahren! Wer steht hinter diesem Megaerfolg? Wer hat mit Billy-Regal, Klippan-Sofa und Pax-Kleiderschrank die gesamte (Möbel-)Welt erobert?

Die Antwort liegt in Epalinges, einem Örtchen mit rund 8 500 Einwohnern in der französischen Schweiz. Über 40 Jahre genießt der IKEA-Gründer die Steuervorteile der Eidgenossen. Eine kleine Stichstraße: Akkurat gestutzte Hecken schützen vor neugierigen Blicken, dahinter brummen elektrische Rasenmäher. In einem großen Haus lebt der Gründer des Möbelimperiums. Die Gegend ist sauber, sehr ruhig – ein bisschen spießig wirkt die Einbahnstraße, in der der Milliardär sich niedergelassen hat. Und ich bin überrascht. Alter Schwede, so bescheiden wohnt einer der reichsten Menschen der Welt. Das zweistöckige Haus in U-Form sieht nach Bildungsbürgertum aus, aber im Vergleich zu den Protzvillen in München-Bogenhausen wirkt es eher mickrig. Na gut, die Gegend an sich könnte schlimmer sein. Oberhalb des Sees reicht der Blick bis nach Frankreich und zu den Alpen, Lausanne liegt ihm unterhalb zu Füßen. Doch der Multimilliardär hat keine Aussicht, guckt vielmehr auf Gebüsch und Hecken, die sein Grundstück uneinsehbar machen. Es gibt keine Klingel an der Einfahrt, das Tor steht offen. Ein kurzes Schellen an der Haustür, seine Haushälterin öffnet und bedauert, dass Herr Kamprad nicht da sei.

Irgendwie scheint das Phantom nie da zu sein. Eine Nachbarin sagt: »Ich wohne seit vier Jahren direkt gegenüber von ihm und habe ihn nur zweimal gesehen. Er lebt sehr zurückgezogen, hat mit wenigen Leuten Kontakt.« Für zwei Monate im Jahr besucht Kamprad seine skandinavische Heimat. Die Tage sind genau gezählt, denn sonst würde er die Schweizer Steuerprivilegien verlieren. Täglich bekommt er seine schwedische Heimatzeitung mit der Post geliefert. Ich schicke eine E-Mail an Per Heggeness, seinen persönlichen Sprecher. »Herr Kamprad ist nicht mehr so fit wie ein Dreißigjähriger. Er braucht seine Kraft voll und ganz für das Unternehmen«, wimmelt er jede Anfrage routiniert ab.

Ein letzter Versuch. Eine vertraute Stimme, ein vertrautes »Hello, this is Ingvar!«. Und dann: »Ich habe gehört, Sie waren bei mir zu Hause. Schade, ich war unterwegs.« Er zeigt keine Spur von Scheu, vielmehr gibt er sein Okay. »Was wollen Sie denn wissen?« Ein ausführliches Interview will Ingvar Kamprad nicht geben, aber einige Fragen beantwortet er trotzdem. Wann hat der große Unternehmer das letzte Mal einen seiner IKEA-Märkte besucht? »Betreten habe ich einen Markt schon seit einigen Monaten nicht mehr«, sagt er, »aber über unsere Produktpalette bin ich immer bestens informiert.« Angeblich kommt kein Produkt in die Regale, das Ingvar Kamprad nicht persönlich abgesegnet hat. Über den aktiven Patriarchen scheinen sich seine Söhne Peter, Jonas und Mathias zu ärgern, denn seit Jahren wird spekuliert, ob und wann endlich die drei Nachfolger das Geschäft übernehmen dürfen.

Eine Woche vor meinem Telefonat mit ihm vermelden große Tageszeitungen, Kamprad werde die Macht jetzt in die Hände seiner Söhne legen. Angeblich sei ein Machtkampf innerhalb der Familie entbrannt. Über diese Schlagzeilen lacht der Firmenpatriarch, als ich ihn darauf anspreche. »Nein, nein! Spekulationen gab es schon immer. Aber da ist nichts dran«, stellt Kamprad klar. Trotz seiner 86 Jahre behauptet er sich auf dem Chefsessel. Er allein entscheidet, wann die nächste Generation die Zügel übernehmen darf. Sein Herzschrittmacher habe noch 15 Jahre Garantie, scherzt das Nordlicht vor Mitarbeitern immer wieder gern – die Botschaft ist natürlich ernst gemeint. Privat erlebt der mächtige Firmenboss gleichwohl Machtlosigkeit, denn in der Zwischenzeit stirbt seine Frau nach 51 Jahren Ehe an Krebs. »Seit ihrem Tod fühle ich mich schon oft einsam, aber manchmal spreche ich darüber mit meinen Söhnen. Das hilft«, gesteht Kamprad am Telefon. Und fügt hinzu, dass seine Frau immer Verständnis fürs Geschäft gehabt habe.

Über einen Mann, der so viel erreicht hat und gleichzeitig so zurückgezogen lebt, sprießen fast zwangsläufig Gerüchte. Der IKEA-Gründer sei unglaublich geizig, heißt es in seiner Schweizer Wahlheimat. Angeblich gehe er nur abends auf dem Markt einkaufen, weil dann die Preise gesenkt würden. Einmal beklagte der ehemalige Bürgermeister Yvan Tardy zudem »die mangelnde Spendenbereitschaft« seines reichsten Bürgers.

Tardys Nachfolger Maurice Mischler korrigiert diese Mär: »Ingvar Kamprad ist ein sehr diskreter Mensch. Das kann ich bestätigen. Aber er ist mit Sicherheit nicht geizig. Erst vor wenigen Wochen hat er einer Stiftung für ältere Menschen über drei Millionen Franken gespendet«, versichert der Bürgermeister von Epalinges, als ich ihn in seinem Arbeitszimmer treffe. »Im Juni hat er erneut gespendet – zehn Millionen Franken für ein Projekt für betreutes Wohnen von Senioren. Dass der mächtige IKEA-Chef in der Gemeinde zurückgezogen lebt, hat für Mischler einen ganz anderen Grund: »Obwohl er seit über 30 Jahren bei uns lebt, spricht Herr Kamprad kaum ein Wort Französisch. Ein Dolmetscher muss immer übersetzen.«

Auch das Gerücht, der Milliardär fahre aus Geiz einen alten, klapprigen Volvo, stimmt nicht – zumindest nicht mehr. Als Kamprad sein Grundstück verlässt, sitzt er auf dem Beifahrersitz in einem weißen Volvo mit Schweizer Kennzeichen. Aber das Auto glänzt nagelneu.

* * *

Ingvar Kamprad anzurufen und bei ihm an der Haustür zu klingeln, war wahrscheinlich zu wenig. Was fehlte, war eine persönliche Note. Irgendein privater Bezug, mit dem ich sein Interesse hätte wecken können. Oder ein spezieller Bezug zu Deutschland.

Da fällt mir Doris Day (1922–2019) ein, die große amerikanische Filmschauspielerin (»Bettgeflüster«) und Sängerin (»Que Sera, Sera«), die Journalisten genauso meidet wie Brigitte Bardot und Ingvar Kamprad. Die Diva heißt eigentlich Doris Mary Ann Kappelhoff. Ihr Großvater stammt aus Warendorf in Nordrhein-Westfalen, heiratete eine Frau aus Glandorf und emigrierte Ende des 19. Jahrhunderts in die USA. Franz Joseph Wilhelm Kappelhoff hatte am Heumarkt 49 gewohnt und als Konditor gearbeitet. Anruf beim Bürgermeister in Warendorf. Liegen eventuell Unterlagen zu Doris Days deutscher Vergangenheit im Stadtarchiv? Die Vorzimmerdame ist sehr nett und vor allem hilfsbereit und gibt nach mehreren Rücksprachen den Tipp, bei der katholischen Pfarrgemeinde St. Laurentius, der ältesten der Warendorfer Kirchen, nachzufragen. Volltreffer! Denn dort sind zwei Damen aus dem Pfarrbüro besonders pfiffig und mit bester Spürnase ausgestattet. Im Kirchenbuch der Gemeinde aus den Jahren 1830 bis 1859 finden sie in schönster Schnörkelschrift den Namen von Doris Days Großvater – dessen Geburtsdatum, Datum der Taufe, den Namen seines Taufpaten und den Wohnort. Müsste eine Farbkopie mit all den privaten Informationen nicht reichen, um Doris Day ein persönliches Gespräch schmackhaft zu machen? Zumal der Bürgermeister mir noch einen Brief an die Schauspielerin mitgibt und ich Fotos des »Café Engelchen« zugeschickt bekomme, das heute in dem Wohnhaus ihres Großvaters betrieben wird. Zudem finde ich für die große Tierliebhaberin noch ein herrlich komisches Buch über »Hunde unter Wasser«, das ich ihr mitbringen will.

Im Februar 2013 ist Doris Day 90 und lebt zurückgezogen in Carmel-by-the-Sea in Kalifornien am Rand einer Klippe, hoch über dem Quail Lodge & Golf Club gelegen. Seit 2008 trat sie nicht mehr in der Öffentlichkeit auf. Erst 2014 zeigte sie sich an ihrem Geburtstag wieder und winkte kurz am Geländer ihres Gartens im pinken Pullover und mit Sonnenbrille den Touristen zu, die 50 Meter unterhalb auf dem Golfplatz »Happy Birthday« sangen. Doris Day gehört in Carmel zudem das Hotel »Cypress Inn«. Ich schicke eine Mail an die Managerin Fiona Ayers und schildere ihr meinen Wunsch, die Schauspielerin zu treffen, im Gepäck die persönlichen Dokumente aus good old Germany. Sie klingt interessiert, will mit Doris' persönlichem Assistenten Rücksprache halten. Nach einer Woche dann die Nachricht: »Doris wäre glücklich, mit Ihnen am Telefon irgendwann am Sonntagnachmittag zu sprechen, falls Ihnen das passt.«

Klar passt mir das! Ein Telefongespräch ist ja schon mal mehr als ein guter Anfang. Also fliege ich nach San Francisco, quartiere mich in Carmel im »Cypress Inn« ein – ein tierfreundliches Hotel mit vielen Doris-Day-Memorabilien an den Wänden. Für 50 US-Dollar stehen Autogrammkarten, auf denen Doris mit Hunden zu sehen ist, zum Verkauf. Und ich warte auf Sonntag.

Doch wie die Schauspielerin zu einem persönlichen Gespräch überreden? Vielleicht kann ja Clint Eastwood, damals knapp 83 Jahre alt, ein Gespräch mit der scheuen alten Diva vermitteln. Eastwood lebt ebenfalls in Carmel, war in den Achtzigern zwei Jahre lang Bürgermeister der Stadt und betreibt am Ortsrand das Restaurant »Mission Ranch« im Kolonialstil mit Blick auf Marschland und Meer. Es heißt, der Hollywood-Superstar sei traurig, seine Ehe stünde auf der Kippe. Tatsächlich reicht seine zweite Frau Dina ein paar Monate später die Scheidung ein. Eine Serviererin der »Mission Ranch« hat Mitleid mit dem weit gereisten Reporter aus Deutschland und steckt mir, dass ihr Chef am Sonntagmittag, am Tag der Oscar-Verleihung in Los Angeles, zum Essen ins Restaurant komme. Und tatsächlich, da sitzt Clint Eastwood zur vorgegebenen Zeit allein an der Bar, isst Hühnchen mit Brokkoli und Erbsen. Ein paar weitere Restaurantbesucher lassen ihn diskret in Ruhe, schielen aber auffällig-unauffällig immer wieder hinüber, wie Mr Eastwood mit Messer und Gabel hantiert. Zum Dessert setzt er sich ans Klavier in die Ecke und spielt »Moon River«. Beim Schlussakkord applaudieren ein paar Gäste. Er geht zurück zur Bar, bestellt sich einen Drink, und ich spreche ihn an. »Also, Herr Eastwood, haben Sie Kontakt zu Doris Day?« Er guckt überrascht, aber nahbar, und wundert sich, dass nicht er Gegenstand des Interesses ist. Dann sagt er: »Ich habe erst vor ein paar Wochen mit Doris telefoniert. Ihr geht es gut.« Und schiebt einen Witz hinterher: »Ich habe Doris sogar erst vor wenigen Tagen gesehen. Ich saß beim Zahnarzt auf dem Stuhl. Und um mich während der Behandlung abzulenken, habe ich einen Film an der Decke gesehen. Da lief Doris Day.« Er grinst und nimmt einen Schluck. Helfen könne er mir leider nicht, sagt Clint Eastwood, nur good luck wünschen. Dann gibt er mir einen freundlichen Klaps auf die rechte Schulter und geht.

Zurück im Hotel warte ich. Der Sonntag verstreicht, ohne dass etwas passiert. Spät am Abend ruft mich plötzlich Doris Days persönlicher Assistent an, entschuldigt sich für die Verspätung und meint, einer von Doris' Lieblingshunden sei sehr krank geworden, sie müsse sich um ihn kümmern und sei nun überhaupt nicht mehr in der Stimmung, mit mir zu reden. »Aber« – das will er noch loswerden – »das mitgebrachte Hundebuch hat Doris sehr gefallen!«

Shit happens. Ich fliege am nächsten Tag zwölf Stunden zurück nach Deutschland.

Die Bardot antwortet lediglich per E-Mail, Mister IKEA nur am Telefon und Doris Day stimmt einem Gespräch am Telefon zu, doch dann wird einer ihrer Hunde krank. Reporterpech. Man könnte auch sagen: Zum Kotzen!

# DANKSAGUNG

Danke an: MaPa, Marc Groenewoud; Philipp Maußhardt, Dr. Conrad Rauber, Thilo Komma-Pöllath, Fabian Schlüter, Normen Odenthal, Dr. Christian Menzer, Prof. Dr. Guido Knopp, Verena Betz, Lena Woitkowiak, Kanut Kirches, Tilmann Schempp, Patricia Riekel, Sebastian Graf von Bassewitz, Ulla Hockerts, Joachim Schmitz

Danke an: all diejenigen, die mich in Werlte, Berlin, Goslar, München, New York, Paris und Singapur begleitet, unterstützt, gefördert und geprägt haben.

Und danke an all meine Interviewpartner. Ohne die ...